W0288614

Günter Pursch

Das parlamentarische Schimpfbuch

Das Parlamentarische Schimpfbuch

Stilblüten und Geistesblitze unserer Volksvertreter in 60 Jahren Bundestag

Mit einem Geleitwort von
Gerda Hasselfeldt
Vizepräsidentin des Deutschen Bundestages

Herausgegeben von
Günter Pursch

Herbig

Für Sigrid
Dank für Hilfe, Unterstützung,
Langmut und Geduld!

In memoriam Gerhard Reddemann
CDU-MdB von 1969 bis 1994

»... ich möchte hier leidenschaftlich für das
Recht der Abgeordneten eintreten, Unsinn zu reden.
Es ist eines der Grundrechte des Parlaments.«
Hans Dichgans, CDU/CSU,
am 25. Oktober 1967 vor dem Deutschen Bundestag.

Besuchen Sie uns im Internet unter:
www.herbig-verlag.de

1. Auflage März 2009
2. Auflage April 2009

Die Zitate in diesem Buch ab Januar 2000 richten sich
nach der neuen Rechtschreibung.

© 2009 by F. A. Herbig
Verlagsbuchhandlung GmbH, München
Alle Rechte vorbehalten
Umschlaggestaltung: Wolfgang Heinzel
Umschlagmotiv: Burkhard Mohr
Lektorat: Helga Linsbauer
Herstellung und Satz: VerlagsService Dr. Helmut Neuberger
& Karl Schaumann GmbH, Heimstetten
Gesetzt aus der 11/14 Punkt Minion
Druck und Binden: GGP Media GmbH, Pößneck
Printed in Germany
ISBN 978-3-7766-2594-3

Inhalt

Geleitwort
der Bundestagsvizepräsidentin Gerda Hasselfeldt zur Neuauflage des *Parlamentarischen Schimpfbuchs*

Man unterstellt den Volksvertretern gerne, sich – wahlweise – gegenseitig nur zu beschimpfen oder ohnehin bei allem einer Meinung zu sein. Dass weder das eine noch das andere zutrifft, belegt das *Parlamentarische Schimpfbuch*, das in einer Neuedition 60 Jahre Stilblüten und Geistesblitze von Abgeordneten des Deutschen Bundestages zusammenfasst.

Die aus der bewährten Feder von *Günter Pursch* stammende Sammlung beweist, dass im Plenum des Bundestages durchaus leidenschaftlich und mit Herzblut im Sinne einer pluralistischen Meinungsvielfalt gestritten wird. Dabei kommt den Rednern zwar hin und wieder die dem Hohen Haus an sich angemessene Wortwahl abhanden – die Abgeordneten sind insoweit ganz »Volksvertreter« und Spiegelbild der Gesellschaft. Doch lässt sich trotz mancher vom amtierenden Präsidenten zu rügenden und von *Günter Pursch* dokumentierten bewussten und unbewussten Ausrutscher feststellen: Im Vordergrund der parlamentarischen Debatte steht bei aller Auseinandersetzung der kollegiale und an der Sache orientierte Umgang miteinander.

Rhetorische Finessen und oft charmante Sticheleien sorgen dabei immer wieder für die nötige Würze, sodass auch die Diskussionen zu manchmal zähen Fachfragen durchaus nicht zäh schmecken müssen. Den Lesern des Buches wünsche ich kurzweilige Einblicke in die parlamentarische Sprachkultur. Dabei macht gerade die Jubiläumsausgabe des *Parlamentarischen Schimpfbuchs* sichtbar, wie sich die Gesellschaft, ihre Sprachgewohnheiten und ihre Sprachempfindlichkeiten in den zurückliegenden sechs Jahrzehnten Bundesrepublik Deutschland gewandelt haben.

Gerda Hasselfeldt
Vizepräsidentin des Deutschen Bundestages

Vorwort

Ist der Deutsche Bundestag ein Zirkus, in dem die »Clowns« nicht fehlen dürfen? Sitzen auf der Regierungsbank »Witzbolde« oder gar »CIA-Agenten«? Sind Abgeordnete »Verleumder«, die »bescheuert«, »bekloppt« sind und »lügen«? »Schwätzen« sie »dummes Zeug« daher? Sind frei gewählte Abgeordnete »unverschämte Bengel«, »arrogante Schnösel«, »Quatschköpfe«, »Fälscher« oder »Pharisäer«? Sieht der Beobachter von der Zuschauertribüne im Plenarsaal »pöbelnde Leute« in ihrer »ganzen Verkommenheit«? Gibt es an verantwortlicher Stelle im Parlament denn wirklich den einen oder anderen »Flaschenkopf«? Wird dort gar die »Verarschung« praktiziert?

Dem Stammtischvorurteil nach sind solche Meinungen weitverbreitet. Das heißt aber nicht, dass dies auch den Tatsachen entspricht. Ganz im Gegenteil. Aber es ist halt immer schwer, sich gegen eine Vorverurteilung zu wehren. Und für Abgeordnete scheint dies gleich doppelt zu gelten.

Früher in Bonn wurde und heute in Berlin wird hohe Politik betrieben. Am Rande wird auch geschimpft, mal mehr, meistens weniger. Sticheleien, Stilblüten und Geistesblitze fließen unseren Volksvertretern über die Lippen, wenn sie am Rednerpult des Bundestages stehen oder einfach mal dazwischenrufen. Dieses Buch ist ein Extrakt aus immerhin rund 240 000 Seiten des stenografischen Wortprotokolls – gesammelt seit dem Beginn der Arbeit des Deutschen Bundestages 1949. Es beschäftigt sich nicht nur mit dem Schimpf und dem Streit, sondern gerade auch mit den Lachern, den Sticheleien, den rhetorischen Fehlleistungen unserer Volksvertreter – quer durch die Fraktionen – von Schwarz bis Blau-Gelb, von Rot bis Grün. Ohne Ansehen der Person!

Allerdings hat sich der Stil, der Ton im Hohen Haus in den vergangenen 60 Jahren grundlegend verändert. Sieht man von der 1. Legislaturperiode – 1949 bis 1953 – ab, war bis zum Beginn der 1980er-Jahre die demokratische Grundübereinstimmung über alle Fraktionen hinweg gegeben. Waren doch 1953 sowohl Rechtsradikalen als auch Kommunisten durch demokratische Wahlen in der Bundesrepublik Deutschland die »Rote Karte« gezeigt worden. Dies änderte sich zunächst wieder 1983 mit dem Einzug der Grünen in den Bundestag. Es entwickelte sich ein anderes, schlechteres Verhältnis zwischen Regierungs- und Oppositionsfraktionen. Der Ton wurde rauer, ruppiger. Gerade die Grünen, die sich als Wachstumsgegner gebärdeten, zeigten sich im (un)parlamentarischen Umgang mit dem politischen Gegner als vehemente Befürworter stetigen Schimpfwachstums. Besonders lustig war das nicht. Aber die Grünen waren nun mal so. Von 1990 bis 1994 gehörten sie als Fraktion dem Parlament nicht an. Nach ihrem Wiedereinzug 1994 änderten sie ihre Politik und damit auch ihren Stil. Mit dem Ergebnis, dass sie bereits vier Jahre später regierungsfähig wurden und in der rot-grünen Bundesregierung sieben Jahre sogar den Außenminister und Vizekanzler stellen konnten.

Verändert wurde der parlamentarische Stil auch mit dem Einzug der SED-Erben, die sich bereits mehrfach umbenannten – von PDS/Linke Liste über PDS und nun seit den Wahlen von 2005 »Die Linke« heißen. Sie wiederholen bis in die jüngste 16. Wahlperiode all die Mätzchen, die die Grünen in ihrer parlamentarischen Anfangszeit erfolglos zelebrierten. Erfolg haben die SED-Nachfolger aber damit ebenfalls nicht. Kluge sitzungsleitende Präsidenten und Präsidentinnen weisen sie angemessen in die Schranken. Und berichtet wird über solchen Unsinn fast auch nur noch in der parteieigenen Presse.

Im Hohen Haus geschehen aber auch ganze menschliche Begebenheiten. Nur ein Beispiel sei hier genannt. Während einer Abstimmung im Herbst 1984, die Sitzung war wegen einer Stimmauszählung unterbrochen, war der Geräuschpegel so extrem hoch, dass besser Lärmschutzanlagen in den Plenarsaal eingebaut worden wären. Niemand verstand mehr das Wort des Nachbarn. Da entfuhr Bundestagspräsident Jenninger, der glaubte, dass das Mikrofon abgestellt sei, wie sonst bei Sitzungsunterbrechungen üblich, in voller Lautstärke das Wort vom »Sauladen«. Eben wegen der Unterbrechung findet sich Jenningers verbaler Ausrutscher zwar nicht im Protokoll. Rundfunk und Fernsehen dagegen strahlten ihn immer wieder genüsslich aus. Der Anlass der Abstimmung und erst recht nicht das Ergebnis fanden jedoch kaum publizistisches Interesse.

Immerhin ist der Deutsche Bundestag ein äußerst fleißiges Arbeitsparlament, in dem hart geschuftet wird. Der Arbeitsplatz unser Damen und Herren Volksvertreter ist am wenigsten der Sitz im Plenarsaal, wie das von den Medien immer wieder insinuiert wird. Ihr Arbeitsplatz während der Sitzungswochen befindet sich vornehmlich in den Ausschüssen, in ihrer Fraktion, in den Fachbereichen der Fraktion, aber auch in der Partei – für viele gleich auf mehreren Ebenen der eigenen Partei – und natürlich nicht zuletzt auch im Wahlkreis.

Unsere Bundestagsabgeordneten sind Volksvertreter. Und das Volk besteht aus Menschen. Es gibt viele Fleißige, aber auch einige Faule. Kluge und Intelligente, aber auch einige, die weniger Klugheit und Intelligenz besitzen. Es gibt unglaublich begabte Rhetoriker, deren Reden so spannend sind, dass sich manch einer wünschte, diese möchten gar nicht mehr aufhörten. Andererseits gibt es auch solche, die kaum in der Lage sind, die von ihren Referenten vorbereiteten Reden auch nur einigermaßen ohne Verhaspeln abzulesen. All die Stärken und Schwächen der Bürger spiegeln sich im Parlament. Auch beim Schimpf, beim Spott und selbstverständlich beim Lachen. Wer hat noch nicht geschimpft, gespottet oder gelacht?

Ist es nicht gut zu wissen, dass Politik im Bundestag eben nicht nur bierernst »gemacht« wird? Verlören unsere Abgeordneten ihre Schwächen, gäben sie dann nicht auch ihre Menschlichkeit auf? Deshalb ist zu hoffen und zu wünschen, dass nun im Reichstag weiter geschimpft, gespottet, gestichelt und gelacht wird.

Günter Pursch
Herausgeber

Berlin, im Januar 2009

Wahlkampf, Wahlen und Wahrheiten

Unsere Volksvertreter gehen miteinander nicht pingelig um, schon gar nicht in den aufregenden und aufgeregten Wahlkampfzeiten. Ganz besonders hart polarisiert wurde im Bundestagswahlkampf 1980, als Franz Josef Strauß für die CDU/CSU gegen Bundeskanzler Helmut Schmidt, SPD, antrat. Schmidt bescheinigte der Union, sie sei zwar friedenswillig, aber nicht friedensfähig. Im Gegenzug titulierten Politiker der damaligen Opposition die SPD als »Moskau-Fraktion«, weil der linke Flügel der Sozialdemokraten wegen der Nachrüstungspolitik dem eigenen Kanzler nicht folgen wollte. Der in seinem Amt bestätigte Bundestagspräsident Richard Stücklen, CSU, versuchte bei seiner Antrittsrede am 4. November 1980 mäßigend auf die Parteien einzuwirken: »Es gibt in diesem Hause keine Fraktion und keine Partei, die bereit war und bereit wäre, Vollstrecker der Politik einer ausländischen Macht zu sein oder einer ausländischen Macht hörig zu sein. Ebenso gibt es unter den Fraktionen oder Parteien dieses Hauses und deren führenden Persönlichkeiten keine, die nicht friedenswillig oder friedensfähig wäre. Wenn das ganze Haus mit dieser Feststellung übereinstimmen könnte, wäre der entscheidende Schlußstrich unter den Wahlkampf gezogen und die Grundlage für eine konstruktive, natürlich auch kritische Zusammenarbeit geschaffen.«

Nach dem Regierungswechsel am 1. Oktober 1982 beschuldigten die Sozialdemokraten die bürgerliche CDU/CSU-FDP-Koalition, sie betreibe eine Politik der Umverteilung von unten nach oben und schaffe somit eine neue Armut. Rudolf Schöfberger, Landesvorsitzender der bayerischen SPD, erklärte dagegen kurz nach der verlorenen Landtagswahl seiner Partei am 6. Dezember 1986 seinen Genossen: »Was passiert eigentlich, wenn wir rund um das Münchener Oktoberfest auf unseren Plakaten vor der neuen Armut warnen, und drinnen in den Bierzelten saufen und fressen sieben Millionen Durchschnittsverdiener, daß ihnen das Fett und der Bierschaum über die Lefzen herunterrinnt?« Genüsslich zitieren Unionspolitiker dies am 9. September 1987 im Bundestag. Doch SPD-Partei-Fraktionschef Hans-Jochen Vogel hält unbeirrt an seiner Meinung fest. Nur einen Tag später wirft er den Koalitionsparteien vor: »In Wahrheit hat unter Ihrer Verantwortung … die größte Umverteilung in der Geschichte der Bundesrepublik stattgefunden, und zwar eine Umverteilung ausschließlich von unten nach oben. Noch nie zuvor sind die breiten Schichten so geschröpft und die Reichen so begünstigt worden wie seit Ihrem Regierungsantritt – noch nie zuvor!«

Kurz vor wichtigen Wahlen, sei es für das Europaparlament, im Bund, in den Ländern oder gar in den Kommunen, wird das Klima im Plenarsaal rauer. Der Umgangston der Wahlveranstaltungen zieht in das Hohe Haus ein. Statt rationaler Argumentation rutschen unsere Volksvertreter zu leicht auf die Ebene der Polemik. Die verbale Spannbreite reicht vom kleinen Nadelstich bis zum donnernden Kanonenschlag.

Eine besonders folgenschwere Aussage machte nach der Bundestagswahl vom 19. November 1972 der Bundesminister für besondere Aufgaben, Bahr, SPD, zur CDU/CSU: Nach den Wahlen war eine politische Entscheidung gefallen, die es ermöglichte, dem allgemeinen Grundsatz Rechnung zu tragen, daß, wenn möglich, in der Demokratie und in der Politik die Wahrheit gesagt werden soll. Denn die Mehrheiten waren nicht so, daß sie es zugelassen hätten, die Wahrheit zu sagen … (24. 1. 73)

Bahrheit

Dr. Dregger, CDU/CSU, zu Dr. Schäfer (Tübingen), SPD, über Bundesminister für besondere Aufgaben, Bahr, SPD: Herr Schäfer, war das die ›Bahr‹heit? (25. 1. 73)

CSU-Politiker

Straubinger, CDU/CSU: CSU-Politiker sind grundsätzlich der Wahrheit verpflichtet. (26. 9. 08)

Flickschusterei

Dr. Westerwelle, FDP, über die schwarz-rote Koalition: In Wahrheit ist das nicht das größte Konjunkturpaket in der Geschichte unseres Landes. Es ist bisher nichts anderes als das größte Schuldenpaket in der Geschichte unseres Landes … Sie können nicht erwarten, dass wir ein Paket unterstützen, mit dem in Wahrheit die Steuern nicht gesenkt, die Schulden aber erhöht werden und bei dem für die Konjunktur herzlich wenig herumkommt. Deutschland hat Besseres verdient als diese Flickschusterei der Großen Koalition. (14. 1. 09)

Gasse

Frau Nahles, SPD: Wie erklären Sie sich vor diesem Hintergrund die Tatenlosigkeit auf seiten der CDU/CSU im Hinblick auf die Ausbildungsfrage in den letzten Jahren?
Lensing, CDU/CSU: Die letzte Bemerkung, Frau Kollegin, ist völlig wahrheitswidrig. Deshalb dürfen Sie sie hier so auch nicht bringen. Der Wahrheit eine Gasse, meine Damen und Herren! (3. 12. 98)

Halbwahrheiten

Poß, SPD, zu Frau Dr. Lötzsch, Linke: Ihre eigentliche Stärke ist die vorsätzliche Täuschung der Öffentlichkeit. Sie bringen nicht einmal Halbwahrheiten (16. 9. 08)

Hälfte

Wieczorek (Duisburg), SPD, zu Dr. Friedmann, CDU/CSU: ... ich muß Ihnen doch keinen Nachhilfeunterricht geben; Sie sind doch Volkswirt von Haus aus.
Dr. Friedmann: Deshalb stimmt es, was ich sage!
Wieczorek: Ja, Sie sagen aber nur immer die halbe Wahrheit, Herr Dr. Friedmann!
Dr. Friedmann: Aber die richtige Hälfte! (11. 9. 86)

Sitten

Bundesfinanzminister Dr. Waigel, CDU/CSU, zur SPD: Wenn Frau Matthäus-Maier mir in der *Welt* vom 16. November 1990 mangelnde Solidarität und Ehrlichkeit vorwirft ... – Beifall bei der SPD. – Ich finde es bemerkenswert, daß man dem anderen hier ganz bewusst ...
Lennartz, SPD: Ganz bewußt die Wahrheit sagt!
Dr. Waigel: mangelnde Ehrlichkeit unterstellen darf. Ich finde das ganz bemerkenswert. Das ist eine Verwilderung der politischen Sitten. Die Sie in der Endzeit des Wahlkampfes benötigen, weil Sie nämlich den Kredit beim Wähler verloren haben, meine Damen und Herren. (22. 11. 90)

Steuerlügenbrüder

Ministerpräsident Lafontaine (Saarland), SPD: Ich würde nur bitten, Herr Kollege Schäuble: ...Wenn Sie darüber reden, daß es notwendig sei, vor den Wahlen die Wahrheit zu sagen, dann sind Sie bei mir an der falschen Adresse.
Frau Matthäus-Maier, SPD: Steuerlügenbrüder!
Zuruf von der CDU/CSU: Na! Na! Na!
Frau Matthäus-Maier: Zugegebenermaßen mehr ›Brüder‹! (3. 12. 93)

unbestreitbar

Dr. Dregger, CDU/CSU, zur SPD: Sie wollen die Wahrheit nicht hören. Ich zähle nur statistische Ergebnisse auf, die unbestreitbar sind.
Dr. Waigel, CDU/CSU: Die Wahrheit tut Sozis am wehesten! (10. 9. 86)

Unwahrheit

Präsident Thierse, SPD: Herr Kollege Merz, gestatten Sie eine Zwischenfrage des Kollegen Poß?
Merz, CDU/CSU: Das tue ich deswegen gern, weil er dann aufhören kann zu schreien.
Poß, SPD: Herr Kollege Merz, ich höre gern auf zu schreien, wenn Sie aufhören, Unwahrheiten zu sagen. (13. 11. 98)

Vorwurf

Frau Dr. Merkel, CDU/CSU, zu Bundeskanzler Schröder, SPD: Es ist so, dass die Menschen – man spürt es inzwischen überall – nur begrenzt belastbar sind. Übrigens gilt das, wie man hinzufügen muss, auch für Ihre eigenen Abgeordneten.
Poß, SPD: Machen Sie sich da einmal keine Sorgen!
Frau Dr. Merkel: Dass die Grenze der Belastbarkeit, also die Grenze dessen, was den Menschen in diesem Lande zugemutet werden kann, überschritten ist, werden Sie bei der bayerischen Landtagswahl serviert bekommen; am 21. September abends werden Sie es schwarz auf weiß haben. Nun ist es ja nicht so, dass Sie in Wahlkämpfen dazu neigen, nur die Wahrheit zu sagen.
Dr. Gerhardt, FDP: Den Vorwurf kann man ihm nicht machen!
Frau Dr. Merkel: Aber es gibt halt Spitzenkandidaten, die das noch tun, wie zum Beispiel der bayerische. Der sagt nämlich: ›Die Stimmungslage für die SPD ist derzeit überall in Deutschland beispiellos schlecht. Die Verunsiche-

rung der Menschen ist mit Händen zu greifen.‹ Recht hat er, der Herr Maget. Das ist doch auch der Grund, warum man Sie, Herr Bundeskanzler, in Bayern nicht auf den Plätzen sehen will. An Ihrer Person macht sich nämlich diese Verunsicherung fest. (10. 9. 03)

Wahlanalyse

Frau Fuchs (Köln), SPD: … hat jeder seine Wahlanalyse, wie er sie braucht. Auch wir haben eine gute, was den Mittelstand betrifft. (24. 11. 94)

Wahlergebnis

Deß, CDU/CSU: Daß die Bayern wissen, daß deren Interessen bei uns besser aufgehoben sind, haben sie auch bei der Wahl am vergangenen Sonntag zum Ausdruck gebracht. Ich komme aus einer Gemeinde, in der überwiegend Landwirte – vor allem solche im Nebenerwerb – wohnen. Dort betrug das Wahlergebnis … für die CSU 94 Prozent, alle anderen Parteien sind an der Fünfprozenthürde gescheitert.
Carstensen (Nordstrand), CDU/CSU: Lieber Kollege Deß, ich kann mir gut vorstellen, daß du sehr stolz auf das Wahlergebnis in deiner Gemeinde bist. Ich darf dir sagen, daß die CDU in Nordfriesland ähnliche Ergebnisse erreicht hat. In meiner Gemeinde Elisabeth-Sophien-Koog hat die CDU mehr als 94 Prozent bei einer Wahlbeteiligung von weit über 60 Prozent erreicht. In meiner Gemeinde haben wir nur ein kleines Problem. Ein Einwohner hat Grün gewählt, und wir wissen nicht, wer das unter den 29 Wahlbeteiligten ist. Aber bei nur 29 Wahlbeteiligten finden wir ihn heraus.
Zuruf von der SPD: Dann war er es!
Carstensen: Nein, diese Vermutung kam zwar auf, aber ich war es nicht. Das Wahllokal ist nämlich das Wohnzimmer meines Bruders, der der Bürgermeister ist. Wer richtig wählt, bekommt von ihm ein Frühstück. Deswegen haben wir immer eine ganz gute Übersicht. (17. 6. 99)

Wahlkampf

Fischer (Frankfurt), B'90/Grüne, zu Dehnel, CDU/CSU: Dürfen wir Sie als Redner im Wahlkampf engagieren? Wir bezahlen es auch! (10. 3. 95)

Richter (Bremerhaven), FDP: Das Motiv der SPD, sich hier so aufzuplustern, ist der Wahlkampf, der Wahlkampf und nichts als der Wahlkampf. (6. 9. 94)

Wahrheit

Blumenfeld, CDU/CSU: Herr Bundeskanzler (Schmidt, SPD, d. Hg.), war das die absolute Wahrheit oder die reine Wahrheit oder die volle Wahrheit?
Dr. von Weizsäcker, CDU/CSU: Nicht einmal die halbe! (19. 1. 77)

Dr. Marx, CDU/CSU, über das Presse- und Informationsamt der SPD/FDP-Bundesregierung: Das ist ein Propaganda-Amt, wo die Wahrheit amtlich geändert wird! (3. 6. 81)

Minister Dr. Zöpel, SPD, Nordrhein-Westfalen, zur CDU/CSU-FDP-Regierungskoalition: Sie betreiben einen Poker, bei dem es Ihnen in keiner Weise darum geht, das Problem irgendwie einer Lösung näherzubringen. Vielmehr geht es Ihnen ausschließlich darum, es am Kochen zu halten. Sie hoffen, daß eine Lösung nicht gefunden wird.
Reddemann, CDU/CSU: In diesem Hause soll man die Wahrheit sagen, auch dann, wenn man nordrhein-westfälischer Minister ist! Dr. Zöpel: Zur Wahrheit kommen wir noch, Herr Kollege! (15. 5. 86)

Fellner, CDU/CSU, über Lutz, SPD: Darf der einfach so lügen, Herr Präsident?
Vizepräsident Stücklen, CDU/CSU: Herr Abgeordneter Fellner, es gibt im Saal Mikrofone, die dafür errichtet worden sind, daß Zwischenfragen gestellt werden können. Es ist aber keine Zwischenfrage gestellt worden.
Lutz: Der Herr Abgeordnete Fellner hat Sie gefragt, ob ich so lügen darf. Ich weiß nicht, ich glaube, Sie rügen ihn jetzt.
Vizepräsident Stücklen: Herr Abgeordneter, ich bin nicht die Instanz, die unterscheiden muß, ob hier die volle, die reine, die lautere Wahrheit oder ob die geborene Wahrheit vorgetragen wird. Das habe ich nicht zu entscheiden. Ich unterstelle, daß Sie nach bestem Gewissen Ihre Auffasung vortragen.
Lutz: Herr Präsident, ich danke Ihnen. Ich mache das immer nach bestem Wissen und Gewissen. (30. 3. 90)

Frau Flach, FDP: Alles, was ein bisschen mit Kernkraft zu tun hat, wird von Ihnen sofort mit einer Sperre belegt. So ein Verhalten erwarte ich von den Grünen, selbstverständlich auch von gewissen Teilen der SPD, aber eigentlich nicht von der CDU/CSU.
Kretschmer, CDU/CSU: Niemals!
Frau Flach: Es ist schon erbärmlich, was dabei herauskommt, wenn eine Große Koalition regiert.

Tauss, SPD: Das ist schon fast unverschämt, Frau Flach!
Frau Flach: Nein, das ist ganz einfach nur die Wahrheit. (23. 11. 06)

Wahrheitsbeweis

Schily, SPD: Löst man diesen Satz Tucholskys aus dem historischen Kontext, ist er – auch das sage ich ganz offen wie jedes Pauschalurteil ungerecht und falsch; genauso falsch und ungerecht, wie es etwa der Satz wäre: ›Justizminister sind Deppen‹, obwohl im Einzelfall der Wahrheitsbeweis vielleicht gelingen könnte. (8. 3. 96)

Wahrheitsfanatiker

Dr. Waigel, Bundesfinanzminister, CDU/CSU, über Saarlands Ministerpräsident Lafontaine, SPD: Er ist ja geradezu ein Wahrheitsfanatiker gegenüber den Lügenmärchen, die Frau Matthäus-Maier (SPD, d. Hg.) hier verbreitet.
Frau Fuchs (Köln), SPD: Unglaublich!
Dr. Waigel: Als ich eben Lafontaine als Wahrheitsfanatiker bezeichnet habe, kam der Zwischenruf von der SPD ›Unglaublich!‹ Auch das muß hier festgehalten werden.
Frau Fuchs: Das war jetzt richtig bösartig!
Wiefelspütz, SPD: Verleumdung!
Dr. Waigel: Jetzt kommt noch das Wort ›Verleumdung‹. Wenn ich Lafontaine als Wahrheitsfanatiker bezeichne, kommt von der SPD der Zwischenruf ›Verleumdung‹! Das sind ungeheuerliche Dinge, die sich hier abspielen und die auch innerhalb der SPD, wie ich meine, weiterverbreitet werden müssen. (10. 9. 93)

Wein

Schartz (Trier), CDU/CSU: ... ich meine, wir sollten das Weingesetz mit viel Nachdenklichkeit betrachten.
Frau Schulte (Hameln), SPD: Das ist wahr! Denn im Wein liegt Wahrheit!
Schartz: Ja, das tut es ganz sicher, Frau Kollegin.
Jaunich, SPD: Im Gesetz allerdings nicht so viel! (20. 6. 90)

Volles oder leeres Haus – Plenum oder Vidum?

Als der Bundestag noch in Bonn tagte, wollte ein Filmteam einen flotten Striptease im Plenarsaal – selbstverständlich in einer sitzungsfreien Woche – für ein satirisches Magazin aufnehmen. Das Bundestagspräsidium verweigerte die Dreherlaubnis im Hohen Haus. Doch die Filmemacher wussten sich zu helfen, bauten im Studio eine Plenarsaalattrappe auf. Der Streifen wurde gedreht und im öffentlich-rechtlichen Fernsehen gezeigt. Es sollte ein Beitrag sein, wie die Präsenz im Plenum zu steigern wäre, indem man zwischen zwei Redebeiträgen – ähnlich einem Nummerngirl bei einem Boxkampf – eine Nackttänzerin auftreten ließe.

Die Abwesenheit der Abgeordneten im Plenarsaal steht häufig in der öffentlichen Kritik. Die Fernsehkameras machen nur zu gern einen Schwenk über die gerade nicht besetzten Sitzplätze der Volksvertreter. Auch in den Printmedien wird immer wieder darüber berichtet, dass eine wichtige Debatte erneut vor leeren Rängen stattgefunden hat. Doch die Berichtenden vergessen dabei bereitwillig, dass auch die Presse- und die Diplomatenränge ebenso leer geblieben waren. Die Besuchertribüne ist dagegen ständig überfüllt. Wie lautet das Gleichnis vom Splitter im Auge des anderen und dem Balken im eigenen Auge ?

abstimmen

Dr. Riedl, Parl. Staatssekretär beim Bundesminister für Wirtschaft, CDU/CSU: Herr Präsident, da ich sehe, daß die (CDU/CSU-FDP-, d. Hg.) Koalition im Augenblick eine satte Mehrheit hat, möchte ich mir erlauben, meine Rede zu Protokoll zu geben, und den Herrn Präsidenten bitten, abstimmen zu lassen. (4. 6. 92)

Abstimmung

Dr. Feige, B'90/Grüne: … haben die Abgeordneten der Gruppe Bündnis 90/ Die Grünen vor, an der Abstimmung über diesen Gesetzentwurf nicht teilzunehmen …

Oswald, CDU/CSU: Es ist ja fast keiner von Ihnen da! Die allermeisten von Ihrer Gruppe sind heute schon den ganzen Tag nicht da! (17. 6. 93)

Abwesenheit

Minister Dr. Posser, SPD, Nordrhein-Westfalen: Aber es gibt auch da eine alte Lebenserfahrung: In kritischen Situationen ist körperliche Abwesenheit besser als Geistesgegenwart. (28. 1. 81)

Schily, Bundesminister des Innern, SPD: Herr Kollege Marschewski, ich habe Verständnis dafür, dass Sie die Bundesjustizministerin heute vermissen. Aber ich glaube, wenn sie Ihre Rede im Protokoll nachliest, wird sie ihre Abwesenheit nicht bedauern.
Marschewski (Recklinghausen), CDU/CSU: Das ist wirklich frech!
(9. 11. 2000)

anwesend

Burgmann, Grüne: Es ist sicher typisch, daß die Regierung und der Herr Bundeskanzler (Dr. Kohl, CDU/CSU, d. Hg.) es nicht für notwendig halten … anwesend zu sein.
Daweke, CDU/CSU: Ihre Kollegen auch nicht! Wo sind die ganzen Grünen? Sie haben erzählt, sie wollten dauernd hiersein! (19. 5. 83)

Bundeswirtschaftsminister Dr. Bangemann, FDP, über Dr. Vogel, SPD: Ich habe kein Verständnis dafür, daß der Oppositionsführer bei dieser wichtigen Debatte hier nicht anwesend ist …
Dr. Waigel, CDU/CSU: Ich bin froh, wenn ich ihn nicht sehe!
Bundesminister Dr. Bangemann: Darauf kann man sich vielleicht einigen. Herr Waigel, Sie sehen … ich finde relativ schnell eine Einigung mit der CSU, auch in so wichtigen Fragen. (25. 4. 85)

Anwesenheitsquote

Reents, Grüne: Herr Präsident! Liebe Stenographen! Freitagvormittag im Bundestag: Die Anwesenheitsquote droht bereits gefährlich unter die Zinssätze zu fallen. Auch die Presse ist nicht mehr anwesend. Die Zeit ist gut für Überraschungen, die zumindest vielleicht noch der Stenographische Dienst mitbekommen kann. – Heiterkeit. – Ablösung am Stenographentisch. – Reents: Ja, jetzt geht auch der. (10. 6. 83)

Bild

Müntefering, SPD: Sie haben, Herr Bosbach, als Herr Stoiber (Bayerns Ministerpräsident und Unions-Kanzlerkandidat 2002, CSU, d. Hg.) hier erklärt hat, er wolle und er werde vorschlagen, dass der Kündigungsschutz in Betrieben mit 20 und weniger Beschäftigten abgeschafft wird, zum Teil geklatscht.
Bosbach, CDU/CSU: Da war ich überhaupt nicht im Saal!
Müntefering: Das ist ja hochinteressant. Könnten Sie jetzt auch noch sagen, weshalb Sie nicht im Saal waren, als Herr Stoiber sprach? Ich möchte Ihnen nur abschließend sagen: Sie waren nicht im Saal und auch nicht im Bilde. (19. 3. 03)

dämlich

Andres, SPD: Herr Cronenberg, halten Sie es wirklich für eine dämliche Zwischenfrage, wenn ein solch wichtiges Gesetz beraten wird und ich frage, wo der Obmann der FDP-Fraktion im Ausschuß für Arbeit und Sozialordnung, Herr Dr. Thomae, bei dieser Debatte ist?
Cronenberg (Arnsberg), FDP: ... ich halte es für ausgesprochen dämlich, wenn Sie hier am laufenden Band dazwischenrufen, wo der Kollege Thomae ist. Sie sehen es: Er ist nicht da. (23. 6. 88)

fertig

Frau Hönes, Grüne: Ich vermisse eine ganze Anzahl der Kollegen und der Kolleginnen aller Parteien.
Dr. Bötsch, CDU/CSU: Die kommen, wenn Sie fertig sind! (10. 9. 86)

Flugzeug

Kasparick, Parl. Staatssekretär bei der Bundesbildungsministerin, SPD: Frau Ministerin Bulmahn, (SPD, d. Hg.) ist in Abwesenheit mehrfach angegriffen worden. Deswegen erlaube ich mir, sie jetzt zu verteidigen. Sie sitzt nach wie vor im Flugzeug, ist auf dem Wege hierher. Ich fand es besonders tapfer vom Abgeordneten Kretschmer (CDU/CSU, d. Hg.), zunächst ihren Rücktritt zu verlangen, dann zu beklagen, dass sie nicht da ist und anschließend den Saal zu verlassen.
Dr. Krings, CDU/CSU: Er sucht wahrscheinlich die Ministerin! Er will sie am Flughafen abholen! (26. 1. 05)

Geschäftsführung

Vizepräsident Cronenberg, FDP, am Ende seiner Abschiedsrede: Damit kann ich jetzt nur noch sagen: Adieu, Deutscher Bundestag! – Herzlichen Dank. – Anhaltender Beifall im ganzen Hause. – Eine Reihe von Abgeordneten und Regierungsvertretern erheben sich dabei von den Plätzen. – Ich bin natürlich gerührt, aber die Sache ist trotzdem etwas peinlich; denn an sich sollte die Präsidentin (Frau Dr. Süssmuth, CDU/CSU, d. Hg.) jetzt hiersein und mich ablösen.
Zuruf von der CDU/CSU: So ist sie, die Präsidentin!
Vizepräsident Cronenberg: Damit keine Zeit vertan wird, werde ich nun, sozusagen im Rahmen einer Geschäftsführung ohne Auftrag, aber mit Ihrer Genehmigung den Tagesordnungspunkt 9 aufrufen. (21. 9. 94)

Haus

Sauermilch, Grüne: Frau Präsidentin! Leeres Haus!
Dr.-Ing. Kansy, CDU/CSU: Full house ist natürlich besser! (25. 11. 83)

Karikatur

Frau Roitzsch (Quickborn), CDU/CSU, nach der Rede von Dr. Heuer, PDS/Linke Liste: Kein Beifall von der PDS! Aber es ist ja auch niemand da!
Zuruf von der FDP: Da rührt sich keine Hand!
Dr. Heuer, der inzwischen wieder Platz genommen hat, spendet Beifall.
Zuruf von der FDP: Das hat er früher auch gemacht!
Frau Michalk, CDU/CSU: Das gehört in die Rubrik ›Karikatur des Deutschen Bundestages‹! (12 .3. 92)

kassieren

Frau Dr. Eid, B'90/Grüne: So ist das im Ausschuß für wirtschaftliche Zusammenarbeit ... immer wieder geschehen, genau in den Sitzungen, in denen ich dabei war. Da mußte ich mein Veto einlegen.
Zuruf von der CDU/CSU: Was? Da waren Sie doch nie!
Krautscheid, CDU/CSU: Herzlich willkommen!
Marschewski, CDU/CSU: Kassieren, aber nicht arbeiten! (8. 11. 95)

Lärmschutz

Wittmann (Straubing), SPD: Vor drei Stunden hatte ich das Glück, einmal vor einem vollen Hause zu sprechen. Nur, da verstand mich niemand wegen der Unruhe im Plenum. Jetzt habe ich zwar die erforderliche Aufmerksamkeit; doch nun hört mir fast niemand zu ... ich hoffe, daß wir in das zur Beratung anstehende Lärmschutzgesetz nicht einen Paragraphen über die Ruhe oder die Unruhe im Deutschen Bundestag aufnehmen müssen. (26. 4. 79)

leise

Hedrich, CDU/CSU: Zuerst darf ich die anwesenden Mitglieder der Koalition bitten hierzubleiben, denn wir brauchen eine Mehrheit.
Zuruf von der CDU/CSU: Das hätte uns auch leise gesagt werden können! (9. 12. 92)

mitarbeiten

Reschke, SPD: Ich möchte ausdrücklich feststellen: Die Grünen waren nicht anwesend bei der Schlußabstimmung.
Dr. Rumpf, FDP: Die arbeiten sowieso nicht mit in den Ausschüssen! (23. 10. 86)

niemand

Vizepräsidentin Schmidt, SPD: Wer stimmt für den Änderungsantrag der Gruppe Bündnis 90/Grüne auf Drucksache 12/2761?
Zurufe: Niemand!
Vizepräsidentin Schmidt: Ich kann das selber feststellen, meine Herren. Ich stelle die Frage nochmals: Wer stimmt für den Änderungsantrag der Gruppe Bündnis 90/ Grüne auf Drucksache 12/2761? – Es ist tatsächlich niemand! (4. 6. 92)

Nordsee

Vizepräsident Westphal, SPD: Das Wort hat der Abgeordnete Werner (Westerland, Grüne, d. Hg.).
Austermann, CDU/CSU: Wo war der denn bei der Nordseedebatte?
Dr.-Ing. Kansy, CDU/CSU: Untergetaucht! (5. 6. 86)

Piepeln

Mann, Grüne: ... Ich begrüße insbesondere die hier hereinrotierten Kolleginnen und Kollegen sehr herzlich.
Kittelmann, CDU/CSU: Sie mit Ihren drei ›Piepeln‹ sollten die Klappe halten! (27. 2. 86)

Schlafwagen

Thiele, FDP, zur SPD: Dazu kommt dann die Traumnummer von Herrn Struck, uns vorzuführen, daß bei dieser wichtigen Debatte … von der SPD um 20 Uhr abends nicht einmal 20 Abgeordnete aufzutreiben waren. Ja, wo waren denn die restlichen 220 SPD-Abgeordneten? Herr Kollege Struck, Sie sollen doch für die SPD aus Schatten Licht und aus Schattenministern Minister machen. Aber dann passen Sie doch auf, daß nicht alle merken, daß nicht einmal um 20 Uhr bei der SPD noch ein Lichtlein brennt. Wenn um 20 Uhr alle SPD-Abgeordneten schon im Schlafwagen sind, ja, wie wollen Sie denn da an die Macht kommen? Auch mit dem Schlafwagen? (21. 9. 94)

Schluss

Vizepräsident Dr. h. c. Seiters, CDU/CSU: Herr Staatssekretär, gestatten Sie eine Zwischenfrage der Kollegin Pieper (FDP, d. Hg.)?
von Larcher, SPD: Nur wenn sie bis zum Schluss der Sitzung hierbleibt! (10. 11. 2000)

Seuche

Neumann (Bramsche), SPD: Ich hätte mir, wo ich zum ersten Mal hier spreche, gewünscht, daß mehr als zwölf Kollegen anwesend sind. Aber eine Seuche, die zur Präsenz führt, ist offensichtlich nicht ausgebrochen, oder wir haben schon frühzeitig Maßnahmen getroffen, die verhindern, daß eine solche Seuche überhaupt erst ausbrechen kann.
Vizepräsident Stücklen, CDU/CSU: … bei dem Wort Seuche haben die Abgeordneten, die sich gefährdet fühlten, sofort den Saal verlassen. (8. 2. 79)

Termine

Klose, SPD: Ich würde den Herrn Bundeskanzler (Dr. Kohl, CDU/CSU, d. Hg.), wenn er noch da wäre, gerne fragen …
Frau Dr. Däubler-Gmelin, SPD: Wo ist er denn eigentlich?
Klose: Es kann schon einmal sein, daß man dringende Termine hat; das akzeptierte ich …
Hinsken, CDU/CSU: Bis jetzt hat er nichts versäumt! (13. 2. 92)

typisch

Dr. Hornhues, CDU/CSU: Wenn Sie mit Ihrer Rede fertig sind, gehen Sie nach Hause!

Frau Lederer, PDS/Linke Liste: Wenn Sie zuhören, bin ich schneller fertig. Dr. Hornhues: Das ist ein Angebot! ... Nach der Rede der Abg. Lederer; Dr. Hornhues: Herr Präsident, die Frau Kollegin verläßt den Saal, kaum daß sie geredet hat. Das ist richtig typisch! (24. 6. 92)

ungestört

Vizepräsident Klose, SPD: Das Wort hat jetzt die Kollegin Dr. Gisela Babel (FDP, d. Hg.).
Fischer (Frankfurt), B'90/Grüne: Dann sollten wir so lange rausgehen!
– Eine große Zahl von Abgeordneten der SPD, vom B'90/Grüne und der PDS verlassen den Plenarsaal. –
Feilcke, CDU/CSU: Jetzt können wir endlich ungestört diskutieren, Frau Kollegin! (12. 10. 95)

unterbrechen

Frau Hämmerle, SPD: Dazu haben wir jetzt keinen Redner! Etwas später: Wir haben auch für den nächsten Punkt keinen Redner hier! Und wieder etwas später: Es ist eine Schande, aber ich habe niemanden!
Vizepräsident Klein, CDU/CSU: Ich darf die Parlamentarische Geschäftsführerin der antragstellenden Fraktion fragen, in welcher Zeit die Kolleginnen und Kollegen, die jetzt nicht darauf eingerichtet waren, ihrer Meinung nach herbeigerufen werden können.
Frau Hämmerle: 10 Minuten!
Vizepräsident Klein: Ich unterbreche die Sitzung für 10 Minuten. (22. 4. 93)

Verständnis

Vizepräsident Frau Renger, SPD: ...vielleicht darf ich unseren Gästen zwischendurch sagen: Sie wundern sich sicher, daß bei einem so wichtigen Thema so wenige Abgeordnete hier sind. Aber es tagen in dieser letzten Sitzungswoche acht Ausschüsse des Deutschen Bundestages parallel und der Ausschuß Deutsche Einheit in Berlin. Ich erwähne das, damit Sie Verständnis haben. (20. 6. 90)

verzichten

Unruhe. – Präsidentin Dr. Süssmuth, CDU/CSU: Darf ich Sie bitten, einen Augenblick zu warten, bis die Abgeordneten, die das wünschen, den Saal verlassen haben und wir fortfahren können.

Dr. Gysi, PDS/Linke Liste: Es gibt Zuhörerinnen und Zuhörer, auf die ich verzichten kann.
Zuruf von der CDU/CSU: Es gibt auch Redner, auf die wir verzichten können! (27. 5. 93)

Vidum

Funke, FDP: Die Frage ist doch lediglich, Herr Kollege Sperling, ob wir durch einen besonderen Beschluß ... hier im Plenum des Bundestages, das nicht so voll ist, wie es das Wort besagt ...
Dr. Sperling, SPD: ›Vidum‹ heißt das! Ein Leeres!
Funke: Sie haben recht. Weil mein großes Latinum etwas länger zurückliegt, suchte ich nach dem richtigen Ausdruck. Ich bin Ihnen dankbar.
Frau Roitzsch (Quickborn), CDU/CSU: Sprecht einfach deutsch, dann werdet ihr auch verstanden!
Dr. Sperling: Der Leersaal! (8. 2. 90)

Weißbier

Irmer, FDP: Es tut mir leid, Herr Bundeskanzler, aber ich muß mich mit einer Bemerkung an Sie persönlich wenden. Ich habe Sie vorhin hier vermißt. Wenn Sie ein Gespräch mit einem auswärtigen Regierungschef gehabt hätten, hätte ich volles Verständnis dafür gehabt. Mir wird aber berichtet, daß Sie mit dem SPD-Vorsitzenden (Bundesfinanzminister Lafontaine, d. Hg.) im Restaurant gesessen und Weißbier getrunken haben. – Unruhe bei der SPD. – Entschuldigen Sie, meine Damen und Herren, ich erlaube mir, dies anzusprechen. Ich glaube, das ist mehr als eine Stilfrage.
Bindig, SPD: Bodenloses Gerede! ...
Bundeskanzler Schröder, SPD: Mein Büro hat mir gesagt, meine Präsenz sei um 19 Uh erforderlich. Ich bin davon ausgegangen, daß das der Beginn der Debatte sei. Es ist der voraussichtliche Beginn der Abstimmung. Das ist meine Schuld, nicht die Schuld meines Büros. Ich bedauere das und bitte die Kolleginnen und Kollegen, das zu verstehen. (25. 2. 99)

In Armani oder in der Badehose und mit Tanga

Wenn die Parlamentsjournalisten in der Sommer- und Weihnachtspause ihre Saure-Gurken-Zeit haben und es nur wenig über Bundestag und Regierung zu berichten gibt, erhalten sie von ihren Heimatredaktionen häufig die Möglichkeit, die seltsamsten Dinge zu publizieren. So schrieb eine auflagenstarke Illustrierte, der damalige CSU-Landesgruppenvorsitzende und spätere Bundestagspräsident Richard Stücklen solle im Bundestagsplenum mit Parteifreunden darüber sinniert haben, ob die FDP-Abgeordnete Helga Schuchardt mit oder ohne Büstenhalter ihren Parlamentssitz drückt. Die Hamburger Ingenieurin, die zu dieser Zeit keine Probleme mit ihrer Statik kannte, soll, wie man hörte, den Bayern aufgeklärt haben: Sie trage ihre Büste ungestützt.

Die – ungeschriebene – Kleiderordnung des Parlaments war in den Anfangsjahren des Bundestages noch sehr streng. Bis zum Ende der 60er-Jahre war es den Damen verwehrt, im modischen Hosenanzug den Plenarsaal zu betreten. Dem SPD-Abgeordneten Rudolf Schöfberger, der ohne Krawatte und mit offenem Hemdkragen seinen Platz eingenommen hatte, wurde dezent auf Veranlassung des amtierenden Präsidenten Stücklen durch einen Saaldiener ein Schlips aus dem Fundus des CSU-Politikers überbracht. Die schlichte Begründung des Präsidenten: Schöfbergers Erscheinung entspreche nicht der Etikette des Deutschen Bundestages. Allerdings änderte sich dies mit dem Einzug der Grünen in den Bundestag. Ohne Krawatte, dafür mit Pullover und Turnschuhen gewandet, gehörte in deren parlamentarischen Anfangsjahren zu ihren parteipolitischen Erkennungszeichen, quasi das Aushängeschild der grünen Überzeugung. War es auf den Grünen-Parteitagen früher absolut üblich, dass die Delegierten mit klappernden Nadeln Pullover strickend den stürmischen Diskussionen folgten, war ihnen dies nach der Geschäftsordnung des Bundestages im Plenarsaal jedoch nicht gestattet.

Anzug

Präsident Thierse, SPD: Ich erteile das Wort dem Kollegen Detlef Parr, FDP-Fraktion.

Lohmann (Lüdenscheid), CDU/CSU: Er hat schon einen schwarzen Anzug an!
Parr: Herr Kollege Schöler (SPD, d. Hg.), ich habe mich heute Morgen vor meinem Kleiderschrank anscheinend richtig entschieden, als ich den schwarzen Anzug gewählt habe, denn diese Gesundheitspolitik wird immer mehr zu einem Trauerfall. Dass der Patient jetzt auch noch einer Zulassung bedarf, übertrifft wohl jedes Maß an Regulierung ... (29. 11. 01)

Präsident Dr. Lammert, CDU/CSU: Nun erhält das Wort der Kollege Anton Schaaf, dem ich zu seinem heutigen Geburtstag herzlich gratuliere.
Dr. Westerwelle, FDP: Der Anzug ist zehn Jahre alt!
Schaaf, SPD: Nicht ganz, Herr Westerwelle. (29. 1. 09)

Armani

Glos, CDU/CSU: ... will ich ein Bild präsentieren, das der Wirklichkeit entspricht. Ob es lustig oder peinlich ist, das überlasse ich dem Urteil aller geneigten Zuschauer und Zuhörer. Zu Beginn Ihrer Amtszeit, Herr Bundeskanzler, haben Sie noch persönlich für Armani und Brioni Modell gestanden. Wenn ich die *Bild*-Zeitung richtig gelesen habe, dann ist es so, dass jetzt Ihr Hund für (die Drogeriekette, d. Hg.) Rossmann wirbt. (24. 11. 04)

blau-gelb gekleidet

Vizepräsident Frau Renger, SPD: Das Wort hat Frau Staatssekretärin Karwatzki.
Zuruf: Jetzt spricht die FDP!
Frau Karwatzki, Parl. Staatssekretärin beim Bundesminister für Jugend, Familie, Frauen und Gesundheit, CDU/CSU: ... Als ich hier herging, kam der Zwischenruf ›Jetzt spricht die FDP‹. Ich mache darauf aufmerksam, daß ich nach wie vor Mitglied der Christlich-Demokratischen Union bin und auch dieser Fraktion angehöre. Damit sage ich aber nichts gegen die Kollegen von der FDP.
Gattermann, FDP: Wir bedauern das zutiefst, Frau Kollegin!
Zuruf von den Grünen: Weil Sie so blau und gelb gekleidet sind!
Frau Karwatzki: Sie meinen, ich hätte heute die Farben der FDP an. Nur soviel zu dem Zwischenruf, den anderen habe ich jetzt leider nicht verstanden.
Zuruf von der SPD: Die Farben stehen Ihnen aber sehr gut, aber sie täuschen!
Frau Karwatzki: Ich werde es mir überlegen, Herr Kollege.
Zuruf von den Grünen: Schwarz würde Sie nicht so gut kleiden!
Frau Karwatzki: Ja, das stimmt. (25. 9. 86)

Damenoberbekleidung

Frau Homburger, FDP: Herr Wirtschaftsminister Müller (parteilos, d. Hg.), Sie haben vorhin gesagt, es gehe hier um Grundsätzliches und nicht um Damenoberbekleidung. Ich denke, Sie haben keine Ahnung, was Damenoberbekleidung für Damen bedeutet. Das ist nämlich etwas ganz Grundsätzliches. Jetzt stellen Sie sich doch einmal vor, die anwesenden Damen hier säßen alle ohne Damenoberbekleidung.
Dr. Gerhardt, FDP: Das würde dann sehr grundsätzlich!
(23. 3. 2000)

Duttträgerin

Bosbach, CDU/CSU: Ich sage jetzt etwas, bei dem der eine oder andere die Nase rümpfen wird; aber es hilft nichts, drum herumzureden. Wir ergreifen Maßnahmen, und natürlich kann man immer fragen: Ist das wirklich notwendig? Ein Beispiel: Wir sind alle Vielflieger. Wir kennen das alle: Wir kommen an die Personenkontrolle und sehen, wie sich 80-jährige Duttträgerinnen verzweifelt an ihre Shampooflasche klammern ...
Frau Piltz, FDP: Das ist kein Büttenrede!
Bosbach: wenn ihnen erklärt wird, dass sie das Shampoo nicht mit an Bord nehmen dürfen, weil daraus möglicherweise Sprengstoff hergestellt werden könnte. Gleichzeitig bringt es die zweitgrößte Industrienation der Erde nicht auf die Reihe, endlich flächendeckend abhörsicheren Digitalfunk einzuführen. (20. 6. 08)

Einwegunterwäsche

Ernst, Linke: Da muss ich in Richtung CDU/CSU sagen: Sie waren wenigstens ehrlich. Sie haben es vorher gesagt. Die anderen aber nicht. Das ist das, was die Bürger an unserem jetzigen System verurteilen. Sie können Ihnen nicht mehr glauben. Ihre Aussagen haben die Halbwertszeit von Einwegunterwäsche. (9. 2. 06)

entschleiernd

Benda, CDU/CSU, über Dr. Schäfer (Tübingen), SPD: Diese Rede hat eine notwendige – und deswegen bedanke ich mich für diese Rede – entschleiernde Funktion gehabt. Ich würde sagen, Kollege Schäfer: mehr Salome als Salomon. (24. 6. 65)

Ernteeinsatz-Look

Sauer (Salzgitter), CDU/CSU: Die ist ja hier im Ernteeinsatz-Look!
Frau Köppe, B'90/Grüne: ... Es ist selbstverständlich, daß solche Gewalt nicht dem Anliegen der Demonstranten dient. Andererseits denke ich ...
Sauer: Bei Ihrem Aussehen werden Sie auch nicht angegriffen!
Dr. Schmude, SPD: Was ist das für eine Unverschämtheit, Herr Präsident! Das Aussehen der Kollegin wird hier in Zweifel gezogen und herabgemacht. Das kann ja wohl nicht wahr sein! (26. 5. 93)

Feigenblätter

Vizepräsident Klein, CDU/CSU: Ich erteile dem Kollegen Heinz-Adolf Hörsken das Wort.
Zuruf von der SPD: Jetzt kommen die Feigenblätter!
Hörsken, CDU/CSU: ... Ob es Feigenblätter sind oder nicht, sollen Leute, die nackt dastehen, nicht so betonen. (13. 5. 93)

Frack

Bundesbauminister Dr. Schneider, CDU/CSU, zur SPD: Sie wären mit Zylinder und Frack spazierengegangen, wenn Sie das fertiggebracht hätten.
Dr. Waigel, CDU/CSU: Den hätten sie im Leihhaus holen müssen. (28. 11. 84)

Fummel

Stiegler, SPD, zu Erhard (Bad Schwalbach), CDU/CSU: ... im Mietrecht, im Familienrecht, überall wollen wir integrieren. Sie wollen hier wieder einen Fummel anhängen. Das bringt uns nicht weiter. (25. 6. 81)

Grünes

Frau Wieczorek-Zeul, SPD: Aus einem Bundesland kommend, in dem sich alle großen Arbeitgeber der Industrie positiv über rot-grüne Regierungspolitik in Hessen, u. a. die chemische Industrie, ausgesprochen haben ...
Oswald, CDU/CSU: Nur weil Sie etwas Grünes anhaben, brauchen Sie nicht so einen Unsinn zu reden! (29. 6. 94)

Hose

Kleinert (Marburg), Grüne, unterhält sich mit dem Rücken zum Redner mit einem anderen Abgeordneten. Schwarz, CDU/CSU: Vielleicht kann der Kollege mir seinen besseren Teil von der anderen Seite zeigen!

Vizepräsident Frau Renger, SPD: Herr Abgeordneter Kleinert, der Redner legt Wert darauf, daß Sie von vorn zu besichtigen sind.
Schwarz: Ich meine, wenn das eine saubere Hose wäre, würde ich das ja noch aushalten; aber so mag ich es nicht so gerne, wenn Sie mir den Hintern hinzeigen.
Kleinert: Ich lasse mich von Ihnen noch lange nicht beleidigen! (4. 6. 87)

Hosen

Metzger, B'90/Grüne: Dieser Finanzminister steht heute mit heruntergelassenen Hosen vor dem Parlament. Bundesfinanzminister Dr. Waigel, CDU/CSU erhebt sich und öffnet sein Jackett …
Vizepräsident Klein, CDU/CSU: …wenn Sie das erlauben, der kleine kollegiale Rat, bei der Wahl von Sprachbildern doch solche zu nehmen, die nicht leicht widerlegt werden können.
Fischer (Frankfurt), B'90/Grüne: Das ist die Illusion einer Hose, die Sie hier vorgeführt haben! …
Dr. Waigel: Herr Metzger, normalerweise sind Sie unter den Grünen jemand, dessen Äußerungen man ernst nehmen sollte. Aber heute waren Sie gerade mit Ihren Bemerkungen das personifizierte Beispiel für eine ›leere Hose‹, wie man in Bayern zu sagen pflegt.
Fischer: Besser leere Hose als tote Hose! Theo, die tote Hose!
Koppelin, FDP: Tolle Hose! (25. 10. 95)

Grund, CDU/CSU: Lassen Sie uns die Ärmel für neue Arbeitsplätze hochkrempeln …
Schreiner, SPD: Erst die Hosen herunterlassen, dann krempeln wir die Ärmel hoch! (7. 3. 96)

Dr. Gehb, CDU/CSU: Auch Richter ziehen ihre Hosen nicht mit einer Kneifzange an: (28. 1. 09)

Hosenlatzgebabbel

Dr. Bötsch, CDU/CSU, über Weiß (Berlin), B'90/Grüne: Hosenlatzgebabbel! (30. 4. 92)

Hosentasche

Frau Odendahl, SPD, zur Bundesregierung: Meine Güte, Sie haben keine Hosentasche mehr, in die Sie fassen können!
Dr. -Ing. Jork, CDU/CSU: Aber wir haben noch eine Hose an! (22. 1. 93)

Hosenträger

Frau Matthäus-Maier, FDP: Ein Bundeskanzler, der den schlanken Staat verordnet …
Frau Fuchs (Köln), SPD: Er hat auch Hosenträger! (14. 12. 94)

Hut

Vizepräsident Klein, CDU/CSU: Ich glaube, Frau Kollegin Wollenberger (B'90/ Grüne, d. Hg.) … daß wir Ihnen heute eine Premiere verdanken. Die Kollegin Wollenberger ist die erste Abgeordnete, die im Plenum mit Hut erschienen ist.
Dr. Feldmann, FDP: Aber sie hat ihn dann abgerüstet!
Würzbach, CDU/CSU: Aber er sah ein bißchen besser aus als der von der Simonis (SPD-Ministerpräsidentin von Schleswig-Holstein, d. Hg.)! (23.6.93)

Jacke

Dr. Jannsen, Grüne: Ich war damals so bedürftig, daß ich mir nur einmal im Semester oder im Jahr eine Hose leisten konnte.
Dr. -Ing. Kansy, CDU/CSU: Und die tragen Sie noch heute!
Dr. Jannsen: Machen Sie sich keine Sorgen über meine Kleidung. Die kann ich genauso wie Sie bezahlen. Ich gehe allerdings nicht zur Maßschneiderei.
Dr. -Ing. Kansy: Wir auch nicht! (16. 6. 83)

Am 3. September 1983 bekommt Dr. Jannsen wiederum das Wort; Daweke, CDU/ CSU, ruft ihm zu: Das sind wieder die Jeans aus der BAföG-Zeit!
Wiederum einige Wochen später; Dr. Jannsen: Ich sehe schon die freudigen Gesichter der Damen und Herren der CDU/CSU. Das freut mich auch.
Daweke: Weil Sie eine neue Jacke haben!
Dr. Jannsen: Ich habe keine neue. (13. 10. 83)

Jackett

Dr. Briefs, fraktionslos, begibt sich ohne Jackett zum Rednerpult. Oswald, CDU/ CSU: Das nächste Mal kommt er im Schlafanzug!
Präsidentin Dr. Süssmuth, CDU/CSU: Herr Briefs, darf ich Sie bitten, ein Jackett anzulegen. – Dr. Briefs legt ein Jackett an. – Oswald: Er wäre ohne Jacke leichter gewesen!
Dr. Briefs: Ich bitte um Entschuldigung. Was macht man nicht alles, wenn es dem Klimaschutz dient. (21. 9. 94)

Jeans

Zuruf von der CDU/CSU: Sie hat sich extra die Jeans angezogen.
Frau Beck-Oberdorf, B'90/Grüne: Jawohl, für Sie bin ich heute extra in Hosen gekommen, damit man einmal sieht, wer hier die Hosen anhat oder in Zukunft in dieser Gesellschaft anhaben sollte. (12. 4. 84)

Kleid

Rind, FDP: Ich bezweifle aber, daß diese Konzepte aufgrund Ihrer nunmehr sozialdemokratischen Denkstruktur richtig sind; das sehen Sie mir sicherlich nach.
Frau Matthäus-Maier, SPD (von 1976 bis 1982 in der FDP-Fraktion, d. Hg.): Meine Denkstrukturen sind geblieben, Herr Kollege!
Rind: Ihr Kleid ist geblieben. Entschuldigung, sicherlich nicht das Kleid, aber die blaue Farbe (blau und gelb sind die Parteifarben der FDP, d. Hg.) Ihres Kleides ist geblieben.
Frau Schoppe, Grüne: Ihr Schlips ist auch nicht mehr der neueste! (30. 9. 88)

Kleider

Dr. Schäuble, CDU/CSU: Mit dem rot-grünen Reformprojekt ist es wie mit des Kaisers neuen Kleidern. Wer genau hinsieht, findet nichts. (24. 2. 99)

Kompressionsstrümpfe

Frau Selg, B'90/Grüne: Zu später Stunde – lange sitze ich hier – hätte ich zu diesem Thema beinahe selber Kompressionsstrümpfe gebraucht.
Bahr (Münster), FDP: Bitte nicht albern werden! (6. 11. 03)

Krawatte

Suhr, Grüne: Wenn ich mir so den Bundestag ansehe, findet sich durchaus Platz für Bandenwerbung. Ich hoffe allerdings nicht, daß der Postminister Schwarz-Schilling (CDU/CSU, d. Hg.), unser Minister Sonnenschein, anschließend im T-Shirt mit Werbung seiner Batteriefabrik auftritt.
Gansel, SPD: Unser Postminister spricht nur mit Krawatte! (5. 6. 86)

Pützhofen, CDU/CSU, kommt aus Krefeld: ... hat die Textilindustrie einen innovativen Schub erlebt, der sich an den Umsatzzahlen der Beschäftigten und an der Qualität der Produkte bemerkbar macht, was Sie, verehrter Herr

Präsident, unschwer an Ihrer Krawatte erkennen können, die, wenn sie gut ist, aus Krefeld stammt und, wenn sie weniger gut ist, wahrscheinlich aus dem Ausland importiert worden ist.
Vizepräsident Cronenberg, FDP: ... Sie wissen ja, daß wir große Probleme haben, für Standorte und einzelne Betriebe zu werben. Für den Kauf meiner Krawatte ist Gott sei Dank meine Frau zuständig.
Pützhofen: Wir werden das Gespräch mit Ihrer Frau führen. (18. 6. 93)

Latschen
Andres, SPD, zu Scharrenbroich, CDU/CSU: Wenn Ihre Fraktionen in die Strümpfe gekommen wären ...
Dr. Klejdzinski, SPD: Die haben es ja nicht einmal geschafft, in die Latschen zu kommen! (13. 11. 87)

Lederhose
Dr. Penner, SPD: Wolfgang, das Mikrofon ist nicht an! Schalte es bitte ein, sonst müssen wir unser Hörrohr einschalten!
Zeitlmann, CDU/CSU: Ich habe bislang nicht gewußt, daß der Redner das Mikrofon selbst einschalten muß.
Özdemir, B'90/Grüne: ›Lederhose und High-Tech‹ heißt das bei uns!
Zeitlmann: Herr Özdemir, die Vorstellung, Sie kämen einmal in der Lederhose, genieße ich allerdings.
Özdemir: Sie haben mir eine versprochen! Sie haben das Versprechen nicht gehalten!
Zeitlmann: Ich habe Ihnen gar nichts versprochen!
Özdemir: Doch, Sie haben mir eine Lederhose versprochen! (4. 11. 99)

Lendenschurz
Dr. Lippold (Offenbach), CDU/CSU, zum Bündnis 90/Grüne: Da Sie jetzt so staatsmännisch werden, mit Schlips und Jackett ...
Fischer (Frankfurt), B'90/Grüne: Sie sollten Lendenschurz tragen, oder Bärenfell und Keule; das würde Ihnen besser stehen! (16. 3. 95)

Lumpen
Schröder (Hannover), SPD: Sie, Herr Kohl, haben diese Politik der Wende in ein durchaus prächtiges Gewand gekleidet.
Klein (München), CDU/CSU: Im Gegenteil zu euren Lumpen! (26. 11. 85)

Nadelstreifen

Lamers (Heidelberg), CDU/CSU, zum Bündnis 90/Grüne: Gerade jüngst hat mir einer aus Ihrer Partei gesagt, daß er es sich nicht habe träumen lassen, seinen Joschka, wie er sich ausdrückte, einst als Außenminister im feinsten Nadelstreifen zu erleben, garniert mit einem Freundschaftskuß für die amerikanische Außenministerin Madeleine Albright. Das ist schon ein weiter Weg vom Saulus zum Joschka.

Bundesaußenminister Fischer, B'90/Grüne: Aber Sie muß ich nicht küssen? (22. 4. 99)

Trittin, Bundesumweltminister, B'90/Grüne: Wir sind dabei, ein gewaltiges Konfliktpotenzial abzubauen und einen Konflikt, der über Jahre hinweg mit Polizei, mit Wasserwerfern und Ähnlichem ausgetragen wurde, auf das zurückzuführen, was getan werden sollte …

Hinsken, CDU/CSU: Sie waren doch mit dabei! – Frau Flach, FDP: Sie standen doch in der ersten Reihe!

Trittin: nämlich die Abarbeitung eines politischen Konfliktes in politischer Form vorzunehmen und damit ein Stück Konsens in dieser Gesellschaft zu schaffen.

Hirche, FDP: Seit Sie Nadelstreifen anhaben, müssen Sie auch auf der anderen Seite stehen!

Trittin: Herr Hirche, Sie sollten sich eine andere Brille aufsetzen. Mein Anzug heute verfügt über keinen einzigen Streifen, auch keinen Nadelstreifen. Aber es freut mich, dass er Ihnen gefällt. (14. 12. 01)

Outfit

Vizepräsident Frau Renger, SPD: … das Wort hat der Minister für Umwelt und Energie des Landes Hessen, Herr Staatsminister Fischer.

Jung (Lörrach), CDU/CSU: Frau Präsidentin, ich protestiere dagegen, daß ein Landesminister in diesem ungepflegten Aufzug vor dem Deutschen Bundestag reden darf!

Staatsminister Fischer, Grüne: Herr Kollege, zwei Jahre hatten wir die Gelegenheit, hier gemeinsam die Bank zu drücken. Ich sehe da in meinem Outfit keinen Unterschied zu meiner jetzigen Funktion als Landesminister. Im Gegenteil: Ich würde es als despektierlich empfinden, wenn ich mich als Landesminister hier anders verhalten würde, denn als frei gewählter Abgeordneter des deutschen Volkes. (14. 5. 86)

Puderperücke

Fischer (Frankfurt), B'90/Grüne: Da fällt das Puder aus der Perücke, wenn der Innenminister (Kanther, CDU/CSU, d. Hg.) spricht! …

Dr. Scholz, CDU/CSU: Verstärkte Privatisierungserfordernisse bedeuten natürlich nicht, daß auf das Berufsbeamtentum zu verzichten wäre.

Fischer: Nein, lange lebe die Puderperücke! (14. 3. 96)

Sachen

Frau Höfken, B'90/Grüne: Tatsächlich kauft ›Ottine‹ Normalverbraucher Sachen, die sie nicht braucht. Man sollte vielleicht nicht von fremden Leuten reden; es reicht ja schon, wenn man sich selbst betrachtet. Die Widersprüchlichkeit ist offensichtlich. Ich kaufe Sachen, die ich nicht brauche.

Carstensen (Nordstrand), CDU/CSU: Das sieht man! (22. 5. 03)

Sack

Poß, SPD: Sie, Herr Waigel (CDU/CSU, d. Hg.), haben sich doch reichgerechnet. Sie sollten hier in Schutt und Asche gehen und nicht so auftreten, wie Sie das hier tun. In Schutt und Asche kann man nicht gehen, aber einen Sack sollten Sie sich schon überstreifen. (4. 12. 98)

Schal

Frau Voß, B'90/Grüne: … daß Gepäck nicht im Kofferraum, sondern auf dem Rücksitz des Taxis gelassen wird. Meine Güte, dann müßten mich schon viele Taxifahrer gar nicht mitgenommen haben. Das mache ich nämlich auch.

Dr. Ramsauer, CDU/CSU: Ich würde Sie auch nicht mitnehmen!

Frau Voß: Das ist schön von Ihnen. Ich würde auch nicht gerne mit Ihnen fahren.

Dr. Ramsauer: Mit dem roten Schal würde ich Sie nicht mitnehmen. (10. 12. 98)

Schlapphut

Frau Geiger, CDU/CSU: Vieles, was die SPD in ihrem Antrag fordert, ist berechtigt. Aber bei genauem Hinsehen entpuppt es sich als sehr alter Hut.

Dr. Rumpf, FDP: Ganz alter Schlapphut!

Rossmanith, CDU/CSU: ›Filzhut‹ wäre besser! (26. 9. 86)

Schlips

Präsident Dr. Jenninger, CDU/CSU: Das Wort hat der Abgeordnete Schreiner (SPD, d. Hg.).
Dr. George, CDU/CSU: Schreier heißt der, nicht Schreiner!
Carstensen (Nordstrand), CDU/CSU: Der hat schon den Schlips abgenommen, damit er besser brüllen kann! (1. 3. 85)

Schuhe

Dr. Soell, SPD, zu Bundeswirtschaftsminister Dr. Bangemann, FDP: Aber passende Schuhe ziehen wir uns immer an! Schon wegen der Blasen! (18. 3. 87)

Schurwoll-Sozialist

Conradi, SPD, dessen persönliches Merkmal es ist, stets eine Fliege zu tragen: Im Außenbereich lassen Sie (die CDU/CSU-FDP-Koalition, d. Hg.) zukünftig bis zu vier Wohnungen in einem Bauernhaus zu, bei – so heißt es im Gesetz – wesentlichen baulichen Änderungen, aber die äußere Gestalt soll im wesentlichen gewahrt werden. Das ist konservative Politik: Die Fassade bleibt, und dahinter ist jede Schweinerei zulässig.
Dr. -Ing. Kansy, CDU/CSU: Was ist es denn für eine ›Schweinerei‹, wenn Menschen leben, nicht Schweine? Diese elitäre Arroganz der Fliegenträger aus den Villen!
Dr. Hitschler, FDP: Sie tragen zwar keine Krönchen mehr – wahrlich, das wäre ja auch allzu anachronistisch – und auch keine Jakobinermützen – das paßte nicht zum Standing –, aber es sind die Wohlstandssozialisten im grauen Flanell wie Sie, Herr Conradi, die für willkürliche Entscheidungen immer ein Bündel von Paragraphen ins Feld führen wissen, mit denen sie Aktivitäten von Bürgern und deren Investitionsbereitschaft totschlagen.
Müntefering, SPD: Wo haben Sie denn das gelesen?
Dr. Hitschler: Das stammt aus eigener Feder, Herr Müntefering.
Conradi: Herr Kollege, zum einen ist das kein Flanell, sondern Schurwolle …
Dr. -Ing. Kansy: Also ein Schurwoll-Sozialist, Herr Kollege! (15. 3. 90)

Sparstiefel

Roth, CDU/CSU: Das bedeutet für uns: Wir sind mit dem Sparen längst nicht am Ende; wir würden und müssen die Sparstiefel anbehalten.
Fischer (Frankfurt), B'90/Grüne: Was für ein Bild: der Sparstiefel! (7. 11. 95)

Strohhut

Rühe, CDU/CSU: Auf einem Wohltätigkeitsfest der SPD in der Mitte des Sommers in Kiel-Süd wird Erich Honeckers Strohhut an Fans versteigert.
Dr. Vogel, SPD: Wenn es Kiel-Nord gewesen wäre, was dann? (5. 9. 89)

Tanga

Roth, SPD, über den früheren CDU-Sozialpolitiker Katzer und über Bundesarbeitsminister Dr. Blüm, CDU/CSU: Wir haben über Katzer gesagt, er sei die soziale Badehose der CDU. Über Blüm kann man sagen: Er ist der soziale Tanga der CDU, also noch ein bißchen kleiner.
Dr. Blüm: Wenn ich das schon höre, Herr Roth: Tanga. Zu mehr Einfällen sind Sie bei mir nicht gekommen. Katzer – Badehose, Blüm – Tanga ... Wenn ich mich am sozialpolitischen Nacktbadestrand befände, wie Sie, würde ich mich nicht über die Knappheit eines Tangas erregen. (8. und 9. 9. 83)

Tasche

Egert, SPD: Herr Feilcke hat die Hand in der Tasche!
Feilcke, CDU/CSU: Ja, aber in meiner Tasche, Herr Egert. (8. 5. 87)

Taschen

Vizepräsident Westphal, SPD, zu Ebermann, Grüne: Ich weiß zwar nicht, was Sie in Ihren Taschen haben, aber Sie brauchen das nicht zu schützen. (2. 4. 87)

Carstensen (Nordstrand), CDU/CSU: Sie sagten, daß im vierten Quartal die Diebstähle zurückgegangen sind; das ist ja das Winterquartal. Kann dies daran liegen, daß die Leute dann wegen der etwas zu schlecht geheizten Waggons die Hände in den Taschen gehabt haben?
Carstens, Parl. Staatssekretär beim Bundesverkehrsminister, CDU/CSU: Es kommt darauf an, in wessen Taschen. (24. 3. 93)

Trachtenhut

Vizepräsident Stücklen, CDU/CSU: ... darf ich darauf aufmerksam machen, daß auf der Mitteltribüne einige Herren sind, die ihren Hut aufhaben. Aber eigentlich ist es kein Hut, es ist ein Trachtenhut, der zum Trachtenanzug gehört. – Einige der angesprochenen Besucher schwenken ihren Trachtenhut. – Halt, keine Ovationen, da oben! Wenn Sie Ihren Trachtenhut heute ausnahmesweise einmal auf den Schoß legen würden, damit die hinter Ihnen sitzenden Besucher auch den Blick zum Redner haben, dann wäre die Hausordnung wieder völlig hergestellt. Danke schön. (5. 10. 89)

Brüderle, FDP: Der CSU steht vor der Bayernwahl das Wasser inzwischen bis zum Trachtenhut. (17. 9. 08)

Unterhosen

Frau Matthäus-Maier, FDP, zur CDU/CSU: Mir scheint, Sie verfahren erneut nach der Devise: Erst ziehen Sie dem Bund die Hosen aus, und dann beklagen Sie lautstark, daß er nackt dasteht. Sie wollen ihm sogar die Unterhosen ausziehen.
Dr. Möller, CDU/CSU: Wir sind keine Schotten! (13. 4. 78)

Frau Wülfing, CDU/CSU: Ein Beispiel aus der Textilindustrie: Je nach Preis der Rohbaumwolle werden Baumwollgarne entweder aus Rohbaumwolle hergestellt oder aus zerrissenen ehemaligen Unterhosen. Wollen Sie etwa gerne in Bettwäsche schlafen, die aus Unterhosenabfall hergestellt ist, oder lieber in Bettwäsche aus dem Sekundärrohstoff Trikotagen? Ich habe den Eindruck oder zumindest den leisen Verdacht, daß die SPD, weil sie ja lieber vermeiden will, eigentlich dafür sorgen will, daß diese Unterhosen überhaupt erst gar nicht hergestellt werden.
Frau Homburger, FDP: Das ist dann ein Versorgungsnotstand! (15. 4. 94)

verschleiern

Fischer (Frankfurt), B'90/Grüne, zum Parl. Staatssekretär Hauser, CDU/CSU: Der zuständige Staatssekretär verschleiert etwas, habe ich das Gefühl! Staatssekretär Suleika! (17. 1. 96)

Wäsche

Franke (Osnabrück), CDU/CSU, zu Fiebig, SPD: Gucken Sie doch nicht so böse aus der Wäsche! (24. 1. 80)

Windel

Bundesfinanzminister Dr. Waigel, CDU/CSU: Der Kollege Struck (SPD, d. Hg.) ist im Moment nicht da – doch ich sehe ihn. Ich habe ihn vorhin schon bewundert, weil er so eine flotte Hose trägt … Heute kommt ausgerechnet der Kollege Fischer normal gekleidet, da kommt der Struck mit den Jeans, wobei ich überhaupt nichts gegen Jeans habe …

Fischer (Frankfurt), B'90/Grüne: Solange Sie nicht in Windeln kommen, wollen wir uns nicht beschweren! ...
Frau Scheel, B'90/Grüne über Bundesfinanzminister Dr. Waigel: Von dieser Zielsetzung ist nichts geblieben.
Fischer: Da ist die Hose weg!
Frau Scheel: Hose weg! Entschuldigung, das hat der Herr Fraktionsvorsitzende gesagt.
Frau Albowitz, FDP: Das ist nicht ladylike!
Frau Scheel: Es ist relativ einfach, an dieser Stelle Zwischenrufe aufzunehmen. Dieser hat gepaßt, wenn er für eine Frau auch nicht unbedingt als passend erscheint; das ist wohl richtig. Aber in Zeiten der Emanzipation darf man auch in diesem Bereich nicht differenzieren ...
Fischer: Der Klub der Hosenlosen! (2. 6. 95)

Zipfelmütze
Vizepräsident Frau Renger, SPD: Das Wort ... hat der Abgeordnete Gerster (Mainz, CDU/CSU, d. Hg.).
Fischer (Frankfurt), Grüne: Heute ohne Zipfelmütze und Narrenkappe! (12. 4. 84)

Zweireiher
Gröhe, CDU/CSU, zu Bundesaußenminister Fischer, B'90/Grüne: Stil zu haben ist mehr als eine neue Liebe zu Zweireihern und Manschettenknöpfen.
Frau Dr. Schwaetzer, FDP: Was habt ihr den Mund voll genommen und wie wenig ist herausgekommen! (28. 6. 02)

Zylinder
Bohl, CDU/CSU: ... erstens die Einheit Deutschlands so bald und so gut wie möglich wiederherzustellen, zweitens den Sozialismus ein für allemal und ohne Wenn und Aber in Deutschland zu beerdigen.
Jungmann (Wittmoldt), SPD: Haben Sie schon den Zylinder für die Beerdigung gekauft! (8. 3. 90)

Den Bockmist auslöffeln – Fäkalsprache unter dem Adler

Mit den Grünen zogen nach der Bundestagswahl 1983 auch gewisse alternative Lebensformen in das Parlament ein. Zunächst bot die Kantine Körnerfutter, Tofu und Biokost an. Irgendwann folgte, dass Toilettenpapier der Marke »Alternativ« »aus 100 Prozent Altpapier« für die hinterlistigen Geschäfte den Politikern und Bediensteten zur Verfügung gestellt wurde. Die Bundestagsverwaltung dementierte, dieses Papier gelte als parteipolitische Werbung für die Grünen, die sich auch gern als Alternative bezeichneten, sondern die Administration wolle – wo immer das möglich sei – umweltfreundliche Produkte verwenden. Viele Mitarbeiter beschwerten sich über die »unzumutbare Härte« des Alternativpapiers und einige brachten sich weicheres Klosettpapier mit. Letztendlich nahm man es mit Humor und spöttelte, das Bundestagspräsidium prüfe, ob das einlagige Umweltschutzpapier nicht gegen die Dienstvorschrift verstoße, wonach Beamte für alles, was zu Papier gebracht würde, immer mindestens zwei Durchschläge zu fertigen hätten und deswegen die dreilagige Rolle einzuführen sei.

Unappetitliches werfen sich Abgeordnete auch schon mal um die Ohren. Zur politischen Hygiene trägt eine solche Ausdrucksweise sicherlich nicht bei.

A…
Stiegler, SPD: Auf Michael Glos (CDU/CSU, d. Hg.) trifft zu – Wie hat Luther gesagt? –: ›Aus einem traurigen A… kommt kein fröhlicher F…‹
Kauder, CDU/CSU: Sie reden schlecht und können einen guten Redner nicht beurteilen! (25. 3. 04)

Allerwertester
Frau Teubner, Grüne: Nun, wann wachen die Politiker auf? Wenn man sie kräftig in den Allerwertesten tritt oder – um es gewaltfreier auszudrücken – wenn es plötzlich Akzeptanzprobleme für ihre Politik gibt.
Dr. -Ing. Kansy, CDU/CSU: Wenn Sie hier schon wie vor drei Wochen Debatten für geschlechtsneutrale Formulierungen veranstalten, dann bitte

ich doch darum, wenn Sie Politikern in den Allerwertesten treten wollen, daß Sie das auch mit Politikerinnen machen. Bei solchen Gelegenheiten können Sie diese Sachen dann einmal praktisch umsetzen. (3. 12. 87)

Allesverdauer

Wehner, SPD, zu Biehle, CDU/CSU: Sie scheinen ein Allesverdauer zu sein! (27. 3. 74)

Arsch

Frau Höfken, B'90/Grüne, zu Schwarz-Rot: Was die Zukunftsperspektiven, die Sie mit den Mitteln, die aufgebracht werden, für die ländlichen Regionen in Deutschland schaffen wollen, angeht, muss man ganz klar sagen – diesen Beitrag werde ich Ihnen nicht ersparen –: Was Sie mit der einen Hand geben, reißen Sie mit dem ›Arsch‹ wieder ein. Ja. Mit der Streichung von Mitteln bei der Verordnung ›Ländlicher Raum‹ haben Sie eine unglaubliche Rasur von Geldern für die Diversifizierung und Konversion vorgenommen.
Vizepräsident Thierse, SPD: Kollegin Höfken, ich unterstelle, dass Sie jenes Wort ohne Zweifel als ein Zitat unseres größten Klassikers verwendet haben. Insofern geht es unbeanstandet durch. (16. 3. 06)

Ärschle

Frau Gradistanac, SPD: … nicht nur in der Politik, aber da ganz besonders sollte gelten: Wenn wir Erkenntnisse haben, dann besteht auch die Notwendigkeit zu handeln. Denn wenn man den Kopf in den Sand steckt – so ein afrikanisches Sprichwort –, bleibt doch der Hintern – wir im Schwarzwald sagen: das Ärschle – zu sehen. (25. 1. 01)

Arschloch

Tischer, Grüne, über den Parl. Staatssekretär beim Bundesarbeitsminister, Vogt, CDU/CSU: Ich stelle auch fest, daß im Bereich nicht die Umstände klar werden, unter denen der Ausschuß gehandelt hat. Es kam nicht von ungefähr, daß Herr Staatssekretär Vogt – ich trage es ihm auch nicht nach – in der letzten Sitzung in Berlin kurz vor 24 Uhr einen SPD-Abgeordneten ein ›Arschloch‹ nannte … Diese Sache steht nicht im Bericht.
Präsident Dr. Jenninger, CDU/CSU: Herr Abgeordneter Tischer, zur Klarstellung möchte ich anmerken, daß Sie diesen Bericht des Ausschusses für Arbeit und Sozialordnung als Berichterstatter unterschrieben haben. (20. 3. 86)

Ausmisten

Ruf, CDU/CSU, zu Sperling, SPD: Inzwischen pfeift die Neue Heimat auf dem letzten Loch und will wieder Hilfe aus Bonn, es sei denn, der große Augias der SPD, Herr Dr. Sperling, findet beim Ausmisten einen verborgenen DGB-Schatz unter dem Genossenmist im Stall. Ich habe absichtlich nicht ›Saustall‹ gesagt; sonst hätte ich einen Ordnungsruf riskiert. (15. 5. 86)

Beschiß

Dr. Apel, SPD: Dem Durchschnittsverdiener wird aus der Steuersenkung 1986/88 kaum Entlastung gewährt.
Dr. Spöri, SPD: Beschiß ist das! (27. 11. 85)

beschissen

Dr. Faltlhauser, CDU/CSU: Ich glaube, daß die neue Mannschaft der SPD keine neuen Konzepte gebracht hat, nur eine durchschnittliche Mittelmäßigkeit, grau in grau …
Dr. Waigel, Bundesfinanzminister, CDU/CSU: Ein bißchen lasch!
Weiermann, SPD: Ihr habt doch die Leute beschissen! (6. 9. 94)

Blähungen

Ministerpräsident Kühn, Nordrhein-Westfalen, SPD, zum CDU-Vorsitzenden und rheinland-pfälzischen Ministerpräsidenten: Herr Kohl … wird es mir nicht übelnehmen, wenn ich nach seiner Rede insgesamt und seiner Polemik an unsere Adresse nicht unlustig war, einmal an eine abendliche Lesefrucht aus einem Kochbuch des Jahres 1641 zu denken, wo ich gelesen habe: ›Kohl erzeugt Blähungen und treibt schwarze Dämpfe ins Gehirn.‹ Es war eine ganze Menge, was in diese Richtung zeigt. Er hat hier eine ganze Menge Dämpfe ins Gehirn gebracht und darüber werden wir uns auseinanderzusetzen haben. (13. 3. 75)

Bockmist

Dr. Vogel, SPD: In Ihrer bilderreichen Sprache, Herr Bundeskanzler, haben Sie zur EG-Agrarpolitik gesagt – ich zitiere wörtlich –, ›Sie müßten den Bockmist, den andere angerührt haben, auslöffeln‹. Mir ist übrigens dieses Wort nicht geläufig. Sie rechnen offenbar Bockmist unter die Nahrungsmittel, weil Sie von Auslöffeln sprechen, eine ungewöhnliche Ernährungsweise. (10. 12. 87)

Darm

Wehner, SPD, zu Lintner, CDU/CSU: Der deutsche Spießer ist ein Darm, gefüllt mit Furcht und Hoffnung, daß Gott erbarm! Sie sind ein Beweisstück dafür! (15. 11. 79)

Deponierhetorik

Seiters, CDU/CSU: Er (Niedersachsens Ministerpräsident Schröder, SPD, d. Hg.) ist angesichts seiner Haltung zu Honecker und zu Salzgitter kein Säulenheiliger der Menschenrechte …
Fischer (Frankfurt), B'90/Grüne: Ihr müßt euch aber sehr unter Druck fühlen, daß ihr hier einen solchen Müll absondert. Deponierhetorik! (19. 1. 95)

Dreck

Dr. Kinkel, Bundesaußenminister, FDP, zu Fischer (Frankfurt), B'90/Grüne: Wie lange waren Sie eigentlich in der hessischen Landesregierung? Haben Sie sich einmal den Dreck angesehen, den Sie dort hinterlassen haben, als Sie fortgegangen sind? …
Dr. Waigel, Bundesfinanzminister, CDU/CSU: Richtig, ein Versager sind Sie! Schämen Sie sich! (23. 11. 94)

Dreckschleuder

Dr. Marx, CDU/CSU, über Brandt, SPD: Dreckschleuder vom Dienst! (1. 6. 78)

duften

Frau Wilms-Kegel, Grüne: Die Ungeheuerlichkeit dieses Gesetzes stinkt zum Himmel!
Frau Roitzsch (Quickborn), CDU/CSU: Was sind das für Ausdrücke, Frau Kollegin? ›Duften zum Himmel‹ heißt das! (31. 5. 89)

Dünnschiß

Glos, CDU/CSU: Frau Kollegin Schmidt, darf ich Sie fragen, ob Sie wissen, daß man unter dem Begriff ›Schmidt-Schnauze‹ bisher einen Mann (Helmut Schmidt, SPD, d. Hg.) verstanden hat?
Frau Matthäus-Maier, SPD: Was ist denn das für ein Dünnschiß!
Frau Schmidt (Nürnberg), SPD: Ich betrachte das als einen Ehrentitel, Herr Glos. (11. 3. 94)

Durchfall

Breuer, CDU/CSU: Es geht entweder das eine oder das andere.

Dr. Mechtersheimer, Grüne: In der Politik nie!

Dr. Ehmke (Bonn), SPD: Erst hattet ihr Verstopfung, jetzt habt ihr Durchfall! (7. 12. 89)

Ecke

Dr. Penner, SPD: ... der Bildungsminister Möllemann (FDP, d. Hg.) hat schon einen schlechten Start gehabt. Jahre einer gewissen Zurückhaltung im Auswärtigen Amt haben nicht vergessen machen können, daß dieser seit eh an jeder beliebigen Ecke sein zumeist überflüssiges publizistisches Bedürfnis verrichtet hat. (10. 9. 87)

Ekel

Frau Hönes, Grüne, zu Dr. Waigel, CDU/CSU: ...ich halte die Art und Weise, wie Sie die politische Auseinandersetzung heute morgen geführt haben, für ekelerregend.

Jung (Lörrach), CDU/CSU: Der Ekel ist in Ihnen personifiziert! (26. 11. 86)

ekeln

Dr. Sperling, SPD, zu Dr. Hüsch, CDU/CSU: Herr Hüsch, ich ziehe daraus den Schluß: Sie ekeln sich vor gar nichts mehr.

Dr. -Ing. Kansy, CDU/CSU: Wollen wir erst einmal Ihre Rede abwarten!

Dr. Sperling: Herr Kansy, dafür bedanke ich mich. Das war ein guter Zwischenruf ...

Gerster (Mainz), CDU/CSU: Jawohl, ganz korrekt!

Dr. Sperling: selten auf dieser Seite des Hauses.

Fellner, CDU/CSU: Jetzt wird's eklig!

Dr. Sperling: Hervorragend, Herr Kansy! (31. 10. 90)

Exkrement

Glombig, SPD, zur CDU/CSU: Bei Ihnen ist alles, was eine Verschlechterung ist, eine Verbesserung. Das ist das Interessante. Das heißt: Sie und Ihr Minister (Blüm, d. Hg.) machen aus jedem Exkrement sozialpolitischer Art Geld. (20. 6. 86)

fahren lassen

Steinbrück, Bundesfinanzminister, SPD: Ebenfalls originell wäre es, von den Grünen ein unübertroffenes Plädoyer zur Entbürokratisierung zu hören. – Zuruf der Abg. Hajduk, B'90/Grüne – Liebe Frau Hajduk, das habe ich lange Zeit hinter mir. Früher hätte es mir passieren können – ich hoffe, dass ich mich nicht vergaloppiere –, dass der Hund des Nachbarn in meinem Garten einen fahren lässt und Sie die Novellierung des Bundes-Immissionsschutzgesetzes angemahnt hätten. Es war jedenfalls nicht so weit davon entfernt.
Dr. Westerwelle, FDP: Zu viel Lyrik, Herr Minister! (31. 3. 06)

Furz

Schultz (Everswinkel), SPD: Über ein Placebo bräuchte man sich doch gar nicht aufzuregen. Ich bin ganz froh darüber, dass nach Angaben des Finanzministeriums das Aufkommen aus dieser Steuer auf etwa 1,3 Milliarden Euro anwachsen wird. Das ist mehr als ein Furz auf der Gardinenstange, wenn ich diesen unparlamentarischen Ausdruck einmal verwenden darf. (10. 5. 06)

Ganzkörperkondom

Ebermann, Grüne: ...was meine Erwartung für die nächste Zeit ist – die Erfindung des Ganzkörperkondoms zu preisen.
Zuruf von der SPD: Das widerspricht dem Vermummungsverbot!
(18. 3. 87)

Vizepräsident Dr. Solms, FDP: Der nächste Redner ist der Kollege Klaus Ernst von der Fraktion Die Linke.
Niebel, FDP: Aber nicht wieder ein Ganzkörperkondom überziehen! Frau Connemann, CDU/CSU: Das war jetzt nicht ›Tokio-Hotel‹!
Ernst, Linke: Wollt ihr eure Unflätigkeiten vor oder nach meiner Rede austauschen? Ihr könnt es auch gleich machen.
Dr. Kolb, FDP: Währenddessen! (16. 3. 06)

gebläht

Stiegler, SPD: Wer den Kollegen Brüderle in den letzten Jahren gehört hat, der kann erkennen, dass er heute bemerkenswert moderat ist, weil er gegen den wirtschaftlichen Erfolg der Großen Koalition nur schlecht anreden kann. Ich hätte ihn sehen mögen, wenn er mit seiner Wunschpartnerschaft

diesen Erfolg hier hätte feiern können. Er hätte sich gebläht, bis der Kragen platzt.
Dr. Westerwelle, FDP: Ihre Bilder sind leicht unappetitlich! (5. 7. 07)

Geifern
Wieczorek (Duisburg), SPD, zur CDU/CSU: ... ich kenne doch das Geifern meiner Kollegen hier vor mir, wenn ich rede.
Kittelmann, CDU/CSU: Das ist unerhört! Ich denke ihr arbeitet gut zusammen!
Wieczorek: Wir arbeiten gut zusammen, aber mit Ihnen könnte ich nie gut zusammenarbeiten, denn Sie haben Schaum vor dem Mund, Herr Kollege. Sie sind nämlich einer von denen, die ich mit der Selbstgerechtigkeitsattitüde ansprechen muß. (29. 11. 90)

Frau Fuchs (Köln), SPD: Hier hätte die Bundesregierung im Vorfeld mehr powern müssen ... Das kann man von dieser großen Nation so erwarten.
Dr. Lippold (Offenbach), CDU/CSU: Das ist die Vorstellung von Lieschen aus der Provinz! Als ob das so einfach wäre! So etwas Naives von einer so erfahrenen Frau: Das ist eine Schande!
Frau Fuchs: Ich weiß, daß Sie immer Geifern für Politik halten, Herr Kollege. (16. 3. 95)

gepopelt
Frau Dr. Enkelmann, PDS: Ach, wissen Sie, der Kollege Röttgen (CDU/CSU, d. Hg.) hat, glaube ich, als Kind nicht einmal in der Nase gepopelt, weil ihm das seine Eltern verboten haben. (17. 2. 95)

Glied
Wegen seines vehementen Eintretens für die Wiedereinführung der Todesstrafe erhielt der CDU/CSU-Bundestagsabgeordnete Dr. Richard Jaeger den Spitznamen Kopf-ab-Jaeger. In der Debatte, als es darum ging, das Pornographieverbot aufzuheben, erhält Dr. Jaeger das Wort. Wehner, SPD, ruft ihm zu: Glied ab! (5. 3. 71)

großkotzig
Haungs, CDU/CSU: Der Staat braucht keine Industriepolitik, sondern er muß das Seine tun, um Standortbedingungen zu verbessern.

Frau Fuchs (Köln), SPD: Alles laufenlassen, ja?! Das sind schlechte Botschaften für den Osten!
Haungs: Jetzt hören Sie doch einmal zu! Sie sind so ungeduldig und haben so wenig Ahnung.
Frau Matthäus-Maier, SPD: Seien Sie mal nicht so großkotzig! (22. 1. 93)

hinten

Staatsminister Fischer (Hessen), B'90/Grüne: ... dann schlage ich vor, wir sollten uns nicht nur auf die Zusage der Industrie verlassen, sondern dies als Ziel vorgeben.
Schwarz, CDU/CSU: Entscheidend ist, was hinten rauskommt! Zitat Helmut Kohl!
Fischer: Es mag ja sein, daß Sie dieses Zitat des Bundeskanzlers mittlerweile auswendig gelernt haben. Ich habe gelernt, Herr Schwarz, daß Sie ›Schwarz‹ heißen. Sie sollten Ihren Erkenntnishorizont nicht allein auf das, was hinter rauskommt, reduzieren, sondern vielleicht auch mal Ihren Input optimieren. Das wäre vielleicht nicht schlecht.
Schwarz: Werden Sie mir dabei helfen? (12. 2. 92)

Zywietz, FDP: Da hat der Kanzler ja recht – ich schaue einmal hinüber –, wenn er in der ihm eigenen Klarheit sagt: Entscheidend ist, was hinten rauskommt.
Walther (Zierenberg), SPD: Bei dem kommt viel heraus!
Dr. Weng (Gerlingen), FDP: Aber nicht in diesem Raum!
Zywietz: Keine Mengendiskussion! (23. 11. 93)

Frau Flach, FDP: Der reale Aufschwung hinkt also den rhetorischen Kraftmeiereien gewaltig hinterher. Wie sagte Helmut Kohl immer so schön: Es ist entscheidend, was hinten rauskommt. – Frau Schavan (Bundesbildungsministerin, CDU, d. Hg.), es ist zwar nett, was bei Ihnen hinten rauskommt. Aber es ist nicht gewaltig.
Frau Kressl, SPD: Also jetzt wirklich! Das war stillos! (28. 3. 06)

Hintern

Bamberg, SPD, zur CDU/CSU: Weil Sie das Geld, das Sie von den kleinen Leuten holen – und nicht ... durch eine Erhöhung der Vermögenssteuer –, lieber den Großen in den Hintern hineinschmieren. (5. 4. 84)

Hosen voll

Dr. Ehrenberg, SPD: … damals stellten Sie (die CDU/CSU, 1966, d. Hg.) eine Minderheitenregierung, weil Sie an Haushaltsschwierigkeiten die Koalition hatten zerbrechen lassen …
Stücklen, CDU/CSU: Weil die (die FDP-Mitglieder im Kabinett Erhard, d. Hg.) die Hosen voll hatten! (19. 3. 75)

Hühnerkot

Bundeslandwirtschaftsminister Ertl, FDP: Das ist eine wichtige Frage für die Weltagrarproduktion, für die Weltwirtschaft und für den Weltagrarhandel. Deshalb darf ich doch hier darüber reden. Oder darf ich hier nur über den Hühnerkot reden? (21. 3. 80)

Hygiene

Minister Dr. Schnoor, SPD, Nordrhein-Westfalen: Das Wort ›Hygiene‹ im Zusammenhang mit Menschen gefällt mir nicht …
Dr. Waigel, CDU/CSU: Ist das die neue Koalition mit den Grünen? (14. 10. 82)

Eylmann, CDU/CSU, zu Gansel, SPD: Sie selbst sind Problem für die parlamentarische Hygiene dieses Bundestages. (26. 10. 90)

Jauchefaß

Dreßler, SPD, zum Bundesfinanzminister: Herr Waigel, wer freiwillig in ein Jauchefaß springt, der darf sich nicht wundern, wenn die SPD verweigert, ihn anschließend abzuspritzen … (27. 5. 93)

Jauchekübel

Schröder (Hannover), SPD: Für eine solche Politik haben Sie, meine Damen und Herren von der Koalition, vielleicht – es ist zu befürchten – eine parlamentarische Mehrheit. Sie haben für eine solche Politik aber kein Mandat.
Hauser (Krefeld), CDU/CSU: Jetzt hat er seinen Jauchekübel ausgeschüttet! (22. 11. 83)

keifen

Frau Göring-Eckardt, B'90/Grüne: Herr Westerwelle, das Geschrei, das Sie hier veranstaltet haben, mag vielleicht in den eigenen Reihen ankommen.
Glos, CDU/CSU: Sie keifen! (10. 9. 03)

Klo

Ronneburger, FDP: …›Null-Null‹ – mit ›Null‹ auch auf sowjetischer Seite – sei niemals Forderung des Westens gewesen.
Frau Beck-Oberdorf, Grüne: Die ganze Sache ist offensichtlich fürs Klo! (15. 6. 83)

Lennartz, SPD: Was hier mit einer falschen Finanzpolitik gemacht wird, was nicht in zukunftsorientierte Forschung gesteckt wird, das hat dieser Mann mit zu verantworten.
Fischer (Frankfurt), B'90/Grüne: Genau das habe ich sagen wollen!
Lennartz: Das würde ich nicht ironisch nehmen.
Dr. Waigel, Bundesfinanzminister, CDU/CSU: Ich gehe aufs Klo und erschieße mich!
Lennartz: Sie brauchen nicht auf die Toilette zu gehen. Es wäre besser, wenn Sie für das, was Sie hier zu verantworten haben, zurücktreten würden.
Dr. Waigel: Regen Sie sich doch am Nachmittag nicht mehr so auf! (16. 12. 94)

Frau Matthäus-Maier, SPD, zu Dr. Weng (Gerlingen), FDP: Wo haben Sie den (FDP-Ehrenvorsitzenden, d. Hg.) Lambsdorff gelassen? Haben Sie ihn ins Klo gesperrt, damit er hier nicht redet? (7. 11. 95)

Klozettel

Günther, Parl. Staatssekretär beim Bundesarbeitsminister, CDU/CSU: Nur wer spitze in seinen Leistungen ist, kann auch Spitzenansprüche stellen. Das jährliche Haushaltsdefizit macht 6,5 Prozent des Sozialprodukts aus.
Schreiner, SPD: Jetzt liest der seinen Klozettel runter! (30. 6. 93)

Kommunistenmief

Dr. Gysi, PDS/Linke Liste: Das ist in erster Linie ein ideologisches Problem, weil man nicht bereit ist, die Bauten der ehemaligen Regierung der DDR in Ostberlin in großem Umfang zu übernehmen.
Kittelmann, CDU/CSU: Inzwischen ist der Kommunistenmief da raus! (20. 1. 94)

Körpergeruch

Broll, CDU/CSU: Die Grünen fragen zum Beispiel nach Dateien, in denen

Körpergeruch festgestellt wird, und nach Untersuchungen gegenüber den Grünen – unter uns, eine sehr peinliche Kombination …
Ströbele, Grüne: Herr Kollege, für wen ist das peinlich, wenn solche Daten auch über Körpergeruch gesammelt werden und auch über Grüne – für die Grünen oder für den Verfassungsschutz?
Lenzer, CDU/CSU: Für den Mann mit dem Körpergeruch! (3. 10. 85)

Kotzen
Dr. Hirsch, FDP: Es ist inzwischen unerträglich, wie die Grünen ihre elitäre politische Pseudomoral hier zur Geltung bringen. Das ist eine Agitation gegen die Mehrheit in unserem Volk.
Gerster (Mainz), CDU/CSU: Zum Kotzen ist das! (7. 5. 87)

Kotztage und -tüten
Minkel, CDU/CSU: Herr Präsident, nun muss ich um Nachsicht …
Poß, SPD: Die haben Sie aber schon reichlich genutzt!
Minkel: für den recht rüden Sprachgebrauch der Genossen von Hessen-Süd bitten, der Ihnen, Herr Eichel (Bundesfinanzminister, SPD, d. Hg.), bekannt ist. So lädt man dort inzwischen auf Plakaten – jetzt kommt dieses Wort – zu Kotztagen ein und verteilt Kotztüten. Man verteilt diese Kotztüten, weil man die Politik, die hier in Berlin betrieben wird, zum Rückwärtsfrühstücken empfindet. Sie haben die Parole ausgegeben: Bildung statt Beton. Man könnte es besser formulieren: Bildung statt Steinkohleförderung. Oder: Bildung statt dieser Bundesregierung.
Spanier, SPD: Herr Minkel, ich weiß aus eigener langjähriger Erfahrung: Wenn man, wie Sie, polemisiert, kriegt man dafür Beifall, aber natürlich nur in den eigenen Reihen.
Goldmann, FDP: Aber die Tüten sind von Ihnen! (22. 10. 04)

Kübel von Schmutz
Bohl, CDU/CSU: Sonst rufen Sie nach Datenschutz, nach Rechtsstaat und sind gegen Vorverurteilung, aber wenn es gegen den politischen Gegner geht, dann ist Ihnen nichts zu schade. Dann werden Dreck und Kübel von Schmutz ausgeschüttet. (26. 10. 90)

Latrinenparolen
Wehner, SPD, zu Katzer, CDU/CSU: Alles Latrinenparolen! (13. 11. 70)

Lokus

Breuer, CDU/CSU: Die SPD ist nicht in der Lage, einen öffentlichen Lokus zu privatisieren! (15. 4. 94)

Mief und Muff

Dr. Graf Lambsdorff, FDP: Rot-Grün, das ist provinzielles Denken. Mief und Muff in einer Welt, die Offenheit – sehr unbequeme Offenheit allerdings – verlangt. Gegen Rot-Grün ist der bayerische Ministerpräsident Edmund Stoiber geradezu ein Weltbürger. (3. 3. 94)

Mist

Gerster (Mainz), CDU/CSU: ... mit dieser Politik, mit der Sie den Eindruck erwecken, daß jeder Ausländer der Welt zu uns kommen kann, verstärken Sie die Ausländerfeindlichkeit und den Fremdenhaß und bereiten Rechtsradikalen den Boden – Sie von der SPD und Sie von den Grünen.
Dr. Vogel, SPD: Immer dieser alte Mist! (6. 9. 89)

Wartenberg (Berlin), SPD, zu Lüder, FDP: Erzählen Sie doch nicht so einen Mist!
Lüder: Ich war lange genug Landwirtschaftssenator Berlins, um zu wissen, was Mist ist – wenn Sie mir das in einem Zwischenruf vorwerfen.
Wartenberg: Deshalb sind Sie auch gestürzt worden! (9. 2. 90)

Schulz (Leipzig), B'90/Grüne: Oder haben Sie, meine Damen und Herren, die Sie in 16 Jahren mit vier Regierungsbildungen beauftragt wurden, schon einmal erlebt, daß eine Regierung so schnell im Amt war, so zügig ihre Arbeit aufgenommen hat und so schnell die ersten Schritte in die Wege geleitet hat?
Repnik, CDU/CSU: Und soviel Mist gebaut hat! (12. 11. 98)

Frau Hermenau, B'90/Grüne, zu Dr. Protzner, CDU/CSU: Sie haben schon genug geredet! Sie erzählen nur Mist! (1. 12. 2000)

Obermeier, CDU/CSU: Da fällt mir eigentlich nur ein: Opposition ist Mist. (6. 6. 08)

Mistbuben

Vizepräsident Klein, CDU/CSU: Herr Kollege Schreiner, halten Sie sich zurück. Sie haben vorhin auch die Sache mit dem Tropenholz dazwischengerufen.

Schreiner, SPD: Nein, das mit den Mistbuben! Das haben die auch verdient! (5. 11. 92)

Misthaufen
Rühe, CDU/CSU: Wir werden morgen die Eröffnungs- und Schlußbilanz gemäß dem Einigungsvertrag vorlegen.
Vogel, SPD: Er sitzt im Misthaufen!
Bohl, CDU/CSU: Und Sie sind der Hahn! (30. 10. 90)

Miststände
Ruf, CDU/CSU: ... ich wiederhole: Mißstände beseitigen
Dr. -Ing. Kansy, CDU/CSU: Miststände!
Ruf: Jawohl, Miststände ... (15. 5. 86)

Nestbeschmutzer
Austermann, CDU/CSU, über Gansel, SPD: Nestbeschmutzer! (26. 10. 90)

Pampers
Frau Lenke, FDP: Für Pampers müssen zum Beispiel 19 Prozent Mehrwertsteuer gezahlt werden, während der Staat beim Kauf von Rennpferden lediglich 7 Prozent verlangt. Wenn Sie für die Familien also etwas tun wollen, dann fordern Sie von Ihren Finanzpolitikern eine Reform hinsichtlich des verringerten Mehrwertsteuersatzes. Hiermit sollten Sie sich einmal an Herrn (Bundesfinanzminister, d. Hg.) Steinbrück wenden.
Dr. Schmidt, SPD: Wann haben Sie denn das letzte Mal Pampers gekauft? (21. 11. 06)

Pferdeapfel
Poß, SPD: Das Politikverständnis, daß der Bundeswirtschaftsminister (Dr. Rexrodt, FDP, d. Hg.) hier gezeigt hat, offenbart etwas über die Qualität dieser Regierung. Er sprach vom Nachsatteln. Es gibt das Draufsatteln. Nachsatteln gibt es nicht. Da setzt man sich nämlich auf den Pferdeapfel, und so ähnlich war mein Eindruck bei der Rede, die er hier gehalten hat. (27. 5. 93)

Pferdeäppel
Dörflinger, CDU/CSU: Doch zurück zur SPD, deren Sprecher Peter Conra-

di soeben wieder einmal einige apokalyptische Reiter durch den Plenarsaal traben lassen …
Roth, SPD: Wenn schon galoppieren!
Conradi, SPD: Und die Pferdeäppel liegen bei Ihnen! (23. 10. 86)

pinkeln

Dr. Zimmermann, CDU/CSU: Ich bin bereits am Ende. Ich möchte keine Frage mehr beantworten.
Wehner, SPD: Ja, das merkt man Ihnen an! Das war eine Schmierenkomödie!
Präsident Stücklen, CDU/CSU: Einen Augenblick! Herr Abgeordneter, ich unterbreche Sie. Herr Abgeordneter Wehner, ich bitte doch, diese Schärfe mit solchen Ausdrücken zu unterlassen.
Wehner: Wenn hier fortgesetzt von Ihrer Partei versucht wird, einen anzupinkeln, wehrt man sich!
Dr. Jenninger, CDU/CSU: Ist das parlamentarisch: ›Pinkeln‹?
Präsident Stücklen: Einen Moment! Dies erfordert keinen Ordnungsruf. Dies ist eine Feststellung über einen Versuch, die für einen Abgeordneten … gegenüber anderen Abgeordneten mir noch zulässig erscheint. (28. 11. 79)

Dr. Häfele, CDU/CSU: Treiben Sie uns nicht in eine Ecke!
Wehner, SPD: Sie sind ja in einer Ecke, wo andere Leute hinpinkeln! (22. 1. 82)

Fischer (Frankfurt), B'90/Grüne, setzt sich auf einen vorderen Platz im Plenarsaal. Bundesverteidigungsminister Rühe, CDU/CSU: Ich würde mir wünschen, daß der jetzige Sitzplatz, Herr Kollege Fischer, Ihrer Durchsetzungskraft bei den Grünen … auf dem Parteitag entsprechen wird.
Fischer: Es kann auch einem Verteidigungsminister einmal passieren, daß er bei so einer Debatte pinkeln gehen muß!
Dr. Schäuble, CDU/CSU: Das ist Ihr Niveau! (30. 11. 95)

Pissoir

Bei der Debatte um die Nachrüstung hatten die Grünen zusammen mit der Friedensbewegung durch Demonstranten das gesamte Regierungsviertel in Bonn fast hermetisch abgeriegelt. Innerhalb und außerhalb des Hohen Hauses kam es zu bisher in der Bundeshauptstadt nicht gekannten Tumulten. Starke Polizeikräfte mußten den Zugang für die Abgeordneten des Deutschen Bundestages sichern und offenhalten.

Und das geschieht im Plenum des Parlaments; Burgmann, Grüne: Mir sind heute schon zweimal die Tränen gekommen. Das letzte Mal war das, als der Herr Bundeskanzler hier so rührend gesprochen hat. Das erste Mal war es, als ich auf dem Weg hierher ein paar Friedensfreunde auf der Straße getroffen und mich mit ihnen unterhalten habe. Dieses Gespräch auf der Straße wurde von der Polizei mit Wasserwerfern und Tränengas auseinandergetrieben ... Dann hätten wir die Gelegenheit rauszugehen, ganz abgesehen davon, daß ich mir persönlich trockene Hosen anziehen möchte.
Dr. Friedmann, CDU/CSU: Er hat die Hose voll!
Dr. Waigel, CDU/CSU: Gehen Sie rechtzeitig auf das Pissoir, dann bekommen Sie keine nasse Hose. (21. 11. 83)

Pißpott
Wolfgramm (Göttingen), FDP, zur Opposition über den Umweltschutz: Sie handeln nach dem Märchen, das, wenn ich es recht sehe, an der Küste wohlverbreitet ist: ›Der Fischer und sine Frau‹. Sie müssen einmal bedenken, wie da die Wünsche aufgezählt werden und was plötzlich zum Schluß geschieht. Wo sitzen die Leute schließlich wieder ...?
Duve, SPD: Das sind alles andere als ökologische Wünsche!
Wolfgramm: Sie sitzen, wie wir wissen, im Pißpott; im ganzen ist also gar nicht Bleibendes passiert. (15. 11. 84)

pupsen
Hermann, B'90/Grüne: Kollege Paziorek (CDU/CSU, d. Hg.), auf der Oppositionsbank ist in der Tat gut pupsen. Aber aus Ihren Beiträgen ist noch kein Konzert geworden. (24. 3. 04)

Putzlumpen
Dr. Mommer, SPD, zu Schneider (Bremerhaven), DP: Sind Sie der Putzlumpen für die CDU? (21. 3. 58)

Raum
Dr. Leuchtgens, NR: Ich denke daran, daß zum Beispiel die Engländer einen Parlamentsraum haben, in dem noch nicht einmal Bänke sind, in dem die Abgeordneten sich nicht einmal setzen können, sondern stehen ... wir hätten unsere Sitzungen mit derselben Lebhaftigkeit führen können, wenn wir

sie in einer Turnhalle oder in einem anderen verschwiegenen Raum abgehalten hätten.
Dr. von Brentano, CDU/CSU: Das führt zu weit! (23. 9. 49)

Rotzjunge

Dr. Scheer, SPD, zu Rühe, CDU/CSU: Rotzjunge! (22. 11. 83)

rülpsen

Heftige Zurufe von der CDU/CSU. Bundeskanzler Brandt, SPD: ... nachdem Sie Herrn Strauß eine Stunde zugehört haben, weiß ich gar nicht, warum Sie plötzlich ... so nervös werden.
Wehner, SPD: Irgendwo muß sich das doch wieder rülpsen! (27. 5. 70)

Sauberkeit

Reddemann, CDU/CSU, zu Wartenberg (Berlin), SPD: Sie wissen ja gar nicht, was Sauberkeit ist! Sie sind ja nicht einmal gewaschen! (18. 4. 86)

Sauerei

Claus, PDS: In Erinnerung an frühere Zeiten habe ich mir gesagt, daß so etwas nur ein Generalsekretär vortragen kann, so daß ich jetzt beinahe sagen würde: Nicht wahr, Genosse Generalsekretär Westerwelle.
Westerwelle, FDP-Generalsekretär: Ich rede hier als ein Abgeordneter des frei gewählten Deutschen Bundestages. Ich rede hier als ein Oppositionsabgeordneter, der die Politik der Bundesregierung in dieser Angelegenheit unterstützt. Es ist eine Unverschämtheit, daß Sie mich in einen Zusammenhang mit der Diktatur stellen, die es in Ostdeutschland bis zur deutschen Einheit gegeben hat. Das ist eine echte, dreckige Sauerei!
Schlauch, B'90/Grüne: Eine Sauerei ist von Haus aus dreckig! (23. 4. 99)

Scheißdreck

Austermann, CDU/CSU, zu Rot-Grün: Diese Politik hat abgewirtschaftet. Von Sparpolitik kann keine Rede sein.
Weiermann, SPD: Und das sagt einer, der für den ganzen Scheißdreck zuständig ist! (20. 2. 02)

Scheiße

Frau Beck-Oberdorf, Grüne: Es ist sogar so, daß der Kompromiß die Sozial-

demokratie so mundtot gemacht hat, daß sie – so würde man es im Volksmund sagen – jetzt Scheiße für Gold verkauft.
Frau Schulte (Hameln), SPD: Das Niveau dieses Parlaments war schon einmal höher! (9. 11. 89)

scheißen
Frau Matthäus-Maier, SPD: Luther hat gesagt: ›Der Teufel scheißt immer auf den größten Haufen.‹ Er meint damit, wer hat, dem wird gegeben, und das wollen wir nicht.
Kühbacher, SPD: Luzifer Lambsdorff! (25. 10. 90)

Schlamm
Seiters, CDU/CSU, zu Schröder (Hannover), SPD, der das Wort erhält: Jetzt kommt das Kapitel Schlamm! (14. 5. 86)

Schlammschlacht
Frau Beer, Grüne: Wir haben einen Bundeskanzler (Kohl, CDU/CSU, d. Hg.), der Mitglieder dieses Parlamentes belogen hat.
Bohl, CDU/CSU: Das ist doch unglaublich, was Sie sagen! Schämen Sie sich doch, wider besseren Wissens solche Behauptungen aufzustellen. Eine Schlammschlacht veranstalten Sie hier! (8. 3. 90)

Schleimspur
Dr. Westerwelle, FDP, zu Bundeskanzler Schröder, SPD: Hat mich eigentlich jemand gefragt, ob ich schon morgens mit Ihnen frühstücken möchte? Da kann ich mir Schöneres vorstellen.
Schlauch, B'90/Grüne: Sie sind doch ständig auf der Schleimspur unterwegs! (28. 11. 01)

Schmuddelecke
Dr. Ramsauer, CDU/CSU: Wir dürfen das andere Leitbild, das Leitbild der Frau, die wegen der Kindererziehung zu Hause bleibt, nicht in die Schmuddelecke der Gesellschaft stellen. (30. 11. 05)

Schmuddelrede
Seiters, CDU/CSU, über Voigt (Frankfurt), SPD: Eine Schmuddelrede! (26. 11. 86)

schmutzig

Dr. Arndt (Hamburg), SPD: Ich will es mir deswegen versagen, darauf auch nur ein Wort zu verschwenden, denn ich fürchte, mir dadurch den Mund schmutzig zu machen.
Reddemann, CDU/CSU: Müssen Sie schmutzige Gedanken habe, daß Sie fürchten, sich mit Worten den Mund schmutzig zu machen! (19. 6. 75)

Schmutzkübel

Glos, CDU/CSU: Alle Schmutzkübel der Linken, von Rot und Grün, sind über uns ausgeschüttet worden, weil wir gesagt haben, wer in Deutschland lebt, soll Deutsch sprechen. Der Einzige, dessen Einstellung ein bisschen anders war, war Herr Schily (SPD, d. Hg.). Er hat nach der Regierungsübernahme einen anderen Weg eingeschlagen. Er hat es richtig gemacht. Als es darum ging, ein moderneres Zuwanderungsrecht zu schaffen, hat er gesagt: Raus mit den Grünen aus den Verhandlungen! Dadurch ist der Kompromiss letztendlich möglich geworden. Das war der richtige Weg, Herr Bundesminister Schily. Herr Bundeskanzler (Schröder, SPD, d. Hg.), wenn Sie die Kraft hätten, zu sagen: ›Raus mit den Grünen aus dieser Regierung‹, dann würde möglicherweise wieder eine ökonomische Basis für das Vorwärtskommen dieses Landes geschaffen. (24. 11. 04)

speichelleckerisch

Wonneberger, CDU/CSU, zur SPD: Ihr erst jüngst wieder ganz deutlich erkennbarer Drang nach Harmonie mit den SED-Nachfolgern, der PDS, kann doch nicht so schrankenlos sein, daß Sie jedes Rechtsempfinden über Bord werfen wollen. Wieso wollen Sie die in der ehemaligen DDR erdienerten und speichelleckerisch erworbenen Spitzengehälter von Privilegien von SED- und Stasi-Größen ohne Not nun auch noch mit Spitzenrenten belohnen?
Krüger, SPD: Ich möchte einmal wissen, ob 1968, als Sie in die CDU eingetreten waren, das nicht auch etwas mit Speichelleckerei zu tun hatte! (23. 11. 95)

Spucke

Pfeffermann, CDU/CSU, zu Frau Reetz, Grüne: Das ist ja unerhört, ohne jeden Hintergrund!
Paterna, SPD: Pfeffermann randaliert!
Pfeffermann: Schwätzer!
Paterna: Heben Sie sich Ihre Spucke für mich auf! (5. 12. 84)

spucken

Poß, SPD, zur CDU/CSU: Auf Dauer lässt sich ein Volk aber nicht veräppeln. Wir werden Ihnen noch kräftig in die Suppe spucken. Verlassen Sie sich darauf! Wenn Sie meinen, uns mit diesen Mitteln der Politik in die Knie zu zwingen, dann täuschen Sie sich gewaltig.
Schauerte, CDU/CSU: Ein Fachmann für Täuschung! (10. 3. 04)

Spucknapf

Müller (Remscheid), CDU/CSU: Ich habe aufgezeigt, wo Fehler und Versäumnisse liegen.
Wehner, SPD: Ein ganzer Spucknapf! (25. 1. 79)

Staatsschmarotzer

Dr. Friedmann, CDU/CSU, über die Grünen: Staatsschmarotzer! (16. 11. 84)

Stänkereien

Stiegler, SPD: ... hat Michael Glos (CDU/CSU, d. Hg.) als alter Straußschüler außer Stänkereien nichts von sich gegeben. (10. 3. 05)

stinken

Stiegler, SPD, zur CDU/CSU: Jetzt muss verhindert werden, dass schwerer wirtschaftlicher Schaden entsteht. Statt frech mit Frau Künast (Bundeslandwirtschaftsministerin, B'90/Grüne, d. Hg.) zu reden, sollten Sie die Frau anständig umschmusen, damit sie Ihnen in Brüssel aus der Patsche hilft. In Brüssel brauchen Sie Frau Künast. Es haut nicht hin, hier erst mit vollen Hosen zu stinken und dann auch noch frech zu sein. (21. 1. 02)

suhlen

Stiegler, SPD, zur Opposition von CDU/CSU und FDP: Sie leben nach wie vor von der Unkerei. Sie suhlen sich bei Ihren Reden im Morast. Ich sage Ihnen: Sie werden als Moorleiche enden. Sie werden wirklich konserviert in die Geschichte eingehen. (11. 9. 03)

Taubendreck

Dr. Ruck, CDU/CSU: Zunächst möchte ich meine leise Bewunderung für die Redner der Koalition dafür zum Ausdruck bringen, dass sie es verstehen, aus Taubendreck Vanillepudding zu machen, indem sie Fortschritte herbeireden, die so ja wirklich nicht zu sehen sind … (26. 10. 2000)

Toilette

Stiegler, SPD: Als der neue Hauptbahnhof in Berlin eröffnet worden ist, haben sich manche Leute darüber aufgeregt, dass man für den Besuch der Toilette 60 Cent bezahlen muss.
Zuruf von der Linken: Zu Recht!
Stiegler: Nicht zu Recht. – Eine solche Arbeit, die durchaus mit einer Schmutzzulage zu versehen ist und einen hohen gesellschaftlichen Wert hat, hat auch ihren Preis. Man kann nicht sagen: Weil jemand die Toilette putzt, ist er unproduktiv und deshalb werfen wir ihm nur die Brocken hin. Wir sollten einmal sehen: Auch wer dort seinen gesellschaftlichen Beitrag leistet, ist jemand und steht nicht neben der Gesellschaft. Deshalb sollten wir die relativen Preise wieder ins Lot bringen.
Kampeter, CDU/CSU: Ab und zu ist es auch korrekt, was Sie sagen! Ich lobe Sie ausdrücklich!
Stiegler: Vergelts Gott. Ich bin dankbar dafür, dass wir uns immer wieder partiell gegenseitig anerkennen können.
Dr. Westerwelle, FDP: Jetzt schafft ihr es in Bayern wieder auf 19 Prozent! (8. 9. 06)

Toilettenpapier

Frau Pieser, CDU/CSU: Für die Lieferung von Toilettenpapier gar zahlte das (Olympische, d. Hg.) Komitee 82 000 DM. Das Komitee hätte dieselbe Menge dieses wohl zweifellos wichtigen Bedarfsgutes im Einzelhandel für 42 000 DM bekommen. Das macht eine Differenz von 40 000 DM aus.
Franke (Osnabrück), CDU/CSU: Seit der Zeit wird das Papier doppelseitig verwendet! (23. 1. 75)

Toilettenräume

Nehm, SPD, fragt Bundesbauminister Dr. Schneider, CDU/CSU: … ist es auch eine Bauausweitung, wenn die Toilettenräume für das neue zu bauende Restaurant (des Bundestages, d. Hg.) im Keller geplant waren, aber der Keller beim Planen vergessen wurde und nachgeplant werden mußte.
Dr. Bötsch, CDU/CSU: Dann kommt die Toilette auf den Speicher, das ist doch ganz klar!

Borchert, CDU/CSU: Ich weiß nicht, ob der Kollege Nehm noch hier ist. Ich habe vorhin bei seiner Zwischenfrage nicht ganz begriffen, ob er, als er darauf hinwies, daß die für die Toiletten notwendigen Keller fehlten, mit dem Verzicht auf den Keller eventuell auch auf die Toiletten im Neubau verzichten wollte.
Dr. Weng (Gerlingen), FDP: Da gibt es die berühmten Häuschen mit dem Herz! (24. 11. 88)

verarschen
Frau Bulmahn, SPD, zu Dr. Rüttgers, CDU/CSU: Verarschen Sie doch die Leute nicht! (23. 11. 95)

verdauen
Dr. Weng (Gerlingen), FDP: So, meine Damen und Herren, zeigt sich konstruktive gemeinsame Arbeit in der Koalition aus CDU/CSU und FDP. – Da keinen Applaus, da bin ich überrascht.
Dr. Rose, CDU/CSU: Der steht schon im Manuskript!
Dr. Weng: Nein, der steht nicht im Manuskript, Herr Kollege Rose. Ich bin immer auch geistig auf dem laufenden dessen, was ich vortrage.
Wieczorek (Duisburg), SPD: Aber deine Kollegen waren eingeschlafen!
Dr. Weng: Beleidigungen von der linken Seite sind im Moment menschlich verständlich. Die Herren haben gerade etwas zu verdauen. (29. 11. 89)

verzagt
Grunenberg, SPD: Da kann man in der Tat so wie Luther fragen – ich sage das jetzt ein bißchen umschrieben –: Wie kann aus einem gewissen verzagten Körperteil ein fröhliches Geräusch entweichen? (11. 2. 82)

Wurf
Frau Dr. Hendricks, Parl. Staatssekretärin beim Bundesfinanzminister, SPD: Ich weiß, dass gleich wieder jemand von der FDP den ›großen Wurf‹ fordern wird.
Thiele, FDP: Stimmt!
Frau Dr. Hendricks: Aber ›große Würfe‹ machen normalerweise nur Hunde an Zäunen.
Thiele: Also, Frau Staatssekretärin, das konnten Sie aber auch schon einmal besser! (17. 3. 06)

Unter der Gürtellinie – nicht nur Bettgeschichten

Anfang 1971 hielt sich der Exminister, CSU-Vorsitzende und bayerische Bundestagsabgeordnete Franz Josef Strauß zu politischen Gesprächen in den USA auf. Nach anstrengenden Verhandlungen mit Spitzenpolitikern in Washington und der UNO in New York wollte Strauß noch einen spätabendlichen Spaziergang machen. Er verließ sein Hotel, das Plaza, ein Haus der Spitzenklasse, allerdings nicht in der besten Gegend der Weltstadt gelegen. Kaum war Strauß auf die Straße getreten, wurde er hinterrücks von zwei Gunstgewerblerinnen angegriffen, niedergeschlagen und seiner Brieftasche mitsamt der Barschaft beraubt. Diesem Ereignis hat sich natürlich die Presse angenommen, mit mehr oder weniger objektiver Darstellung des Vorfalls, je nach politischer Ausrichtung des Mediums. Und jene leidige Begebenheit war immer wieder Anlass für den SPD-Fraktionsvorsitzenden Herbert Wehner, mittels Zwischenrufen daran zu erinnern.

Als sich Anfang 1972 der CDU/CSU-Abgeordnete Richard Jaeger zur Strafrechtsreform äußerte: »Bei Betrug, Unterschlagung, Diebstahl, zumal Kfz-Diebstahl, Einbruch, Raub, Rauschgifthandel …«
Wehner: »Raub von Brieftaschen, wenn einer nächtens vor dem Hotel steht!«
Und als im Jahr darauf Fritz Wittmann, ebenfalls CDU/CSU, zur Reform des Sexualstrafrechts spricht, funkt Wehner wieder dazuwischen: »Wenn bei solcher sexuellen Zurückhaltung Brieftaschen verlorengehen!«
Im Dezember 1974 redet Strauß. Wehner erinnert erneut an das Ereignis: »Wer hat denn die Brieftasche weggenommen?«
Strauß kontert: »Das spricht für Ihr Niveau, lieber Herr Wehner. Ich heiße aber nicht Gscheidle, bloß damit Sie es wissen. Das zeigt doch, wie tief Sie getroffen sind, und wie unendlich tief Sie gesunken sind, Herr Wehner.«
Strauß bezog sich damit auf einen Vorfall im Umfeld der Wahl des Bundespräsidenten 1969 in Berlin. Der damalige SPD-Bundestagsabgeordnete und Vorsitzende der Deutschen Postgewerkschaft im DGB, Kurt Gscheidle, war zu später (oder vielleicht auch früher?) Stunde vor einem Nachtlokal zusammengeschlagen worden. Nach einem bekannten Nachrichtenmagazin soll Wehner vor der SPD-Fraktion der Bundesversammlung von

Gscheidles Missgeschick berichtet und mit den Worten geendet haben: »Wesentlich Körperteile wurden nicht verletzt. Es war nur der Kopf.«

Alimente

Stiegler, SPD, über Seehofer, CDU/CSU: Es ist wie bei der Gesundheitsreform. Nach der langen Verhandlungsnacht hat er gesagt, das sei die glücklichste Nacht seines Lebens gewesen. Da habe ich mir gedacht: Du armer Kerl, dann hast du noch nichts erlebt! Aber heute ist er, wenn es um die Gesundheitsreform geht, auf der Flucht wie einer, der keine Alimente zahlen will. (11. 3. 04)

aufklären

Vizepräsident Cronenberg, FDP: Ich erteile dem Abgeordneten Paul Breuer (CDU/CSU, d. Hg.) das Wort.
Dr. Klejdzinski, SPD: Jetzt werden wir aufgeklärt!
Hörster, CDU/CSU: Das habt ihr nötig! (26. 3. 93)

ausziehen

Strauß, CDU/CSU, zur Regierungsfraktionen von SPD und FDP: Machen Sie nicht so weiter; sonst ziehen wir aus!
Wehner, SPD: Wie sehen Sie denn aus, wenn Sie sich ausgezogen haben? (15. 3. 72)

Bett

Frau Dr. Höll, PDS, zur FDP: Solange Sie nicht entsprechend den Zielen des Grundgesetzes agieren können, sollten Sie aufhören, sich bei der SPD anzudienen, nachdem Sie heute so geschimpft haben und am liebsten dort ins Bett kriechen würden.
Frau Kastner, SPD: Wir nehmen nicht jeden ins Bett! (5. 7. 01)

Bettgeflüster

Stratmann, Grüne, zu Bundesarbeitsminister Dr. Blüm, CDU/CSU: … Sie brauchen nicht den Finger zu heben, denn ich bin nicht gegen Bettgeflüster. (29. 3. 83)

Bettgeschichten

Frau Matthäus-Maier, SPD: Jeden Abend, wenn Helmut Kohl und Theo

Waigel sich die Bettdecke über die Ohren ziehen, haben sie 270 Millionen DM neue Schulden gemacht.
Dr. Rose, CDU/CSU: Das sind aber schöne Bettgeschichten!
Dr. Graf Lambsdorff, FDP: Frau Kollegin, haben Sie von der Bettdecke oder den Bettdecken gesprochen?
Frau Matthäus-Maier: Ich nehme an, es sind zwei Bettdecken!
(25. 10. 90)

bezahlen

Frau Brandt-Elsweier, SPD: Ein Journalist merkte mir gegenüber... an, dass durch unser Gesetz die Preise im Milieu steigen könnten, weil die Bordellbetreiber die Sozialversicherungskosten an die Kunden weitergäben. Ich kann dazu nur sagen: Das ist ohne Weiteres billigend in Kauf zu nehmen. Wer eine sexuelle Leistung in Anspruch nimmt, der soll dafür auch bezahlen. (19. 10. 01)

Bordelle

Frau Unruh, Grüne, zu Frau Pack, CDU/CSU: Sie reden von Spanien, wo die meisten Frauen hopsgehen, wenn sie abtreiben ...!
Frau Pack: Frau Unruh, ich kann Ihnen nur sagen: Es ist wirklich blamabel, wie Sie sich hier benehmen.
Frau Unruh: Da sind die Bordelle neben der Kirche! (23. 2. 89)

Bumsbude

Bundesumweltminister Trittin, B'90/Grüne: Ich habe gerade auf meine Uhr geguckt; ich habe noch drei Minuten Redezeit. Damit es nicht wieder heißt, ich würde nur über das Thema reden, das Sie so lieben, möchte ich noch etwas zur Energiepolitik sagen.
Möllemann, FDP: Wir sind hier nicht in einer Bumsbude, sondern im Bundestag! Wissen Sie das? (25. 11. 99)

Bums mal wieder

Haase (Kassel), CDU/CSU: Es sind die beiden Broschüren ›Unser Staat‹ und ›Dingsbums‹ ...
Zuruf von der SPD: Wie?
Haase: ›Dingsbums!‹
Dr. von Bülow, SPD: Bums mal wieder! (19. 3. 75)

Ejaculatio praecox

Dr. Westerwelle, FDP, zur SPD: Sie führen den Klassenkampf fort. Sie können nicht einmal mehr kaschieren, wie sehr Sie sich den Reformen entziehen, wie strukturunfähig die Koalition aus Sozialdemokraten und Grünen ist. Das kann man den jüngsten Äußerungen von Herrn Stiegler, die uns gestern wieder beglückt haben, entnehmen. Ich bin mir gar nicht sicher, ob ich so etwas zitieren darf. Darf ich das zitieren, Herr Präsident?
Präsident Thierse, SPD: Das ist schon zitiert worden.
Dr. Westerwelle: Dann darf ich es zitieren. Ich bin beruhigt. Da setzt die Bundesregierung eine Kommission zur Reform der Rentensysteme ein …
Kahrs, SPD: Kümmern Sie sich einmal um Ihre eigenen Sachen!
Dr. Westerwelle: und Herr Stiegler sagt dazu: ›Ich erwarte, dass die Professoren wie Herr Rürup uns nicht länger mit ihrer Ejaculatio praecox beglücken.‹
Frau Sager, B'90/Grüne: Das müssten Sie aber kennen, Herr Westerwelle! Das ist das, was Ihnen im Wahlkampf passiert ist!
Dr. Westerwelle: Ich möchte das jetzt nicht übersetzen, Frau Kollegin. Das wäre mir zu peinlich, Ihnen offensichtlich nicht. Weiter heißt es: ›Ich habe die Schnauze voll davon, dass wir vor unseren Mitgliedern und Wählern täglich den Kopf hinhalten müssen für dieses Professoren-Geschwätz.‹ Damit entlarven Sie, warum Sie die Rürup-Kommission eingesetzt haben. Diese Kommission soll in einer Zeit das Richtige denken, damit Sie in derselben Zeit die Möglichkeit haben, weiter das Falsche zu machen. (4. 12. 02)

erotisch

Seehofer, CDU/CSU, zu Rot-Grün: Sie haben nur Bürokratie und Paragrafen geschaffen … Sie haben ein erotisches Verhältnis zu Paragrafen.
Zuruf von der CDU/CSU: Wahrscheinlich nur zu Paragrafen! (29. 11. 01)

erregen

Dr. Apel, SPD, zu Strauß, CDU/CSU: … ich bin vielleicht etwas erregt, denn ich werde heute abend zu meiner Frau an den Wörther See fahren. Sie erregen mich nicht, Sie sind überhaupt nicht mein Typ. (11. 7. 70)

erregt

Frau Fischbach, CDU/CSU: Jetzt muss ich erst einen Schluck trinken. Herr Gysi hat mich doch erregt. Dass er das noch schafft, hätte ich nie gedacht. – Etwas später: Lehrieder, CDU/CSU: Lieber Herr Gysi, Kollegin Fischbach hat vorhin versehentlich gesagt, Sie hätten sie erregt. In Abstimmung mit der Kollegin stelle ich klar: Sie haben sie nicht erregt, Sie haben sie aufgeregt. (24. 1. 08)

Freudenhaus

Lensing, CDU/CSU: Heute ist für uns ein Tag der Freude, für ein Mitglied der CDU/CSU-Bundestagsfraktion ohnehin …
Frau Böttcher, PDS: Herr Lensing hat den Saal ja in ein regelrechtes Freudenhaus verwandelt.
Lühr, FDP: Das ist aber eine despektierliche Bemerkung!
Frau Böttcher: Schlimm, wer Böses dahinter vermutet.
Vizepräsident Klein, CDU/CSU: Selbstverständlich kann ich zu dem Wort in diesem Zusammenhang nur die positive Interpretion geben, daß Herr Lensing versucht hat, Freude zu verbreiten … Ich erteile dem Bundesminister Dr. Jürgen Rüttgers das Wort.
Frau Odendahl, SPD: Noch eine Freude!
Lenzer, CDU/CSU: Ein weiterer Grund zur Freude!
Thönnes, SPD: Ein Freudenminister!
Lenzer: Auf daß eure Freude vollkommen sei!
Bundesforschungsminister Dr. Rüttgers, CDU/CSU: Es ist heute nicht nur ein Tag der Freude, sondern auch ein Tag des Dankes … (1. 3. 96)

G-Punkt

Stiegler, SPD: Wir Deutschen allein können uns nicht wie Münchhausen selber aus dem Sumpf ziehen; vielmehr brauchen wir bei G 7, bei G 8, bei G 20 oder bei Gott weiß welchen Gs eine internationale Abstimmung. – Heiterkeit bei der FDP. – Ja, Sie denken wieder an den G-Punkt oder irgendetwas Ähnliches; aber das ist nicht in Ordnung. (4. 11. 08)

Helden

Frau Schoppe, Grüne: Ihr kleiner Beitrag, meine Herren, auf den Sie so stolz sind, denn im Bett sind Sie ja alle Helden, wie wir aus Ihren Gesprächen entnehmen können … (24. 5. 84)

Identitäten

Frau Gradistanac, SPD: Wir jedenfalls setzen mit unserem Antidiskriminierungsgesetz ein weiteres Zeichen zur Anerkennung unterschiedlicher sexu-

eller Identitäten. Lesben und Schwule, aber auch bisexuelle, transsexuelle und zwischengeschlechtliche Menschen …
Grund, CDU/CSU: Kümmern Sie sich um die Mehrheit in der Gesellschaft, nicht ständig um die Randgruppen! Nur noch Randgruppen! (21. 1. 05)

Keuschheitsgürtel
Brüderle, FDP: Herr Glos (Bundeswirtschaftsminister, CDU/CSU, d. Hg.) will mit seinem Konzept dem Kabinett eine Art Keuschheitsgürtel gegen falsche politische Empfängnis anlegen. Seine Kollegen verweigern sich aber offenbar. Man hört, dass die Kanzlerin dagegen ist. Die SPD betrachtet das Papier als Provokation, und die CDU/CSU ist damit beschäftigt, ihre angebliche Verhinderung des Mindestlohns zu feiern, obwohl sie ihn durch die Hintertür einführt. (21. 6. 07)

Kinderkriegen
Frau Bär, CDU/CSU: Es wäre wichtig, dass auch die Oppositionsfraktionen positive Signale aussenden. Denn Kinderkriegen fängt im Kopf an.
Barth, FDP: Das müssen wir noch vertiefen!
Frau Bär: Ich erkläre es Ihnen nachher noch einmal persönlich. (16. 11. 07)

Lebenspartnerschaften
Frau von Renesse, SPD: Nachdem ich gestern viele Kommentare aus einem bestimmten Verlagshause zu dem hier anstehenden Gesetzentwurf zu den Lebenspartnerschaften gelesen habe, weiß ich nun Bescheid: Sie reiten, die apokalyptischen Reiter, und zerstampfen auf ihrem Ritt durch das Brandenburger Tor mit ihren rot-grünen Hufen die heiligsten Werte der Nation. Wie schön sind dagegen die Umfrageergebnisse, die heute Morgen zu lesen waren und die zeigen, mit welcher Gelassenheit offensichtlich die Mehrheit der Bevölkerung darauf reagiert. Denn die meisten haben offenbar verstanden, dass es keineswegs Pflicht ist, nunmehr eine Lebenspartnerschaft einzugehen und homosexuell zu werden …
Dr. Westerwelle, FDP: Das beruhigt!
Frau von Renesse: und dass niemandem, der eine solche Lebenspartnerschaft, ob hetero, homo oder sonst etwas auf dieser Welt, nicht eingeht, auch nur irgendetwas genommen wird. Es wird auch nicht das, was für die Förderung von Ehe und Familie zur Verfügung steht, budgetiert. (7. 7. 2000)

Liebesbriefe

Dr. Feige, B'90/Grüne: Immerhin, Briefe schreiben hilft auch Verkehr zu vermeiden. – Das gilt allerdings nicht für Liebesbriefe. (20. 5. 92)

Liebesleben

Frau Flach, FDP: Die EU hat ja bereits 1999 ein Einfuhrverbot für Rohmoschus aus Russland erlassen, weil die Bestände dramatisch zurückgingen. Es kann nicht angehen, dass Tierpopulationen in ihrem Bestand gefährdet werden, weil wir Europäer durch den Geruch hirschähnlicher Paarhufer unser Liebesleben angenehmer gestalten wollen. Was Sie heute alles so lernen, nicht wahr?

Schmidt (Salzgitter), SPD: Warum Sie allerdings auf mich gezeigt haben, das verstehe ich nun nicht!

Frau Flach: Darüber können wir uns gleich einmal unterhalten.

Schmidt: Sehr gern! (23. 3. 2000)

Liebesspiel

Frau Schoppe, Grüne: Eine wirkliche Wende wäre es, wenn hier oben zum Beispiel ein Kanzler stehen und die Menschen darauf hinweisen würde, daß es Formen des Liebesspiels gibt, die lustvoll sind und die Möglichkeit einer Schwangerschaft gänzlich ausschließen …

Kleinert, FDP: Wir sind nicht halb so verklemmt, wie ich das nach dem Vortrag, den wir eben gehört haben, annehmen muß, daß es von uns vermutet wird … Es leben eine ganze Menge Leute in diesem Land sehr gesund, ausgeglichen, auch fröhlich, in sehr gesunder Weise fröhlich, und machen es dennoch nicht zum Gegenstand von Plenardebatten. (5. 5. 83)

Lotterbett

Cronenberg, FDP: … 1,7 Prozent Preissteigerungsrate im August, 1,5 Preissteigerungsrate im September, das sind Ergebnisse, von denen wir, meine Damen und Herren von der SPD, gemeinsam geträumt hätten, und wir hätten sie auch besser als die neue Regierung verkauft.

Roth, SPD: Das letztere ist wahr! Dilettanten sind es, mit denen Sie jetzt im Bett liegen!

Lutz, SPD: Im Lotterbett! (19. 10. 84)

Lust

Frau Lengsfeld, CDU/CSU: Beispielsweise verspricht Herr Trittin in seiner Ökosteuerkampagne der verdutzten Bevölkerung mehr Sex.
Frau Höfken, B'90/Grüne: Können wir einmal etwas zum Thema erfahren?
Frau Lengsfeld: Man darf rätseln, ob er das tut, um in der nächsten Runde von einer Vergnügungssteuer sprechen zu dürfen, oder weil ihm auf den endlosen Sitzungen der K-Gruppen sämtliche Lust abhanden gekommen ist.
Trittin, B'90/Grüne: Da wären Sie gerne dabei gewesen!
Frau Lengsfeld: Ist das ein Angebot, Herr Minister? Seien Sie vorsichtig! Vielleicht komme ich noch darauf zurück. (18. 1. 01)

Dr. Riesenhuber, CDU/CSU: Dies ist eine gute Gelegenheit. Denken Sie um! Gehen Sie weg von dem Glauben an die Machbarkeit dessen, was in regierungsamtlichen Papieren steht! Gewähren Sie den Freiraum, den wir immer wieder eingefordert haben, damit die Leute Lust haben, etwas zu tun. Denn ohne Lust geschieht auf der Welt nichts Vernünftiges.
Schmidt (Salzgitter), SPD: Der letzte Satz war der wichtigste! (4. 3. 04)

Dr. Wissing, FDP: Die FDP lehnt den Antrag der Fraktion Die Linke ab. Ihr Antrag gleicht einem schlechten Buch mit einem Supertitel. Man sieht die Überschrift und hält auch den Inhalt für wunderbar. Aber dann schaut man sich den Inhalt an und ist enttäuscht. Langer Frust nach kurzer Lust! So ging es uns, als wir Ihren Antrag gelesen haben. (29. 9. 06)

Lüstlinge

Daweke, CDU/CSU, zur SPD: Da, da sitzen die Lüstlinge! (9. 6. 78)

lustvoll

Frau Dempwolf, CDU/CSU, zu den Grünen: Statt dessen haben wir wieder Ihre Philosophie von der streßfreien und lustvollen Sexualität gehört – ein Zustand der Glückseligkeit, der nun auch noch vom Staat finanziert werden soll.
Frau Beck-Oberdorf, Grüne: Na, das wäre doch mal etwas! (26. 1. 89)

machtgeil

Dr. Gysi, PDS/Linke Liste, zur CDU/CSU: Im Unterschied zu Ihnen bin ich nicht machtgeil, und ich kann mich deshalb mit der Oppositionsrolle ganz gut abfinden.
Hinsken, CDU/CSU: Auch zu dieser sind Sie nicht fähig! (28. 4. 94)

masochistisch

Dr. Graf Lambsdorff, FDP: So masochistisch ist der deutsche Steuerzahler denn doch nicht, daß er sich Steuererhöhungen geradezu wünschte. 76 Prozent erwarten sie. 76 Prozent erwarten auch, daß sie in diesem Winter die Grippe bekommen. Wünschen tun sie sich beides nicht.
Zuruf von der SPD: Aber sie bekommen sie! (22. 11. 90)

mehret euch

Frau Dr. Babel, FDP, zu den Grünen: Das ist genau dasselbe, was die SPD immer sagt!
Schreiner, SPD: Wachset und mehret euch, heißt es in der Bibel!
Frau Albowitz, FDP: Aber nicht mit jedem! (29. 3. 95)

Monogamie

Frau Conrad, SPD: Wir müssen auf gesellschaftliche Realitäten eingehen, die nichts mit Vorstellungen zu tun haben, die an den Leitbildern wie Monogamie und Suchtfreiheit festhalten. Verdrängung und das Predigen sexueller Abstinenz sind absolut keine Lösungsansätze.
Dr. Bötsch, CDU/CSU: Monogamie gleich Monotonie, oder wie? (2. 4. 87)

nackt

Frau Blunck, SPD: Die Bundesregierung steht mit ihren Taten da wie der Kaiser mit seinen neuen Kleidern in Hans Christian Andersens Märchen: nackt und bloß.
Dr. -Ing. Kansy, CDU/CSU: Hoffentlich kommt die Regierung nicht so ans Pult! (14. 11. 85)

Frau Dr. Wegner, SPD: Aber paradoxerweise ist es so, daß gerade die Haushaltsmittel für politische Bildung drastisch gekürzt worden sind.
Frau Würfel, FDP: Einem nackten Mann kann man nicht mehr in die Tasche fassen! (24. 11. 92)

Nacktszene

Frau Bettin, B'90/Grüne: Ein anderes lustiges Beispiel ergab sich in einem Fachgespräch zu dem Thema. Da sagte ein Produzent, ein Schauspieler wollte bei einer Nacktszene seine Uhr nicht abnehmen. Er hat sich die ganze Zeit gewundert, warum der Schauspieler seine Uhr nicht abnimmt.

Tauss, SPD: Besser als die Socken!
Frau Bettin: Dieser Schauspieler hatte – das stellte sich am Ende heraus – einen Werbevertrag mit der Uhrenfirma. (14. 12. 06)

Orgien

Dreßler, SPD: Die sozialpolitischen Kürzungsorgien der Koalition sollen nun auch in das Gesundheitswesen verlängert werden.
Möllemann, FDP: Orgien? Schon um diese Zeit? (24. 5. 96)

Peep-Show

Jansen, SPD: Ein Nationalpark Wattenmeer oder Schutzzonenkonzepte sind unter den gegebenen Umständen – lassen Sie mich das einmal so zugespitzt sagen – Scheinaktivitäten, die nichts als eine billige Peep-Show politischer Proportionen sind.
Eigen, CDU/CSU: Erläutern Sie einmal ›Peep-Show‹! (21. 5. 87)

Potenzprobleme

Frau Lengsfeld, CDU/CSU: ... möchte ich zum Schluss erwähnen, dass die baden-württembergischen Grünen noch eins draufsetzen. Sie versprechen nämlich auf ihrem Wahlplakat: Grüne – wie soll ich es höflich umschreiben? – machen's besser. Ich würde den Baden-Württembergern trotz allem dringend davon abraten, das in einem Feldversuch auszuprobieren; denn die Potenzprobleme der grünen Partei sind ja doch evident. (18. 1. 01)

Quickie

Laumann, CDU/CSU: Herr Clement (Bundeswirtschafts- und -arbeitsminister, SPD, d. Hg.), zu einer wahrhaften Politik, die unsere Probleme löst, gehört auch, dass man sich nichts mehr vormacht. Hartz – das war eine Schöpfung gewaltiger Worte. Die ›Quick-Vermittlung‹ – wissen Sie überhaupt noch, dass Sie das bei Hartz II drin hatten? – sollte 300 000 Jobs bringen. Aus dem Quickie ist nichts geworden. (17. 10. 03)

Rotlichtmilieu

Dr. Fuchs, CDU/CSU: Zur Wirklichkeit Ihrer Partei gehört auch, dass Sie sich jetzt mit berühmten Genossen – es gibt ja Gott sei Dank nicht allzu viele –, zum Beispiel mit dem Präsidenten von Venezuela, Hugo Chávez, treffen. Der wird dann auch noch von Ihnen sehr intensiv verteidigt. Herr

Lafontaine hat letztes Jahr in einem Interview sehr viel Verständnis für Herrn Chávez geäußert. Dieser hat, nebenbei gesagt, in rigoroser Weise einen oppositionellen Fernsehsender geschlossen. Lafontaine hat ihm gesagt, das sei nicht so schlimm; er habe ja nur die Konzession nicht verlängert. So geht er damit um.
Meyer (Hamm), CDU/CSU: Hat Lafontaine im Saarland auch versucht! Da hat er es nicht ganz geschafft! – Wunderlich, Linke: Wann kommt eigentlich ein Ordnungsruf, dass Sie zur Sache kommen?
Dr. Fuchs: Das hat er früher aber selber schon einmal gemacht. Vor 14 Jahren war Lafontaine noch als SPD-Mitglied Ministerpräsident im Saarland. Damals wollte er das Presserecht einschränken, indem er versucht hat, die Fernsehsendung *Panorama* daran zu hindern, einen Bericht über seine Bekanntschaft mit dem Rotlichtmilieu im Saarland auszustrahlen.
(6. 6. 08)

schlafen
Frau Potthast, Grüne, zur CDU/CSU: Wir haben uns mit Ihren Sekretärinnen unterhalten und erfahren, daß Frauen entlassen werden, weil sie nicht mit ihren Chefs schlafen, daß Frauen aber auch entlassen werden, weil sie mit ihren Chefs schlafen, weil ihnen dann nämlich die Ehefrauen aufs Dach steigen. Wir haben unsere Informationen von ihren weiblichen Arbeitskräften geholt, hören Sie bloß auf!
Hornung, CDU/CSU: Treten Sie einmal den Beweis an! Freches Weib!
(12. 4. 84)

Schlappschwänze
Frau Vennegerts, Grüne, zu Purps, SPD: Ihr habt doch abgeschrieben, nur weniger eingesetzt, ihr Schlappschwänze! (29. 11. 89)

Schweinereien
Frau Schnieber-Jastram, CDU/CSU: Herr Riester (Bundesarbeitsminister, d. Hg.), ich will jetzt gar nicht über die ganzen sozialpolitischen Schweinereien reden, die Sie hier veranstalten …
Schmidt (Salzgitter), SPD: So kennen wir Sie, jawohl! (24. 6. 99)

schwul
Dr. Gehb, CDU/CSU: Wenn der Regierende Bürgermeister von Berlin

(Wowereit, SPD, d. Hg.) auf dem Nominierungsparteitag mit dem Spruch ›Ich bin schwul – und das ist auch gut so‹ geradezu kokettiert, dann ist das eher das Niveau von Jürgen Drews und Dieter Bohlen. (6. 5. 04)

Schwulenlebensgemeinschaft

Frau Wagner, Grüne, zu den Regierungsfraktionen von CDU/CSU und FDP: Anstatt Wahlkampf mit Ihrer Familienpolitik zu machen, sollten Sie das Kind gleich beim Namen nennen: Familienpolitik für die Besserverdienenden bis Spitzeneinkommensbezieher, in der Regel die Ehemänner, und zu Lasten der nichtehelichen Lebensgemeinschaften; denn eine Schwulenlebensgemeinschaft wird nicht dafür belohnt, dass ein Partner zu Hause bleibt. – Beifall des Abg. Vogel (München), Grüne. –
Schlottmann, CDU/CSU: Ein Mann spendet Beifall! (12. 9. 86)

Schwulitäten

Frau Schmidt (Hamburg), Grüne: Zur Einstimmung lese ich Ihnen einen Text aus dem Gesetzeswerk der Bundesrepublik Deutschland vor: ›Tritt ein Verlobter von dem Verlöbnisse zurück, so hat er dem anderen Verlobten ... den Schaden zu ersetzen ... Dem anderen Verlobten hat er auch den Schaden zu ersetzen, den dieser dadurch erleidet, daß er in Erwartung der Ehe sonstige Vermögen oder seine Erwerbsstellung berührende Maßnahmen getroffen hat.‹ Das steht im § 1298 BGB. Die Schlußfolgerung aus diesem Text – zumindest für unvoreingenommene Leserinnen und Hörerinnen – kann doch nur sein, daß dieser Teil des Bürgerlichen Gesetzbuches von zwei Verlobten männlichen Geschlechts handelt und in der Bundesrepublik Deutschland somit das Verlöbnis als Vorstadium der Ehe zwischen homosexuellen Männern statthaft und gesetzlich geregelt ist ... Also kommen Frauen am besten nicht vor, damit die Welt männlich bleibt. Doch ganz ohne Weiber geht die Chose nun auch wieder nicht, allerdings nur in angestammter Position. So wird dann auch im BGB prompt aus dem ›anderen Verlobten‹ eine Verlobte, und zwar eine unbescholtene, wenn es um die Beiwohnung geht. So kommen wir dann wenigstens mit § 1300 BGB nicht in Schwulitäten. (11. 5. 90)

Selbstbefriedigung

Bueb, Grüne: Alles, was hier sonst noch diskutiert wird, ist reine Selbstbefriedigung und spielt sich wie unter einer Käseglocke quasi unter Ausschluß der Öffentlichkeit ab. (30. 1. 86)

Sex

Lange, Grüne: Dabei scheut man sich übrigens im BMVg (Bundesministerium der Verteidigung, d. Hg.) inzwischen nicht einmal mehr, sich mit Hilfe modernster werbepsychologischer Methoden an Minderjährige, 14- bis 16jährige, heranzumachen und ihnen die Segnungen unserer Armee anzupreisen.
Dr. Wittmann (München), CDU/CSU: Besser als Sex!
Lange: Das ist sicherlich eine Sache des persönlichen Bedarfs … (17. 4. 86)

Sexfilme

Dr. Haussmann, FDP: Wir erinnern uns: Es war die Blütezeit der sogenannten Sexfilme, der Film wie ›Lümmel von der letzten Bank‹ …
Wohlrabe, CDU/CSU, von Beruf Filmkaufmann: Das war nicht der schlechteste! Das ist ein ganz dufter Film! (5. 10. 78)

Sexismus

Frau Schoppe, Grüne: Wir fordern Sie alle auf, den alltäglichen Sexismus hier im Parlament einzustellen. (5. 5. 83)

sexistisch

Formanski, SPD: … zum Nullsummenspiel; das ist also in der Tat eine Milchmädchenrechnung.
Dr. -Ing. Kansy, CDU/CSU: ›Milchmädchenrechnung‹? Das ist sexistisch! (21. 1. 94)

Frau Aigner, CDU/CSU: Es gab auch eine Postkartenaktion, die ebenfalls aus dem Ökolandbauprogramm finanziert wurde. Auf einer Karte, auf der Erdbeeren im Hintergrund zu sehen waren, stand: Vernasch mich! – Daneben war ein kleines Püppchen abgebildet. Weil das hätte missverstanden werden können, sind die Karten mit diesem Motiv eingestampft worden. Die Kosten betrugen 30 000 Euro. Es gibt viele Familien in diesem Land, die sich freuen würden, wenn sie 30 000 Euro im Jahr zur Verfügung hätten.
Kampeter, CDU/CSU: Sexistische Werbung! (28. 1. 05)

spitz

Frau Eichstädt-Bohlig, B'90/Grüne: Auch wenn Kollege Koppelin (FDP, d.

Hg.) nicht nur in der heutigen, sondern auch in anderen Debatten gerne spitz wird – Heiterkeit –, ihr müsst das nicht immer gleich doppeldeutig verstehen ... (25. 11. 04)

Strich

Dr. Riedl (München), CDU/CSU, nach einem Zwischenruf von Wehner, SPD: Herr Kollege Wehner, passen Sie auf! Der Präsident hat seine Strichliste dabei! Sie kriegen wieder einen Ordnungsruf.
Wehner: Auf den Strich gehe ich nicht! Das können Sie machen!
Dr. Riedl: Wenn Sie sich mit mir einlassen, kriegen Sie Ordnungsrufe. Aber Sie bekommen Ihre 100 Ordnungsrufe in diesem Parlament noch voll, Herr Wehner, da bin ich sicher. (20. 1. 82)

Striptease

Zywietz, FDP: Ingrid Matthäus-Maier (SPD, d. Hg.) – sie hat ja eine passable, virtuose Grundausbildung bei der FDP genossen – verlangt ja immer den Striptease der Staatsschulden.
Frau Hämmerle, SPD: Der Staatsschuldner! (20. 3. 92)

Tat

Frau Schoppe, Grüne: Herr Saubermann schaltet den Fernseher aus, trinkt den letzten Schluck Bier aus der Flasche und schreitet zur Tat. (1. 12. 83)

Tugend

Stiegler, SPD: Wir haben ja gerade das Wilhelm-Busch-Jahr, und der hat einmal geschrieben: ›Die Tugend – dieser Satz steht fest – ist stets das Böse, das man lässt.‹ – Deshalb möchte ich mich auf das konzentrieren, was wir tun können, um die Tugend zu fördern. Mangel an Gelegenheit bedeutete schon immer eine große Förderung der Tugend. Viele Sünden sind vermieden worden, weil sich das Gebüsch nicht bot. (20. 2. 08)

Unfruchtbarkeit

Dr. Kohl, CDU/CSU, zu Liedtke, SPD: Herr Kollege, wir sind nach Ihren Ausführungen wenigstens noch freiwillig unfruchtbar, aber bei Ihnen ist die Unfruchtbarkeit institutionalisiert! (21. 1. 77)

Verhütungsmittel

Frau Gottwald, Grüne, zu Dr. Czaja, CDU/CSU: Keine Verhütungsmittel für Männer ...! Wegen Ihrer Rente kriegen wir keine Kinder ...! (3. 5. 84)

verludern

Möllemann, Staatsminister beim Bundesminister des Auswärtigen, FDP: Herr Präsident, ich habe heute mit Aufmerksamkeit zugehört, wie die Debatten geführt worden sind. Auch ein Mitglied der Bundesregierung hat das Recht, eine pointierte Meinung vorzutragen. Ich tue das weiterhin.
Dr. Ehmke (Bonn), SPD: Aber nicht so lümmelig!
Frau Dr. Timm, SPD: Verludern der Sitten des Parlaments! (3. 10. 86)

Voyeur

Wieland, B'90/Grüne: Nun war ich darauf eingestellt, dass Herr Uhl oder wenigstens Herr Grindel (beide CDU/CSU, d. Hg.) Herrn Wiefelspütz (SPD, d. Hg.) umarmt und von der ganz großen politischen Liebe spricht. Nichts dergleichen ist geschehen.
Frau Kumpf, SPD: Was sind Sie für ein Voyeur! (23. 11. 06)

Zuwendung

Rühe, Bundesverteidigungsminister, CDU/CSU: Obwohl es in meinem Text steht, will ich mich jetzt der Opposition nicht wieder zuwenden.
Zuruf von der SPD: Wir brauchen aber Zuwendung!
Heistermann, SPD: Keine Streicheleinheiten heute?
Nolting, FDP: Ich mach das gleich noch! (18. 6. 93)

Prost! Mahlzeit! – Was Abgeordnete so anrichten

»Wer viel arbeitet, soll auch gut essen«, lautet eine alte Volksweisheit. Unsere Abgeordneten arbeiten viel. Aber essen sie auch gut? Während der Bundestags-Sitzungswochen gehen die hungrigen Volksvertreter mittags meistens in das Kasino. Hier ist die Kost ausreichend – sowohl von der Menge als auch von der Qualität. Lukullische Extravaganzen eines Lafer, Lichter oder Witzigmann darf niemand erwarten.

Vor einiger Zeit trat die deutsche Niederlassung einer amerikanischen Fast-Food-Kette an das Bundestagspräsidium heran, ein Schnellrestaurant auf dem Parlamentsgelände eröffnen zu dürfen. Tatkräftig unterstützt wurde das Begehren von keinem geringeren als dem damaligen FDP-Chef Otto Graf Lambsdorff. Aus Gründen der Liberalität und aus seiner Weltläufigkeit heraus wollte er, dass seine Abgeordnetenkolleginnen und -kollegen in den Genuss des platt gewalzten Bratklopses zwischen zwei Brötchenhälften einschließlich Salatblatt, Gurkenscheibe, Senf und Ketchup kommen. Als Testlauf durfte der Konzern mit weltweitem Milliardenumsatz die Delegierten eines FDP-Parteitages beköstigen – kostenlos, versteht sich. Die Grünen, die damals noch weit links auf der politischen Bühne agierten, überlegten angeblich, dass für den Fall der Einführung amerikanischer Hamburger ein sowjetischer Borschtsch-Imbiss zum Ausgleich und der »Political Correctness« wegen seine Produkte verkaufen sollte.
Beim Bundestagspräsidium stieß Lambsdorffs Vorstoß auf wenig Gegenliebe. Denn im deutschen Parlament soll auch weiterhin der deutschen Küche der ihr gebührende Platz eingeräumt werden. Zugleich sorgte das Präsidium fürsorglich mit dafür, dass die Westen der deutschen Volksvertreter weiß bleiben, da sie sich nun zumindest in den Liegenschaften des Bundestages nicht mit amerikanischem Ketchup die Blusen, Krawatten oder Hemden bekleckern. Der FDP-Politiker bekam von den Parlamentskorrespondenten den Spitznamen: MacLambsdorff.

Abmagerungskur

Fischer (Frankfurt), B'90/Grüne: Mager! Mager!

Bundesjustizminister Dr. Schmidt-Jortzig, FDP: Hören Sie erst einmal zu, und versuchen Sie dann, bei ihrer nächsten Abmagerungskur erfolgreicher zu sein. (8. 3. 96)

Altbier

Schulhoff, CDU/CSU: Als Düsseldorfer Abgeordneter, der aus einer Stadt kommt, die wegen ihres Altbiers und ihrer Vielzahl von Hausbrauereien weltberühmt ist ...

Zuruf von der SPD: Kölsch!

Dr. Rüttgers, CDU/CSU: Wird das Alt nicht aus dem Abwasser aus Köln gebraut?

Schulhoff: zum Glück ist kein Kölner hier im Hause ... (29. 10. 92)

Ananas

Strauß, Ministerpräsident von Bayern, CSU, zur SPD: ... noch eine Vollbeschäftigungsgarantie gegeben, die so überflüssig war, wie wenn man Schnee nach Alaska importieren wollte.

Zuruf von der SPD: Ananas!

Ministerpräsident Strauß: Sie werden nicht bestreiten, daß der Import von Ananas nach Alaska einen Sinn hätte. Aber Sie haben ja Pelzmäntel nach Zentralafrika und Eis nach Alaska exportiert. (14. 10. 82)

Baldrian

Grill, CDU/CSU: Sie legen Feuer und sind nicht in der Lage, den Brand zu löschen. Das ist die Realität.

Fischer (Frankfurt), B'90/Grüne: Herr Präsident, Baldrian für den Redner! (9. 5. 96)

Banane

Dr. Schäuble, CDU/CSU: Zu den schäbigsten Momenten in dem glücklichen Jahr 1990 gehörte jener Moment, als am Abend des 18. März nach Bekanntgabe des Ergebnisses der Volkskammerwahl ein Mitglied des Deutschen Bundestages, der stellvertretende SPD-Fraktionsvorsitzende, Kollege Schily ...

Glos, CDU/CSU: Bananen-Otto!

Dr. Schäuble: aus Enttäuschung über das Wahlergebnis – für die SPD verständlich – eine Banane vor die Fernsehkamera gehoben hat und damit unsere Landsleute in der damaligen DDR zu Affen gemacht hat, die nur wegen Wohlstands so gewählt haben.
Fischer (Frankfurt), B'90/Grüne: Das nächste Mal zeigen wir eine Ananas! (30. 3. 95)

beißen
Schreiner, SPD, meldet sich zu einer Zwischenfrage; Fuchtel, CDU/CSU: Ich habe schon ein paar Zwischenfragen beantwortet. Den Rest ein anderes Mal! Er beißt sonst noch das Mikrofon vom Platz aus ab; das will ich vermeiden.
Schreiner: Eine ganz kleine ohne Mikrofon! (9. 9. 93)

Beruhigungspille
Seehofer, CDU/CSU: Das einzige Programm in der Gesundheitspolitik heißt Stillstand. Sie dürfen keine Wellen schlagen und müssen alle beruhigen. Frau Schmidt (Bundesgesundheitsministerin, SPD, d. Hg.), Sie sind im Kern eine wandelnde Beruhigungspille. (17. 5. 01)

Besen
Loritz, fraktionslos: Ich möchte einen Besen fressen, wenn die Kohle, das Eisen und der Stahl in der nächsten Zeit durch den Schumanplan billiger werden oder sie dadurch leichter zu erhalten sind.
Zuruf von der Mitte: Den Besen können Sie nicht fressen!
Loritz: ...weil gerade richtige Übergangsbestimmungen für die nächsten Jahre entscheiden!
Mittlerweile ist ein Besen neben das Rednerpult gestellt worden.
Zurufe von der Mitte: Jetzt kommt der Besen! – Herr Loritz, jetzt können Sie einen Besen fressen! (10. 1. 52)

Wenige Monate später, in der zweiten und dritten Lesung des Gesetzes.
Loritz: Ich will einen Besen fressen, wenn die Kohle nach Annahme des Schumanplanes billiger wird! Den Besen werde ich Ihnen demnächst überreichen, meine Damen und Herren von den Regierungsparteien, damit Sie ihn essen können.
Vizepräsident Dr. Schmid, SPD: Es gehört nicht zu den parlamentarischen Gepflogenheiten, Besen zu essen, Herr Abgeordneter! (11. 6. 52)

besoffen

Daweke, CDU/CSU, zu Bundesbildungsminister Rohde, SPD: Wenn ich eine Flasche Wein trinke, und Sie trinken keine, dann haben wir im Durchschnitt selbstverständlich je eine halbe Flasche Wein getrunken, nur mit dem Unterschied, daß ich hinterher besoffen bin und der Herr Minister ist nüchtern. (4. 2. 77)

Bewirtungskosten

Koppelin, FDP: Herr Kollege Burgbacher, nachdem wir gehört haben, daß der Bundesfinanzminister festlegen will, daß die Bewirtungskosten künftig nicht mehr steuerlich geltend gemacht werden können, darf ich Sie fragen: Was halten Sie von meinem Vorschlag, daß – wenn das abgeschafft wird – dann auch der Bundeskanzler und der Bundesfinanzminister zukünftig bei Einladungen die Bewirtung der Gäste aus eigener Tasche bezahlen?
Burgmacher, FDP: Ich kann nur sagen, daß ich das für eine sehr gute Idee halte … (17. 6. 99)

Bier

Dr. Horlacher, CDU/CSU, zu Loritz, WAV: Sie verstehen vom Bier soviel wie der Mond von der Sonne! (5. 5. 50)

Schultz, FDP, zu Bundesverteidigungsminister Strauß, CDU/CSU: Herr Minister, kennen Sie den Spruch der deutschen Weinwerbung: ›Wein vergoldet jeden Tag!‹, und glauben Sie nicht, daß der Wein den Dienstpflichtigen auch den Tag vergoldet?
Bundesminister Strauß: Ich kenne noch einen anderen Werbespruch: ›Bier macht den Durst erst schön!‹ (14. 6. 61)

Brot

Dr. Struck, SPD: Noch eine Woche vor der letzten Bundestagswahl war die SPD den Meinungsumfragen zufolge so im Keller und die CDU so weit oben, dass niemand von uns auch nur mit einem Stück Brot hätte feiern wollen. Herr Westerwelle saß schon auf dem Stuhl neben Frau Merkel.
Dr. Westerwelle, FDP: Nie!
Dr. Struck: Innerlich, doch, doch. Sie haben sich schon darauf vorbereitet, Herr Westerwelle, geben Sie es zu!
Dr. Westerwelle, FDP: Der Stuhl kommt erst noch! (22. 11. 06)

Brötchen

Bundesarbeitsminister Dr. Blüm, CDU/CSU, zur SPD-Opposition: Das ist ein handfestes Programm für die Frauen, nicht eine Blaupausenpolitik. Damit können Sie Ihre Brötchen einwickeln, aber nicht die Welt verbessern.

Dr. Vogel, SPD: So etwas Schmutziges: Brötchen in Blaupause!

Dr. Blüm: Entschuldigung, ich nehme es zurück. Ich empfehle, daß die Vogelschen Aktenordner als Einwickelpapier benutzt werden, wenn das umweltschutzmäßig besser ist.

Frau Matthäus-Maier, SPD: Klarsichthüllen, Herr Blüm! (23. 2. 89)

Butterberg

Bundesverteidigungsminister Leber, SPD: Wir leben in Europa auf einem Butterberg, der größer ist als die gesamte Schweizer Bevölkerung zusammengenommen – dem Gewicht nach. (15. 1. 76)

butterweich

Müntefering, SPD, über Bundeskanzler Dr. Kohl, CDU/CSU: Er muß dafür sorgen, daß in der Zeit seiner Präsidentschaft (der EG, d. Hg.) geklärt wird, daß das Produktionsquotensystem fortgeführt und der Wettbewerb hergestellt wird. Wer in Sachen Butter zwei Tage lang stahlhart verhandelt, der darf in Sachen Stahl nicht butterweich werden. (25. 2. 88)

Champagner

Vizepräsidentin Göring-Eckardt, B'90/Grüne: Herr Kollege, bevor Sie jetzt noch vor den Zuschauern sagen, mit wem Sie diese Flasche Champagner trinken wollen, muss ich Ihnen mitteilen: Ihre Redezeit ist weit überschritten.

Dr. Gehb, CDU/CSU: Ich hätte es Ihnen gerne verraten; aber das Ende meiner Redezeit verbietet es mir. (20. 9. 07)

Cola

Frau Wolf (Frankfurt), B'90/Grüne: Binnen zwei Jahren ist das Internet so bekannt geworden wie Coca-Cola in Deutschland. Das ist ein Erfolg unserer Politik. Das ist ein Erfolg dieses Einzelplans. Sie sind lange nicht so bekannt wie Coca-Cola, Herr Westerwelle. Hier haben Sie noch einiges nachzuholen. Kaum ein Bundesbürger hat den Begriff noch nicht gehört. Das wissen Sie ganz genau.

Dr. Westerwelle, FDP: Dürfen wir eigentlich Cola trinken?
Frau Wolf: Sie dürfen Cola trinken. Auch ich trinke Cola.
Brüderle, FDP: Auch aus Flaschen?
Frau Wolf: Klar. Was denken Sie denn?
Dr. Gerhardt, FDP: Das war der Werbeblock! (14. 9. 2000)

Dauerlutscher

Dr. Emmerlich, SPD, zur CDU/CSU: Wenn Sie diese alte Kamelle wie einen Dauerlutscher jahrelang in Ihrem Munde herumkauen, dann haben Sie vielleicht die Chance, den Weltrekord im Dauerlutschen zu erzielen. Allerdings müssen Sie sich dann die Frage stellen, wo Ihr guter Geschmack bleibt, wenn Sie jahrelang auf einem solchen Gummi herumkauen ... (12. 12. 79)

Ei

Fuchtel, CDU/CSU, zu Bundesarbeitsminister Riester, SPD: Sie legen damit Ihrem Nachfolger ein Ei ins Nest, an dem man sehr lange kauen wird und das man nicht so leicht los wird.
Wagner, SPD: Wie kann man denn ein Ei kauen? (25. 11. 99)

Eintopfgericht

Wehner, SPD, über Dr. Kliesing, CDU/CSU: Geistiges Eintopfgericht! (4. 5. 56)

Eisbein

Glos, CDU/CSU, zu Bundeskanzler Schröder, SPD: Sie haben in Ihrer Amtszeit sieben Minister ausgetauscht. Sie haben mit Ihren Neueinkäufen nicht immer Glück gehabt. Frau Künast (B'90/Grüne, d. Hg.), die letzte Neubesetzung, hat sich nicht nur für die Landwirtschaft als Flop erwiesen.
Dr. Ramsauer, CDU/CSU: Bauernschreck!
Glos: Funke, von dem ich heute gelesen habe, dass er zumindest noch Weihnachtsgeld bekommt, war der Letzte, der gewusst hat, dass ein Eisbein vom Schwein stammt und nicht das erfrorene Bein eines Polarforschers ist. (28. 11. 01)

Elefantengras

Engelsberger, CDU/CSU: Wenn das Elefantengras ... das Mehrfache an Energie gibt, wie z. B. die Gewinnung von Energie aus Rapsöl, dann, so würde ich sagen, ist das ein positives Experiment.

Kreuzeder, Grüne: Sie wissen selbst, daß die Weltbevölkerung explodiert! Wie wollen Sie denn die Weltbevölkerung ernähren?
Lennartz, SPD: Mit Elefantengras! (23. 2. 89)

Erbsen
Fischer (Frankfurt), B'90/Grüne: Herr Weng (Gerlingen, FDP, d. Hg.) ist der Meister der leisen Töne und der kleinen Erbsen! (10. 11. 95)

Essig
Dr. Rumpf, FDP, zu Sielaff, SPD: ... man könnte geradezu meinen, Sie wären für den Essig zuständig. So humorlos waren Sie. (24. 1. 85)

Fettauge
Feilcke, CDU/CSU, zu Dr. Gysi, PDS: Sie sind das Fettauge in der roten Suppe! (12. 10. 95)

Fisch
Frau Janz, SPD: Wir haben heute abend schon soviel über Fisch geredet, daß ich inzwischen richtig Appetit darauf habe. (1. 2. 96)

Frankenwein
Rupprecht (Weiden), CDU/CSU: Sie wissen ja, Ludwig Erhard war Franke. Michael Glos (Bundeswirtschaftsminister, CDU/CSU, d. Hg.) ist auch Franke. Die Franken saugen die soziale Marktwirtschaft sozusagen schon mit der Muttermilch oder mit Frankenwein in sich auf. (19. 1. 06)

Frischmilchbewässerung
Stegner, FDP, über Loritz, WAV: Wir haben unseren Kollegen Loritz bisher als Eiersachverständigen, als Eierpreissachverständigen besonders geschätzt, und nach den Kenntnissen, die er hier in bezug auf die Entrahmung von Frischmilch und die ›Bewässerung‹ von Frischmilch an den Tag gelegt hat, hätte man annehmen können, daß er schon jahrzehntelang im Milchgroßhandel tätig gewesen ist. (30. 5. 50)

Frühstück
Frau Dr. Happach-Kasan, FDP: Es ist gute Tradition, dass wir im Deutschen Bundestag nicht entscheiden, was die Verbraucherinnen und

Verbraucher morgens zum Frühstück essen. Sie haben Wahlfreiheit. (27. 5. 04)

Giftnudel

Fellner, CDU/CSU, über Frau Unruh, fraktionslos: Herr Präsident, darf man ›Giftnudel‹ sagen? (9. 11. 89)

Hackfleischverordnung

Kleinert, FDP: Die Hackfleischverordnung ... bestand seit ungefähr 80 Jahren aus etwa fünf Druckzeilen. Seit etwa acht Jahren ... umfaßt sie 40 Seiten. Mir ist kein Fall bekanntgeworden, daß die kaiserliche Verordnung betreffend Hackfleisch zu irgendwelchen Vergiftungsfällen geführt hätte. Nichts dergleichen ist geschehen. Jetzt umfaßt diese Verordnung 40 Seiten. Daß ein Schlachtermeister selbst bei überdurchschnittlichem juristischen Interesse dies nicht liest, liegt auf der Hand.
(15. 12. 77)

Hähnchen

Wehner, SPD, zu Bundeslandwirtschaftsminister Ertl, FDP: Wenn es nur richtige Hähnchen gäbe!
Bundesminister Ertl: Die gibt es, Herr Kollege Wehner; Sie kriegen von mir eine Sonderlieferung.
Wehner: Solche Hähnchen muß man aber suchen! Das sind alles Fabrikhähnchen! (16. 2. 73)

ham and eggs

Dr. Graf Lambsdorff, FDP: ... außen- und sicherheitspolitisch haben die Grünen – das Bündnis 90 ist ja längst untergebuttert; das gibt es ja gar nicht mehr ...
Schulz (Berlin), B'90/Grüne: Na!
Dr. Graf Lambsdorff: Na, hören Sie einmal, Sie gucken mich so an, Herr Schulz. Das kommt mir doch vor wie die berühmte Geschichte vom Joint-venture zwischen Huhn und Schwein. Was machen wir zusammen? Wir machen zusammen ›ham and eggs‹. Da sagt das Schwein: Dabei werde ich doch geschlachtet. Da sagt das Huhn: Beim Joint-venture wird immer einer geschlachtet. – So sind Sie geschlachtet worden. (3. 3. 94)

Hanf

Frau Müller (Köln), B'90/Grüne: Nun ist zwar der Besitz kleiner Mengen Hanf de facto straflos, aber nicht der entsprechende Erwerb durch den Konsumenten. Stellen Sie sich das einmal übertragen auf einen anderen, einen legalen Suchtbereich vor: Der Besitz einer Flasche Schnaps wäre straffrei; wenn der Trinker aber den Schnaps kaufen wollte, läge eine Straftat vor. Das ist doch absurd.
Dr. Freiherr von Stetten, CDU/CSU: Das ist doch Unfug, was Sie da erzählen!
Fischer (Frankfurt), B'90/Grüne: Was ist daran Unsinn? Kaufen Sie mal eine Flasche Schnaps, dann wissen Sie, wie das wirkt!
Frau Müller: ... Geben Sie doch Ihre ideologische Blockadepolitik auf! Und schicken Sie um Gottes willen endlich Ihren Drogenbeauftragten, Herrn Lintner (CDUCSU, d. Hg.) in den Ruhestand.
Fischer: Herrn Lintner zurück an die Maß! ›Ozapft is‹ heißt die Drogenpolitik in Bayern! (23. 11. 94)

Honig

Bundesfinanzminister Dr. Waigel, CDU/CSU, zu Spiller, SPD: Aber Ihre Kameraden, die nicht dabei waren, haben gemeint, sie könnten daraus Honig für ihre parteipolitische Suppe gewinnen. Das ist ihnen gründlich mißlungen. (12. 10. 95)

Hundefutter

Dr. Wissing, FDP: Herr Minister, können Sie ausschließen, dass es im Rahmen der geplanten Gesundheitsreform zu weiteren Steuererhöhungen kommt?
Steinbrück, Bundesfinanzminister, SPD: Ich werde einen Teufel tun, irgendetwas auszuschließen. Eine solche Frage höre ich häufig. Wenn Steinbrück sagt, er sei kein Vegetarier, dann lautet die Überschrift: Steinbrück schließt nicht aus, Hundefutter zu essen. – Das ist eine Fangfrage. (10. 5. 06)

Kaffee

Frau Dr. Pohl, FDP: Meine Mutter hat im ›glorreichen‹ SED-Staat eine Rente mit Witwenrente von 440 Mark gehabt. Jetzt bekommt sie 1581 DM ausgezahlt. Das ist eine Erhöhung von 360 Prozent. Frau Schenk, ich darf Ihnen sagen: Meine Mutter konnte sich für ihre Rente in der DDR 10 Pakete Kaffee kaufen, jetzt kann sie 200 kaufen.
Frau Schenk, B'90/Grüne: Kaffee kann man nicht essen!

Heyenn, SPD: Täglich ein Paket Kaffee!
Schreiner, SPD: Das ist ungesund! ... (16. 1. 92)

Kappes

Schäfer, SPD, zu Bundesforschungsminister Dr. Riesenhuber, CDU/CSU: Sie müssen als Minister auch mal nein sagen!
Vosen, SPD: Er muß das demnächst tun, wenn er kein Geld mehr hat!
Dr. Riesenhuber: Das ist doch wirklich ausgewachsener Kappes. Entschuldigung, ›Kappes‹ ist unparlamentarisch.
Vizepräsident Westphal, SPD: ›Kappes‹ ist eine Übersetzung von ›Kohl‹. (23. 2. 89)

Kartoffel

Bundesjustizministerin Zypries, SPD: ... für die konstruktiven und guten Verhandlungen möchte ich allen Beteiligten sehr danken, insbesondere dem Verhandlungsführer der CDU/CSU, dem Herrn Kollegen Bosbach.
Bosbach, CDU/CSU: Ich danke für die Kartoffel mit Quark!
Frau Zypries: Jederzeit wieder, Herr Bosbach.
Montag, B'90/Grüne: Die gibt es jetzt jede Woche! – Bosbach: Hätte ich doch nichts gesagt! (30. 11. 05)

Kartoffelchip

Bundesarbeitsminister Dr. Blüm, CDU/CSU: Wir haben nichts erreicht, wenn die Amerikaner und die Japaner Mikrochips herstellen und wir Kartoffelchips. Das ist kein Ausgangspunkt für den Weltmarkt. Zuruf vom B'90/Grüne. – Ja, bei Kartoffelchips sind Sie gefragt. (18. 1. 96)

Käse

Voigt (Frankfurt), SPD: ... dann muß man sagen, daß die Abrüstungspolitik der Bundesregierung die Löcher im holländischen Käse darstellt.
Berger, CDU/CSU: Der hat von Käse keine Ahnung! Holländischer Käse hat keine Löcher! (8. 6. 84)

Sauer (Stuttgart), CDU/CSU: Herr Kollege Fischer, hören Sie zu! Der zynische Slogan lautet: Heroin auf Krankenschein. Man muß sich einmal diese Perversion des Denkens vorstellen ...
Fischer (Frankfurt), B'90/Grüne: Alles Quatsch! Hinter welchem Berg sind

Sie zu Hause? Das ist doch alles Quatsch, was Sie hier erzählen! Gequirlter Käse! (29. 3. 95)

Kaviar

Bernhardt, CDU/CSU: Große Koalition heißt, dass man aufeinander zugehen und Kompromisse schließen muss. Diese Maßnahme haben wir im Koalitionsvertrag nun einmal vereinbart. Für einige Sozialdemokraten handelt es sich hierbei um Kaviar. Für mich handelt es sich eher um eine Kröte.
Frau Künast, B'90/Grüne: Auch Kröten legen Eier! (28. 6. 06)

Knoblauch

Duve, SPD: Jetzt müßte man Herrn Müller mal ein Abendessen mit Frau Jelpke (PDS/Linke Liste, d. Hg.) empfehlen, damit die sich über ihre Lektüre gegenseitig informieren!
Dr. Müller, CDU/CSU: Aber da nehme ich nur Knoblauch! (24. 9. 93)

Knödel

Dr. Möller, SPD, zu Strauß, CDU/CSU: Aber ich will einmal nur an zwei Beispiele erinnern, um Ihnen zu sagen, daß der, der im Glashaus sitzt, keine Ursache hat, mit Steinen zu werfen.
Wehner, SPD: Oder mit Knödeln! (5. 11. 75)

Kochbuch

Bundeskanzler Dr. Kohl, CDU/CSU, zu Ministerpräsidentin Simonis (Schleswig-Holstein), SPD: Daß Sie das Kochbuch meiner Frau hier in die Debatte einführen, ehrt mich zum Teil. Aber ich muß sagen: Ich lese dieses Kochbuch lieber, als ich Ihre Reden höre. (8. 2. 96)

Kohl

Funke, FDP: Frau Kollegin, auch durch ständiges Aufwärmen dieser Anträge werden Ihre Anträge nicht besser. Nur Kohl wird durch Aufwärmen gelegentlich besser.
Frau Vennegerts, Grüne: Der Kohl wird besser durch Aufwärmen?
Müller (Pleisweiler), SPD: Grünkohl, aber nicht Schwarzkohl! (8. 2. 90)

Kreide

Dr. Bötsch, CDU/CSU, zu Dr. Gysi, PDS: Herr Dr. Gysi ... hat in so mode-

rater Art und Weise, daß mir dabei – Sie werden das verstehen – die Fabel vom Wolf eingefallen ist, der etwas Kreide gegessen hat, gesagt ...
Dr. Rose, CDU/CSU: Er war auch kreidebleich! (4. 10. 90)

Kuchen

Dr. Blens, CDU/CSU: Kompromißpakete sind nur als Ganzes kompromiß- und mehrheitsfähig, oder sie sind nicht mehrheitsfähig. ... das ist wie mit einem Kuchen, dessen Füllung aus Rosinen und Kröten besteht. Wer die Rosinen genießen will, der muß auch die Kröten schlucken. Vielleicht ist es für die Feinschmecker in diesem Hohen Hause ein Trost, daß das, was für die einen die Rosinen, für die anderen die Kröten sind – und umgekehrt.
Schulz (Berlin), B'90/Grüne: Ich halte – im Gegensatz zu Ihnen, Herr Blens – einen Kuchen, der aus Rosinen und Kröten besteht, für ungenießbar ... (6. 9. 94)

Leberkäs

Frau Wolf (München), SPD: Wenn die Zeitung mit den großen Buchstaben ›Homo-Ehe‹ schreibt, dann ist das eine schlagzeilenartige Verkürzung. Erlauben Sie mir einen ironischen, saloppen Einwand: Genauso wie der Leberkäs kein Käse ist, ist die so genannte Homo-Ehe keine Ehe im Sinne des Grundgesetzes, sondern eine eingetragene Lebenspartnerschaft. (10. 11. 2000)

Lebertran

Amann, SPD, zur Opposition: Schließlich wollen die meisten Beschäftigten nicht länger arbeiten, 74 Prozent würden sogar lieber eher als mit 65 Jahren in den Ruhestand gehen. Ich kann Ihnen noch eine weitere Erkenntnis mitteilen: 96 Prozent aller Menschen essen lieber Schokoladeneis als Lebertran.
Frau Schewe-Gerigk, B'90/Grüne: Sie auch! (30. 11. 06)

Librium

Haase (Kassel), CDU/CSU: Wenn in diesem Lande etwas schiefläuft, dann wird das von uns kritisiert, auch wenn Sie an die Decke gehen, verehrter Herr.
Wehner, SPD: Ich gehe nicht an die Decke!
Haase: Natürlich gehen Sie an die Decke. Nehmen Sie Librium, das beruhigt, Herr Wehner. (27. 6. 79)

Löffelfresser

Frau Dr. Wegner, SPD: Das Tafelsilber des Bundes ist auf Grund der Entscheidungen der früheren Regierung weitgehend – ›verfrühstückt‹ kann man das nicht nennen – verkauft.
Kalb, CDU/CSU: Wir sind ja keine Löffelfresser! (6. 5. 99)

Lutschbonbon

von Larcher, SPD: Die FDP ist ein Lutschbonbon! (4. 3. 99)

Magensäure

Leicht, CDU/CSU: ›Die Inflation beißt ihre Väter‹, hat Ludwig Poullain … gesagt, und so ist es auch bei diesem Haushalt. – Zuruf des Abg. Wehner, SPD. – Warum? Dürfen nur Sie zitieren, Herr Wehner?
Wehner: Nein!
Leicht: Wenn Sie Wert darauf legen, zitiere ich Sie …
Wehner: Humor haben Sie keinen!
Leicht: dann ist es vielleicht lustiger.
Wehner: Sie haben Magensäure, das weiß ich!
Leicht: Betrachten Sie Ihr Gesicht! Daran kann man ablesen, wer Magensäure hat.
Wehner: Der hat auch Likör! (4. 4. 73)

Martini

Brüderle, FDP: Nach den Aussagen Ihres Regierungssprechers plant die Koalition keine Feierlichkeiten zum Ende des ersten Jahres Schwarz-Rot. Dafür gibt es auch keinen Grund.
Kauder, CDU/CSU: Das sehen wir anders!
Brüderle: Die Deutschen müssen sich von schwarz-roter Politik behandelt fühlen wie der Martini bei James Bond: geschüttelt, nicht gerührt. (22. 11. 06)

Milch

Leonhard, CDU/CSU: Leider ist es heute so, daß der Milch ein großer Teil des Fettes entzogen wird … Halten Sie sich an ein altes Wort, das ich in einer Abwandlung benützen möchte: Was Gott zusammengefügt hat – wenigstens soweit es die Frischmilch betrifft –, soll der Mensch nicht scheiden. Geben Sie uns die Milch mit dem Fett! (29. 5. 52)

Deß, CDU/CSU: Ich trage seit vielen Jahren Verantwortung bei den Milchwerken in Regensburg. Dort haben wir bereits vor der BSE-Krise beschlossen, in unsere Milchsammeltankwagen eine moderne Technik einzubauen. Es wird jeden Tag von jedem Landwirt eine Probe genommen.
Frau Kumpf, SPD: Vom Landwirt?
Deß: Von der Milch jedes Landwirts wird eine Probe genommen. Entschuldigung! (18. 5. 01)

Odol

Wehner, SPD, zur CDU/CSU: ... Absätze der geistvollen Ergüsse eines Ihrer Fraktionsgeschäftsführer, des Herrn Reddemann, wörtlich abgedruckt. Ich nähme sie nicht in den Mund, weil ich ihn mir dann spülen müßte.
Damm, CDU/CSU: Nehmen Sie Odol!
Wehner: Das hilft bei Ihnen auch nicht, wissen Sie, und bei mir würde das auch nicht helfen. Nein, das ist eine Geschmacksfrage ... (15. 1. 76)

Pekingente

Lüder, FDP: ... Asienpolitik ohne Taiwan ... ist wie Pekingente ohne Haut: unvollständig, regelwidrig, zu mager und nicht schmackhaft – kurz: es fehlt die Kultur. Akzeptieren wir Taiwan als Partner in Asien! (1. 12. 93)

Pfefferkuchenmann

Wehner, SPD, über Kunz (Berlin), CDU/CSU: Ich habe zum ersten Mal einen redenden Pfefferkuchenmann gehört! (19. 12. 74)

Piccolo

Dr. Corterier, SPD, Staatsminister im Auswärtigen Amt: Herr Kollege Kittelmann (CDU/CSU, d. Hg.), ich möchte beinahe soweit gehen, zu sagen: Wenn Sie wenigstens einmal einen neuen Vorwurf bringen würden, dann wäre ich bereit, Ihnen eine Flasche Sekt zu spendieren.
Dr. Köhler (Wolfsburg), CDU/CSU, stellt daraufhin eine Zwischenfrage und ergänzt: Bekomme ich nun den Sekt oder nicht?
Dr. Corterier: Nein, da muß schon noch etwas mehr kommen, bis ich dazu bereit bin.
Dr. Köhler: Wenigstens einen Piccolo!
Dr. Corterier: Also, einen Piccolo, gut. (11. 2. 82)

Pudding

Ost, CDU/CSU, zur SPD: Sie selber singen ab und zu, meistens etwas kakophonisch, das schöne Lied ›Brüder, zur Sonne, zur Freiheit‹.
Dr. Jens, SPD: Sie singen: ›Deutschland, Deutschland über alles!‹
Ost: Was Sie indessen an konkreter Politik anbieten, das haben wir heute gemerkt. Es war dekuvrierend. Das reicht nicht einmal für ›Brüder zum Mond‹ – dahin kommen Sie nie, weil Sie ja die Technologie ablehnen –, und das reicht nicht für ›Freiheit‹, sondern wie Friedrich Hayek gesagt hat, zur Knechtschaft. Sie versprechen den Bürgern wieder einmal Rücknahme aller möglichen Sparbeschlüsse. Sie versprechen den Bürgern Pudding, bevor Sie überhaupt eine Ahnung haben, woher Sie das Geld für die Milch bekommen. (3. 3. 94)

Rotwein

Schindler, CDU/CSU: Ich habe mit Überraschung gelesen, dass der Bundeskanzler (Schröder, SPD, d. Hg.) gerne französischen Rotwein trinkt. Damit man sich dieser Sache intensiver annimmt, habe ich mir erlaubt, Herr Finanzminister, Ihnen heute Morgen einen Pfälzer Dornfelder mitzubringen; einen weiteren habe ich für den Bundeskanzler dabei.
Eichel, Bundesminister, SPD: Der ist gut geworden, den kenne ich! …
Schindler, zu Schmidt (Hitzhofen), B'90/Grüne: Die nächste Flasche bekommen Sie. Sie bekommen grünen Veltliner. – Es wird Zeit, dass man in diesem Haus wieder den Stellenwert der deutschen Weine zu schätzen weiß. Wir müssen im deutschen Parlament auf deutsche Produkte stolz sein können. Jetzt bekommen Sie die Flasche.
Präsident Thierse, SPD: Lieber Kollege Schindler, wir beobachten Ihr Tun alle mit Neid. … (13. 10. 2000)

Rübenschnitzel

Goldmann, FDP: Heute jubelt Rot-Schwarz über etwas, was damals von Blau-Gelb auf den Weg gebracht worden ist. Ich musste mich seinerzeit im wahrsten Sinne des Wortes schützen, damit mir dafür nicht Rübenschnitzel um die Ohren flogen. (16. 3. 06)

Rührei

Fuchtel, CDU/CSU: Jeder weiß aus der Landwirtschaft: Man kann aus einem Ei Rührei machen; aber man kann aus Rührei nicht mehr Ei machen. (9. 9. 93)

Salamitaktik und Schokoriegel

Frau Wollenberger, B'90/Grüne: Die SPD hat diese Häppchen in der Vergangenheit brav geschluckt und sich für ihre verantwortungsvolle Rolle loben lassen. Nachdem ihr aber die sechste Salamischeibe nun im Halse steckengeblieben ist, fällt ihr ein, daß es sich um eine Salamitaktik der Regierung gehandelt hat, der ein parlamentarischer Riegel vorgeschoben werden muß.
Dr. Bötsch, CDU/CSU: Schokoriegel! (22. 7. 92)

Salatkopf

Frau Heller, CDU/CSU: Wer miterlebt, wie viel Mühe die Aufzucht eines Pflänzchens macht, der weiß auch den Genuss eines frischen Salatkopfes mehr zu schätzen. (10. 5. 07)

Salzsäure

Lanfermann, FDP, zu Frau Schmidt, Bundesgesundheitsministerin, SPD: Dass Sie die Flasche Salzsäure nicht trinken wollten, kann ich verstehen; aber eine halbe Flasche macht Sie auch nicht glücklich. (14. 3. 08)

Schinkenhäppchen

Fuhrmann, SPD: Dieser Bericht ist kein dicker Schinken, sondern eine wohl zu verdauende Kleinigkeit auf vorzüglich gefertigten Blättern, die leicht lesbar ist.
Haupt, FDP: Ein Häppchen!
Fuhrmann: Ja, Herr Haupt, man könnte sagen, es sind kleine, feine Schinkenhäppchen. (26. 4. 02)

Schlafpille

Brüderle, FDP: Die Nettoneuverschuldung hat eine Größenordnung von über 43 Milliarden Euro erreicht. Im nächsten Jahr wird sie um 22 Milliarden Euro … – Zuruf des Abg. Kröning, SPD. – Dass ausgerechnet Sie, der Sie eine Rede gehalten haben, die die Qualität einer Schlafpille hatte, etwas über meinen Redestil sagen, finde ich prima. (25. 11. 04)

schmackhaft

Dr. Graf Lambsdorff, FDP: Die 16 Ministerpräsidenten haben sich in Potsdam darauf geeinigt … das Fell des Bundesfinanzministers (Dr. Waigel, CDU/CSU, d. Hg.) zu verteilen.
Reuschenbach, SPD: So schmackhaft ist das nun auch nicht! (5. 3. 93)

Schmarren

Dr. Kues, CDU/CSU, über B'90/Grüne: Die ehemaligen Boykotteure der Volkszählung wollen den ›gläsernen Patienten‹ und den ›gläsernen Arzt‹ schaffen.
Dr. Schuster, SPD: Das ist ein Schmarren! (30. 6. 99)

Schnaps

Dr. Dregger, CDU/CSU: Sozialdemokraten haben die Tabaksteuer dreimal erhöht, nämlich 1972, 1977 und 1982. Sozialdemokraten haben die Branntweinsteuer, nicht zuletzt auch die Steuer des kleinen Mannes, gleich fünfmal erhöht – Oh-Rufe bei der SPD. – die gönnen den Leuten das Schnäpschen nicht, meine Damen und Herren.
Dr. Vogel, SPD: Immer der Schnaps! Schnaps, das war sein letztes Wort! (23. 6. 88)

Schokoladenweihnachtsmänner

Irmer, FDP: Ich lasse auch dahingestellt, ob es etwa weise und notwendig ist, eine Verordnung über die berühmten Schokoladenweihnachtsmänner zu haben, worin europaweit genau festgelegt wird, wie viele Kakaobestandteile enthalten sein müssen, wie die Verpackung auszuschauen hat. Bekanntlich heißt der letzte Satz dieser Verordnung: Weihnachtsmann im Sinne dieser Verordnung ist auch der Osterhase. (8. 2. 90)

Seegurke, chinesische

Volmer, Grüne, über Klein (München), CDU/CSU: Herr Klein war wieder genießbar wie eine chinesische Seegurke! (4. 6. 86)

Sekt

Stünker, SPD: Frau Ministerin (Zypries, SPD, d. Hg.), ich habe heute gelesen, dass es morgen im Kanzleramt Sekt gibt. Die Kanzlerin (Dr. Merkel, CDU/CSU, d. Hg.) hat dazu eingeladen. Ich habe mich gefragt, Herr Kollege Gehb (CDU/CSU, d. Hg.), wann wir eigentlich eingeladen werden; denn ich meine, dass die Indianer in der Rechtspolitik in diesem Jahr gute Arbeit geleistet haben.
Benneter, SPD: Dafür gibt es ein stilles Wasser! (21. 11. 06)

Semmeln

Buschfort, SPD, zum Konditormeister Louven, CDU/CSU: Herr Abgeordneter Louven … Sie waren noch nie in Ihrem Leben unter Tage.

Louven: Sie waren noch nie in einer Bäckerei!
Buschfort: Ich war schon öfter in einer Bäckerei, als Sie glauben.
Kolb, CDU/CSU: Sie wollten morgens um halb sieben frische Semmeln haben! (22. 6. 83)

Seniorenteller

Dr. Westerwelle, FDP: Frau Zypries (Bundesjustizministerin, SPD, d. Hg.) kann stolz auf sich sein; denn sie hat Geschichte geschrieben. An deutschen Universitäten werden mittlerweile Seminararbeiten zum Thema ›Kann sich ein Student einen Seniorenteller einklagen?‹ geschrieben. Das ist wirklich spannend. (22. 11. 06)

Soße

Frau Matthäus-Maier, SPD, zu Spilker, CDU/CSU: Das ist doch Quatsch mit Soße!
Spilker: Die Soße in allen Ehren, den Quatsch überlasse ich Ihnen, gnädige Frau. (25. 11. 86)

Sozialistenfresser

Kühbacher, SPD, zu Hauser (Krefeld), CDU/CSU: Sie sind ja ein Sozialistenfresser! (10. 11. 82)

Spaghetti

Dr. Graf Lambsdorff, FDP, zur SPD: Die Meinungsbildung bei Ihnen ist so übersichtlich wie der Blick auf einen Teller Spaghetti. Es ist nicht alles zum Besten bei der FDP, aber es ist nicht so schlimm wie bei Ihnen …
Kolbow, SPD: Herr Kollege Lambsdorff, Sie waren so freundlich, auf den Spaghettiteller zu blicken, den Sie meinten im Restaurant SPD einnehmen zu müssen …
Dr. Graf Lambsdorff: Ich werde auch in Zukunft gerne Spaghetti essen, aber nicht in Ihrem SPD-Restaurant. (28. 9. 95)

Spiegelei

Frau Frechen, SPD: Nein, Herr Dr. Gysi, in dem Antrag steht, dass Sie das Umsatzsteuergesetz ändern wollen, unabhängig davon, ob es EU-rechtlich zulässig ist. Sie wollen also sehenden Auges in ein Vertragsverletzungsverfahren hineinlaufen. Oder bereiten Sie Spiegeleier zu, indem Sie zuerst das

Ei auf den Herd kloppen und dann die Pfanne daraufstellen? Ich mache es umgekehrt, und so sollten wir eigentlich auch Gesetze machen. (14. 2. 08)

Sprudel

Ministerpräsident Dr. Stoiber (Bayern), CSU, zu den Grünen: Gerade in München gehören Sie ja mit zu denen, die ganz erhebliche Einwendungen gegen diese Neutronenquelle erheben …
Fischer (Frankfurt), B'90/Grüne: Was für ein Sprudel ist denn diese Neutronenquelle! (25. 11. 94)

Stammtischheini

Schreiner, SPD, zu Schindler, CDU/CSU: Sie sind ein richtiger Stammtischheini! (15. 3. 96)

Süppchen

Dr. Uelhoff, CDU/CSU, zu Frau Beer, Grüne: Sie kochen ein trübes Süppchen! (9. 2. 90)

Suppe

Vizepräsident Cronenberg, FDP: Die Zwischenrufe können das Salz in der Suppe einer Debatte sein; aber sie können die Debatte auch versalzen, wenn Sie zuviel Gebrauch davon machen. Ich möchte Sie bitten, sich doch ein bißchen zu mäßigen. (18. 6. 93)

Dr. Küster, SPD: Sie haben aber lange gesucht, um ein Haar in der Suppe zu finden!
Dr. Biedenkopf, Ministerpräsident (Sachsen), CDU: Ich suche keine Haare in der Suppe. Das überlasse ich Ihnen, Herr Kollege.
Dr. Küster: Die Suppe haben Sie serviert!
Dr. Biedenkopf: Außerdem bin ich kein Suppenesser. (30. 6. 2000)

Suppenküchen

Tauss, SPD, zur CDU/CSU: Wenn Sie in den von Ihnen regierten Ländern keine Suppenküchen einrichten, sondern Computer an die Schulen bringen wollen, dann machen Sie das ruhig. Aber trotzdem stellt sich irgendwann die Frage nach der Suppe. Die Kinder können ja schlecht vom Computer abbeißen oder die Maus essen. (25. 11. 03)

Tee

Glos, CDU/CSU: Der ansonsten sehr ruhige und sachliche Kollege Jens (SPD, d. Hg.) hat offenbar etwas in den Tee bekommen, weil er am Beginn so ganz scharf war… (28. 10. 93)

Töpfe

Dr. Rose, CDU/CSU, zu Frau Matthäus-Maier, SPD: Es war unredlich, was Sie heute über die ›Töpfchenwirtschaft‹ gesagt haben. Im Haushalt ist nichts von einer ›Töpferlwirtschaft‹ zu sehen. Vielleicht sehen Sie als Frau eher die Töpfe; das kann ja sein.

Frau Vennegerts, Grüne: Das ist sexistisch! (5. 10. 90)

trinken

Laumann, CDU/CSU, zu Rot-Grün: Der Haushalt der Bundesanstalt für Arbeit ist unterfinanziert; das weiß jeder. Ich frage mich, was kommen wird. Nachdem Sie ›Tanken für die Rente‹ durchgesetzt haben und jetzt dabei sind, ›Rauchen für die innere Sicherheit‹ einzuführen, warte ich darauf, welchen genialen Vorschlag Sie machen werden, um die Arbeitslosenversicherung mit einem Bundeszuschuss auszustatten. Wir werden sicherlich noch ›Trinken für den Arbeitsmarkt‹ erleben. (27. 9. 01)

Trollinger

Fischer (Frankfurt), Grüne: Was ein Bayer zum schwäbischen Trollinger zu sagen hat, das würde mich interessieren!

Götzer, CDU/CSU: Prost, würde ich dazu sagen. (24. 1. 85)

vegetarisch

Nach der Rede von Frau Eichstädt-Bohlig, B'90/Grüne; Hinsken, CDU/CSU: Das war nicht Fisch und nicht Fleisch!

von Klaeden, CDU/CSU: Das war vegetarisch! (12. 10. 2000)

Verdünnung

Gröhe, CDU/CSU, zu Bundesaußenminister Fischer, B'90/Grüne: Sieht man sich zudem die Anträge der Koalitionsfraktionen zu China in dieser Legislaturperiode an, in denen Kritik an China zumeist in eher homöopathischer Verdünnung geäußert wurde, so denkt man fast wehmütig an die markigen Worte zurück, zu denen grüne Politiker in der Lage waren, als sie noch in der Opposition waren, also bevor sie der diplomatische Weichspülgang ereilte. (28. 6. 06)

verspeisen

Koppelin, FDP: Joseph Fischer, jetzt ist es schon zum fünften Mal, daß er zu diesem Thema so gähnt. Ich hatte vorhin fast den Eindruck, er wolle den Kollegen Breuer (CDU/CSU, d. Hg.) verspeisen. So hat er bei Ihrer Rede gegähnt.
Fischer (Frankfurt), B'90/Grüne: Das war meine Reaktion auf die Langeweile! (6. 9. 95)

Wasser

Sperling, SPD: Ich schließe damit: Ich wünsche Ihnen an diesem Wochenende, daß Sie immer gutes Wasser zu trinken bekommen.
Dr. Weng (Gerlingen), FDP: Aber hoffentlich nicht nur! (18. 4. 86)

Frau Wester, SPD: Herr Link, ich muß leider etwas Wasser in Ihren Wein schütten.
Link (Diepholz), CDU/CSU: Das machen Sie seit Jahren, Frau Wester! (10. 3. 95)

Wein

Heinrich, FDP: Wir sollten dem Verbraucher eine schnelle Wiedererkennung ermöglichen, so daß er sozusagen im Blindflug seine Flasche aus dem Regal mitnehmen kann und sicher ist, daß ihm die heute abend schmecken wird.
Dr. Weng (Gerlingen), FDP: Die zweite Flasche auch noch!
Kalb, CDU/CSU: Wein ist aber etwas für die Seele! (14. 4. 94)

Claus, Linke: Wir predigen nicht Wasser; wir predigen Wein, und den für alle, natürlich – ich sage das mit Blick auf die Tribüne – unter Wahrung des Kinder- und Jugendschutzes. (8. 3. 07)

Würstchen

Austermann, CDU/CSU, über Kuhlwein, SPD: Es ist leichter, einen Hund an einer Wurst vorbeizuführen als einen SPD-Mann an der Versuchung im Bildungsbereich ständig neue Experimente zu machen.
Roth, SPD: Bei der ›Wurst‹ ist das Würstchen nicht fern!
Austermann: Herr Roth, von Ihnen haben wir… nicht gesprochen.
(9. 12. 82)

Lafontaine, Linke: Es ist immer schwer, zurückzutreten. Es gibt eine weitere Erfahrung, die ich gemacht habe und die ich Ihnen mitteilen möchte: Politische Würstchen treten nie zurück, weil sie dazu viel zu feige sind.
Oppermann, SPD: Oh! Dann waren Sie also mutig! Dann war Ihr Rücktritt ja eine Heldentat!
Lafontaine: Ich hoffe, dass die Kamera jetzt auf die erste Reihe der SPD zeigt. Dann weiß nämlich jeder, was ich gemeint habe.
Kauder, CDU/CSU, zur SPD: Habt ihr gehört? Dann tretet mal alle schön zurück, ihr Würstchen! (13. 11. 08)

Zitrone

Brüderle, FDP: Es muss eine Umsetzung erfolgen – und zwar jetzt –, sonst wird aus seinem Goldenen Schnitt schnell eine goldene Ananas.
Meyer (Hamm), CDU/CSU: Herr Kollege Brüderle, ich kann nachempfinden, dass das für Sie verdammt schwierig ist: Da kommt etwas auf den Tisch, was Sie eigentlich ganz gut finden, und dann sollen Sie immer noch daran herumkritisieren. Es ist klar, dass Ihnen das schwerfällt. Sie sprachen vorhin von der goldenen Ananas. Ich habe den Eindruck, Sie haben vorhin extra in eine Zitrone gebissen, damit Sie überhaupt so ein Gesicht hingekriegt haben.
Thiele, FDP: Sauer macht lustig! (21. 6. 07)

Parlamentarische Ordnungswidrigkeiten

Die Geschäftsordnung des Bundestages ist eindeutig. In § 36 heißt es: »Der Präsident kann den Redner, der vom Verhandlungsgegenstand abschweift, zur Sache verweisen. Er kann Mitglieder des Bundestages, wenn sie die Ordnung verletzen, mit Nennung des Namens zur Ordnung rufen. Der Ordnungsruf und der Anlass hierzu dürfen von den nachfolgenden Rednern nicht behandelt werden.« Und in § 37 »Wortentziehung« heißt es: »Ist ein Redner während einer Rede dreimal zur Sache oder dreimal zur Ordnung gerufen und beim zweiten Male auf die Folgen eines dritten Rufes zur Sache oder zur Ordnung hingewiesen worden, so muss ihm der Präsident das Wort entziehen und darf es ihm in derselben Aussprache zum selben Verhandlungsgegenstand nicht wieder erteilen.«

Neben dem Ordnungsruf, dem härtesten Zwangsmittel des amtierenden Präsidenten, gab es in früheren Wahlperioden zusätzlich noch die »Rüge« sowie die »Zurückweisung eines unparlamentarischen Ausdrucks«. Im Gegensatz zum Ordnungsruf hatten Rügen und Zurückweisungen keine Konsequenzen für den so Gescholtenen.

Allerdings ist auch festzustellen, dass die Präsidiumsmitglieder mit der Erteilung von Ordnungsmaßnahmen seit Beginn der 1990er-Jahre restriktiver umgehen. Sie belassen es meist bei milden Ermahnungen oder unmissverständlichen Aufforderungen, gewisse Ausdrücke zurückzunehmen. Die so gescholtenen Abgeordneten geben den Bitten des Präsidiums häufig, aber nicht immer, nach. So ist die Zahl der parlamentarischen Ordnungswidrigkeiten seit 1990 von Wahlperiode zu Wahlperiode gesunken – und die Chronisten haben seither weniger über Beschimpfungen im Hohen Haus zu berichten.

Dieses Kapitel dokumentiert Ordnungsrufe, Rügen und Zurückweisungen unparlamentarischer Ausdrücke, aber auch solche Bemerkungen, von denen die Präsidiumsmitglieder meinen, mit einer Entschuldigung die Sache aus der Parlamentswelt schaffen zu können.

Abgeordneter
Höhmann, SPD, über Dr. Hupka, CDU/CSU: Ich hoffe, das Protokoll hat den Zwischenruf des sogenannten Abgeordneten Hupka mitbekommen. (14. 11. 74)

Abscheu-Bild
Wehner, SPD, zu Sauer (Salzgitter), CDU/CSU: Sie sind nämlich nicht Parlamentarier, sondern Sie sind das Abscheu-Bild eines Quasi-Parlamentariers. (20. 3. 80)

Adolf-Hitler-Gedächtnissaal
Bertram, Zentrum, über den Plenarsaal des Deutschen Bundestages: Wir sind zu einer echten Aussprache bei diesem Adolf-Hitler-Gedächtnis-Saal überhaupt nicht in der Lage ... (9. 5. 52)

Ahnengemeinschaft
Dr. Hellwig, CDU/CSU, zur SPD: Sie haben die Ahnengemeinschaft mit der SED! (22. 3. 58)

Alzheimer
Eichel, Bundesfinanzminister, SPD: Sie müssen schon ein gutes Gedächtnis haben. Bei Ihnen, meine Damen und Herren von der Opposition, habe ich den Eindruck, seit Sie in der Opposition sind, haben Sie vergessen, was Sie in Ihrer Regierungszeit alles nicht zuwege gebracht haben.
Poß, SPD: Das ist kollektiver Alzheimer! ...
Rauen, CDU/CSU: Wir sind unter Ihrer Regierung in dieser Beziehung zum Fußkranken Europas geworden.
Poß: Besser fuß- als geisteskrank! (27. 10. 2000)

Amerikadenauer
Renner, KPD, über Bundeskanzler Dr. Adenauer, CDU/CSU: Soll doch Herr Adenauer – Dr. Amerikadenauer – einmal wagen, das westdeutsche Volk zu fragen, wie es zu seinen Aufrüstungsplänen und wie es zu dem von ihm propagierten Krieg steht! (16. 11. 50)

angeschwindelt
Schreiner, SPD: Das ist die bittere Realität für 100 000 Menschen, die von

der Bundesregierung, von dem gelegentlich amtierenden Bundeskanzler (Dr. Kohl, CDU/CSU, d. Hg.) angeschwindelt worden sind.
Vizepräsident Frau Renger, SPD: ... dieses Wort ›angeschwindelt worden‹ ist nicht sehr parlamentarisch ...
Schreiner: ... es mag nicht der parlamentarischen Gepflogenheit entsprechen, es entspricht aber der Wahrheit. (10. 11. 83)

Angriffskrieg
Renner, KPD, über Bundeskanzler Dr. Adenauer, CDU/CSU: ... seinen imperialistischen Auftraggebern in Europa eine neue Basis für deren Angriffskrieg gegen die Friedensmacht der Sowjetunion ... (24. 6. 53)

Ärgernis
Fisch, KPD: ... der Bundeskanzler und Außenminister (Dr. Adenauer, CDU/CSU, d. Hg.) ist bereits zu einem internationalen Ärgernis geworden. (24. 6. 53)

Ariernachweis
Frau Jelpke, PDS/Linke Liste: Es geht um die Daten, um die Einreise, um Fingerabdrücke, um Meßdaten über die Hände und Finger ... Ich kann da nur noch anmerken: noch werden keine Nasen vermessen. Den Ariernachweis in Form von biometrischen Daten für Schengen-Menschen gibt es im übrigen schon.
Vizepräsident Klein, CDU/CSU: ... daß es etwas Unzulässiges ist, die Verfahren, von denen Sie hier gesprochen haben, in Beziehung zum Ariernachweis zu setzen. (17. 6. 93)

Arschloch
Es kommt zu heftigen Tumulten, als der Abg. Frau Nickels, Grüne, das Wort entzogen wird. Vizepräsident Stücklen: Nach Paragraph 36 der Geschäftsordnung bitte ich Sie, das Rednerpult zu verlassen. Ich bitte darum, das Mikrofon freizugeben.
Fischer (Frankfurt), Grüne: Unglaublich, was Sie hier machen!
Vizepräsident Stücklen: Herr Abgeordneter Fischer, ich rufe Sie zur Ordnung!
– Weitere Unruhe und Zurufe von den Grünen. – Herr Abgeordneter Fischer, ich rufe Sie zum zweiten Mal zur Ordnung! – Weitere Zurufe des

Abg. Fischer. – Herr Abgeordneter Fischer, ich schließe Sie von der weiteren Teilnahme an der Sitzung aus!
Fischer: Schließen Sie uns doch am besten gleich alle aus!
Vizepräsident Stücklen: Ich unterbreche die Sitzung des Bundestages, bis der Herr Abgeordnete Fischer, der von der weiteren Teilnahme der Sitzung ausgeschlossen ist, den Plenarsaal verlassen hat. Die Sitzung ist unterbrochen.
Und jetzt, was nicht mehr im Protokoll verzeichnet ist, ruft Fischer: Herr Präsident, Sie sind ein Arschloch, mit Verlaub! Hierfür konnte keine Ordnungsmaßnahme mehr erlassen werden, da die Sitzung unterbrochen war.
Abschließend teilt Vizepräsident Frau Renger, SPD, mit: ... Die gegen den Herrn Abg. Fischer (Frankfurt) ausgesprochene Ordnungsmaßnahme in der heutigen Plenarsitzung wird auf einen weiteren Sitzungstag ausgedehnt.
Fischer entschuldigte sich bei Bundestagspräsident Stücklen. (18. 10. 84)

Atomkanone
Dr. Mommer, SPD, über Bundesverteidigungsminister Franz Josef Strauß, CDU/CSU: Ich wiederhole: die bundesdeutsche Atomkanone Franz Josef Strauß! (25. 3. 58)

Attentate
Renner, KPD, zur Bundesregierung: Was Sie hier meinen, das sind die Angehörigen der Agenten, der Divergenten, der Verbrecher, die Sie in die DDR schicken, um dort Attentate zu begehen! (20. 2. 52)

aufgeilen
Mattick, SPD, zur CDU/CSU-Opposition: Was Sie hier machen, ist doch nichts weiter, als sich an der Bundesregierung aufzugeilen, die alle Möglichkeiten prüft. Ich nehme an, es stimmt ... daß sie sich zur Tollwut entwickeln könnte ...
Rawe, CDU/CSU: Vielleicht überprüfen Sie mal Ihren Wortschatz, Herr Mattick!
Seiters, CDU/CSU: Herr Mattick, Sie geifern! (20. 2. 74)

auspissen
Wehner, SPD, zur CDU/CSU: Im übrigen sage ich Ihnen: Sie haben ... Spott und Hohn über Anstrengungen auszugießen, auszupissen versucht. Jawohl, sage ich Ihnen! Auf einen Schelmen anderthalbe! (19. 12. 74)

Axt
Höpfinger, CDU/CSU, zur SPD: Sie reißen, zerren und schlagen an den Wurzeln von Ehe und Familie herum, schlimmer als die Axt im Walde, die den Baum entwurzelt. (15. 3. 79)

Bakschischregierung
Suhr, Grüne, über die Bundesregierung: Diese Bakschischregierung gehört in den vorzeitigen Ruhestand versetzt. (13. 6. 85)

Banausen
Frau Unruh, Grüne: Wenn diese Rentenreform durchkäme, Herr Dr. Vogel ...
Dr. Vogel, SPD: Ja?
Frau Unruh: ja, ich setze ein Stück Hoffnung auf ihn, ob es euch paßt oder nicht, wenn diese Rentenreform mit den vorgesehenen Kürzungen durchkäme, was die Banausen (von der CDU/CSU-FDP-Koalition, d. Hg.) wollen ... (24. 11. 88)

Banditentum
Dr. Gerstenmaier, CDU/CSU, über Dr. Dorls, DRP: Dieser Mann vertritt in diesem Hause politisches Banditentum! (16. 12. 49)

Barmer Ersatzkanzler
Niegel, CDU/CSU, über den nordrhein-westfälischen Ministerpräsidenten und SPD-Kanzlerkandidaten von 1987: Der vom nordrhein-westfälischen Ministerpräsidenten Johannes Rau, dem Barmer Ersatzkanzler Johannes, mit dem Aufkauf neuer Wohnungen, verfolgte Zweck dient nicht dem Schutz der Mieter, wie hier immer wieder vorgegeben wird, sondern den Kassen der sogenannten gemeinwirtschaftlichen Unternehmung des DGB. (15. 5. 86)

Beamtenkiller
Andres, SPD: Der Beamtenkiller war das! Wir haben nicht die Absicht, eine vordergründige Beamtenschelte zu betreiben. Das überlassen wir Erwin Marschewski (CDU/CSU, d. Hg.), in Fachkreisen ›der Beamtenkiller‹ genannt, oder anderen Leuten, die mit schönen Vorschlägen auftreten. (18. 1. 95)

begaunert

Schmidt (Hamburg), SPD, über die CDU/CSU-FDP-DP-Koalition: Das Volk beschwindelt und begaunert! (25. 4. 58)

Behauptung

Renner, KPD, zu Präsident Köhler, CDU/CSU: Wenn Sie mich nicht in Schutz nehmen gegen diese freche Behauptung des Berichterstatters … (Dr. Becker [Hersfeld], FDP, d. Hg.; 1. 6. 50)

Beleidigung

Majonica, CDU/CSU, zu Schmidt (Hamburg), SPD: Sie sind eine Beleidigung für das ganze Haus! (25. 3. 58)

bellen

Frau Kastner, SPD: Die Platte hängt bei Ihnen auch schon! Sie dreht sich ununterbrochen an der gleichen Stelle!
Hinsken, CDU/CSU: Sie hatten eine schlechte Kinderstube!
Burgbacher, FDP: Aus den Anträgen wird durchaus deutlich, dass wir eine Menge Gemeinsamkeiten haben, auch wenn Sie, Frau Kastner, nur ununterbrochen dazwischenbellen können. (24. 1. 02)

belogen

Lafontaine, Ministerpräsident des Saarlandes, SPD, über Bundesarbeitsminister Dr. Blüm: Sie wollen damit sagen, meine Ankündigung sei falsch, und genau da haben Sie die Kumpel belogen.
Dr. Bötsch, CDU/CSU: Sie mißbrauchen Ihr Verfassungsrecht, damit das klar ist! Peinlich! Peinlich für den Föderalismus!
Vizepräsident Frau Renger, SPD: Herr Ministerpräsident, es ist bei uns nicht üblich, in dieser Weise zu sprechen.
Dr. Vogel, SPD: Unwahrheit! (10. 12. 87)

Walther, SPD, über Bundesfinanzminister Dr. Waigel, CDU/CSU: Er hat das deutsche Volk belogen! Ja, angelogen hat er es!
Vizepräsident Westphal, SPD: Aber den Ausdruck ›belügen‹ muß ich rügen …
Walther: Er hat das deutsche Parlament hinter die Fichte geführt! (25. 10. 90)

Berufsdenunziant
Austermann, CDU/CSU, über Gansel, SPD: Er ist ein Berufsdenunziant! (26. 10. 90)

beschissen
Schreiner, SPD: Lieber Kollege Müller (Wadern, CDU/CSU, d. Hg.), es ist, glaube ich, unser aller Sache, hier jetzt eine saarländische Amigo-Debatte zu führen.
Hinsken, CDU/CSU: Was soll denn das?
Schreiner: Er hat damit angefangen, hier eine Art saarländische Amigo-Debatte loszutreten, weil ihm in der Sache offenkundig nichts anderes eingefallen ist.
Hinsken: Er hat den Ministerpräsidenten aufgefordert, sich um die Stahlwirtschaft zu kümmern!
Schreiner: Deshalb sage ich Ihnen nochmals: Ich bin nicht bereit, auf diesem beschissenen Niveau mit dem Kollegen Müller zu diskutieren.
Vizepräsident Becker, SPD: ... Zunächst muß ich den Ausdruck des Kollegen Schreiner ›beschissenes Niveau‹ zurückweisen; er ist unparlamentarisch. (10. 2. 93)

besoffen
Seuffert, SPD, über Blank, CDU/CSU: Der ist besoffen! (5. 12. 52)

Betonbolschewisten
Dr. Wolf, PDS: Der Satz des französischen Sonnenkönigs ›L'état c'est moi!‹ wird hier von Betonbolschewisten wie dem Kollegen Fischer (Hamburg, CDU/CSU, d. Hg.) vor mir dem Senator Haase (Berlin, d. Hg.) und nach mir dem Minister Wissmann (CDU/CSU, d. Hg.) mit ›Den Bedarf bestimmen wir selbst‹ aktualisiert. (12. 10. 95)

betrogen
Weiß (Berlin), B'90/Grüne: Mit einer Chuzpe sondergleichen hat der Bundeskanzler (Dr. Kohl, CDU/CSU, d. Hg.) die internationale Öffentlichkeit, die Menschen, die in Afrika, Asien und Südamerika auf Hilfe hoffen, enttäuscht, belogen und betrogen. (8. 9. 93)

billiger Jakob
Wacher, CDU/CSU, über Schmidt (Hamburg), SPD: Billiger Jakob! (25. 3. 58)

Hermsdorf, SPD, zu Brese, CDU/CSU: ... damit Sie in Ihrem Wahlkreis als billiger Jakob durch die Gegend ziehen können. (8. 5. 63)

Blasenkopf

Vizepräsident Dr. Solms, FDP: Herr Kollege Küster, könnten Sie bitte etwas maßvoller sein.
Grund, CDU/CSU: Mäßigen Sie sich, Herr Kollege Küster!
Dr. Küster, SPD: Jetzt ist aber genug!
Carstensen (Nordstrand), CDU/CSU: Blasenkopf! (12. 6. 02)

Blockadeaktionen

Stratmann, Grüne: Die Blockadeaktionen auf der Straße wie damals bei Rheinhausen sind notwendig. Ich hoffe, daß sie zunehmen. Ich hoffe, daß Grüne sich an diesen Blockadeaktionen beteiligen. Aber es kommt darauf an, den richtigen Gegner auszumachen. Zu diesem Gegner gehört die Bundesregierung. Es ist das Bündnis von Atomenergie, EG-Kommission und Bundesregierung, das wir mit vereinten Kräften bekämpfen müssen.
Vizepräsident Cronenberg, FDP: Herr Abgeordneter, ich gehe davon aus, daß es sich bei dem Aufruf zu den Blockaden nur um angemeldete Demonstrationen handeln kann. Denn andernfalls würde ich das von diesem Pult nicht dulden können.
Stratmann: Davon gehen Sie zu Unrecht aus!
Vizepräsident Cronenberg: Dann allerdings erteile ich Ihnen einen Ordnungsruf und fordere Sie auf, derartige Aufrufe von diesem Pult aus nicht zu wiederholen. (11. 5. 89)

Blockwart

Brüderle, FDP: Doch für freiheitliche Ansätze ist bei Grün-Rot kein Platz. Anstatt mit einer maßvollen und vernünftigen Politik zusätzliche Arbeitsplätze zu schaffen, sieht Ihr Begriff von Freiheit so aus: hinter jeder Putzfrau am liebsten ein Polizeibeamter und Herr Eichel (Bundesfinanzminister, d. Hg.) als der neue Blockwart der Nation, als haushaltspolitischer Spanner. (12. 2. 04)

Blödmann

Austermann, CDU/CSU: In diesem Ausschuß ging es unter anderem um die Frage, wie eigentlich die Flinte, mit der damals Heinz Herbert Karry erschossen worden ist, in Ihr Auto, Herr Fischer, gelangt ist. Dies ist bis heute nicht aufgeklärt worden. Es ging um die Frage – Herr Kollege Struck, Sie müssen hier nicht den Blödmann machen (26. 11. 99)

bösartig

Hirche, FDP, zu Dr. Lippelt: Sie versuchen damit bösartig, die Überlegungen …
Vizepräsident Klein, CDU/CSU: Herr Kollege Hirche, ohne sprachliche Engherzigkeit mache ich Sie darauf aufmerksam, daß der Begriff ›bösartig‹ in dem Zusammenhang ein bißchen zu stark gewesen ist. Wenn Sie ihn relativieren, wäre es auch nicht schlecht.
Dr. Lippelt, B'90/Grüne: Ich habe ein dickes Fell, Herr Präsident! Lassen Sie ihn durchgehen! (27. 6. 96)

Bombenleger

Schmidt (Hamburg-Neustadt), Grüne, über Dr. Hirsch, FDP: Das ist auch so ein Bombenleger, der Herr Hirsch! Der legt auch die Bomben! (4. 6. 86)

Bonzen

Wüppesahl, fraktionslos, über den SPD-Partei- und Fraktionsvorsitzenden Dr. Vogel: Statt dessen fahren unsere Bonzen rülpsend nach drüben, machen eine Lagerbeobachtung, und anschließend geht es zurück an die Fleischtöpfe hier. (4. 9. 89)

böse und giftig

Dr. Gülich, SPD, zu Frau Probst, CDU/CSU: Sagen Sie … warum sind Sie eigentlich so böse mit uns? Warum sind Sie so böse und giftig? (30. 4. 54)

Boykott

Wüppesahl, Grüne, über die Volkszählung von 1987: Noch besteht die Chance zur Einsicht: Nur Schafe werden gezählt. Boykott ist und bleibt Ehrensache. (19. 3. 87)

Brandstifter

Büchner (Speyer), SPD, zu Dr. Schäuble, CDU/CSU: Brandstifter!
Präsidentin Dr. Süssmuth, CDU/CSU: Nach den Regeln unseres Hauses ist so etwas im Sinne von persönlichen Beleidigungen nicht möglich.
Dr. Rüttgers, CDU/CSU: Unglaublich! Pöbelt hier nur rum! (25. 11. 92)

Brett

Schreiner, SPD: Nach der Rede des Bundesarbeitsministers (Blüm, d. Hg.) habe ich mich gefragt, was denn schlimmer sei: eine Hand in der Tasche oder ein Brett vor dem Kopf?
Feilcke, CDU/CSU: Und Sie haben kein Brett vor dem Kopf beim Reden?
Schreiner: Sie sind von Brettern geradezu umzingelt, Herr Kollege Feilcke.
Vizepräsident Westphal, SPD: Die Sache mit dem Brett vor dem Kopf fand ich auch nicht sehr parlamentarisch. Allerdings würde ich gern hinzufügen, daß eine große deutsche Schriftstellerin, Maria von Ebner-Eschenbach, zu dem Thema gesagt hat: ›Jeder Mensch hat sein Brett vor dem Kopf. Es kommt allerdings auf die Entfernung an.‹ (8. 5. 87)

Brüllaffe

Dr. Ramsauer, CDU/CSU: Warum brüllen Sie denn so? Sie sind ein Brüllaffe!
Schlauch, B'90/Grüne: Meine Damen und Herren von der CDU/CSU, ich lasse Sie da überhaupt nicht heraus. Ich bin nicht deshalb zornig …
Dr. Ramsauer: Sie sind ein Brüllaffe!
Schlauch: Hören Sie doch auf, Herr Voralpen…!
Vizepräsidentin Fuchs, SPD: Liebe Kolleginnen und Kollegen, ich denke, der Begriff Brüllaffe ist nicht ganz parlamentarisch. Ich möchte mit diesem Hinweis sanft ankündigen, dass ich diesen Begriff das nächste Mal rügen werde.
Dr. Ramsauer: Wie ist es bei Brülläffin? (19. 1. 2000)

Brüllorchester

Schreiner, SPD, nach Zwischenrufen aus der CDU/CSU: Herr Präsident, die sind fortgesetzt so laut, daß ich hier kaum zur Rede komme. Könnten Sie dieses Brüllorchester hier vorne etwas mäßigen?
Vizepräsident Westphal, SPD: Lieber Herr Kollege Schreiner, es gibt auch beim Reden Ursache und Wirkung.
Schreiner: Die Frage ist, welche Reihenfolge.
Feilcke, CDU/CSU: Herr Kollege Schreier!
Schreiner: Sie sind ein Kollege Quatschkopf! Aber wirklich, das ist unglaublich.
Vizepräsident Westphal: Es ist unparlamentarisch, was Sie gemacht haben.
Schreiner: Meinen Sie den Kollegen Feilcke?
Vizepräsident Westphal: Herr Kollege Schreiner, das, was Sie zu einem ande-

ren Kollegen gesagt haben, war unparlamentarisch. Ich finde das nicht in Ordnung. Sie sollten das aus Ihrem Wortschatz streichen. (8. 5. 87)

Brunnenvergifter

Neubauer, SPD, über Dr. Kiesinger, CDU/CSU: Ist das ein Brunnenvergifter! (25. 3. 58)

Brunnenvergiftung

Kolbow, SPD: Wer jetzt behauptet ... es sei allein Schuld der SPD, daß hier keine Verfassungsänderung möglich war, der betreibt in der Tat politische Brandstiftung und Brunnenvergiftung, und er erweist unserem Land keinen guten Dienst.

Vizepräsident Klein, CDU/CSU: Sie kennen auch meine Aversion gegen Ordnungsmaßnahmen, aber Begriffe wie ›politische Brandstiftung‹ und ›Brunnenvergiftung‹ sind weder dem Stil des Hauses noch dem Ernst dieser Debatte angemessen.

Kolbow: Ich will nur sagen, daß ich hier mit den Ausdrücken ›Brunnenvergiftung‹ oder auch politische ›Brandstiftung‹ niemand persönlich in diesem Hause gemeint habe ...

Irmer, FDP: ... Aber manchmal kann man doch sagen: Die einen bauen Brunnen, und die anderen vergiften sie. Das können wir auf die Dauer doch nicht zulassen.

Vizepräsident Klein: ... Aber ich unterstelle einmal, daß in diesem Hause niemand ist, der Brunnen bohrt, und infolgedessen auch niemand, der sie vergiftet. (17. 6. 93)

Budenzauber

Merz, CDU/CSU: Da sitzen im Plenum SPD-Abgeordnete und Kollegen der Grünen aus dem Haushaltsausschuß und machen hier einen großen Budenzauber ... (25. 10. 95)

Bundesbeutelschneider

Kohn, FDP: Und manche (Ministerpräsidenten der SPD, d. Hg.) wollten die Zustimmung zu dem Jahrhundertwerk Bahnreform tatsächlich von der Elektrifizierung der Schienenstrecke zwischen Posemuckel und Kleinkleckersdorf abhängig machen. Monatelang haben sich die politisch Verantwortlichen der Länder um die Bahnreform überhaupt nicht gekümmert.

Dann allerdings sind sie plötzlich aufgewacht und waren sich sofort einig, als es darum ging, sich als Bundesbeutelschneider gegenüber dem Bund zu organisieren …
Vizepräsident Klein, CDU/CSU: … ich würde Ihnen gerne den Rat geben, wenn in einem Verfassungsorgan über ein anderes Verfassungsorgan gesprochen wird, sich möglichst nicht solcher Ausdrücke wie ›Bundesbeutelschneider‹ zu bedienen.
Kohn: Der Ausdruck hat mir aber so gut gefallen! (2. 12. 93)

Bundeskanzler der Alliierten
Dr. Schumacher, SPD, über Dr. Adenauer, CDU/CSU: Der Bundeskanzler der Alliierten! (25. 11. 49)

Charakterschwäche
Verheugen, SPD: … so erkennbar es auch seinen angestrebten politischen Zweck verfehlen muß, ist ganz ernst gemeint, und so offenbart sich bei dem Bundesjustizminister (Dr. Schmidt-Jortzig, FDP, d. Hg.) nicht eine köstliche List, sondern eine ganz gewöhnliche politische Charakterschwäche. (8. 3. 96)

Cheflügner
Schreiner, SPD, über Rühe, CDU/CSU: Das ist der parlamentarische Cheflügner der CDU! (30. 10. 90)

Christlich-Deutschnationale Union
Schmidt (Hamburg), SPD, über die CDU/CSU: … und warum der Herr (Verteidigungs-, d. Hg.) Minister Blank und die Christlich-Deutschnationale Union an dieser Bestimmung festhalten. (6. 7. 56)

CIA-Agent
Schily, Grüne, über den Parl. Staatssekretär im Bundesinnenministerium, Spranger, CDU/CSU: CIA-Agent Spranger! (10. 11. 83)

Schily: Vorab werde ich einen einseitigen verbalen Abrüstungsschritt vollziehen: Ich nehme den gegen den Staatssekretär Kollegen Spranger gerichteten Ausdruck ›CIA-Agent‹ zurück. (21. 11. 83)

Clown
Amling, SPD, über Bundesarbeitsminister Dr. Blüm, CDU/CSU: Dieser Clown! Der soll ernst bleiben, keine Späße machen! (8. 12. 83)

Conférencier
Wehner, SPD, zu Dr. Jahn (Münster), CDU/CSU: Sie sind doch ein mißlungener Conférencier! (10. 11. 77)

Demagoge
Dr. Zimmermann, CDU/CSU, zu Schäfer (Offenburg), SPD: Ein purer Demagoge sind Sie, sonst nichts! (5. 5. 83)

Horn, SPD, über Bundesfamilienminister Dr. Geißler, CDU/CSU: Der widerliche Demagoge, ein Minister im Kabinett der moralischen Erneuerung von Herrn Kohl …
Präsident Dr. Barzel, CDU/CSU: Herr Kollege, habe ich richtig gehört: Demagoge?
Horn: Ja, haben Sie.
Präsident Dr. Barzel: Ich rufe Sie zur Ordnung.
Fischer (Frankfurt), Grüne: Sie hätten sagen sollen ›ein sogenannter Demagoge‹! (22. 11. 83)

Poß, SPD: In 56 Tagen könnten die deutschen Steuerzahler – Millionen von Familien, Arbeitnehmern und Unternehmen – um insgesamt knapp 23 Milliarden Euro steuerlich entlastet sein …
Kampeter, CDU/CSU: Sagen Sie doch nicht so einen Blödsinn! Gleich am Anfang so die Unwahrheit! … Herr Poß, Sie sind ein übler Demagoge! (6. 11. 03)

Dr. Gysi, Linke: Wir machen den anderen Ländern Konkurrenz und nicht die anderen Länder uns. Wir üben Druck aus, sodass die anderen Länder ihre Körperschaftsteuer senken müssen, damit es auch dort noch sozial ungerechter zugeht. Was Sie hier leisten, ist einfach nicht hinnehmbar.
Kampeter, CDU/CSU: Sie sind ein populistischer Demagoge! (22. 11. 06)

Denunziant
Wehner, SPD, zu Dr. Wörner, CDU/CSU: Hören Sie auf, Sie Denunziant! (8. 3. 79)

denunzieren

Frau Dr. Lepsius, SPD, über die CDU/CSU: Sie fordern all dies unter Berufung auf sozialistische Vorbilder, Gesellschaftssysteme, die Sie sonst so bekämpfen, und uns Sozialdemokraten und Freie Demokraten denunzieren Sie im gleichen Atemzug der Verstaatlichung und der Zerstörung der Familie.
Präsident Dr. Carstens, CDU/CSU: Ich rüge den Ausdruck ›denunzieren‹. Ich bitte Sie noch einmal, Ihre Ausdrucksweise zu mäßigen.
Wehner, SPD: Unglaublich, Herr Präsident! Unglaublich, Herr Präsident! Unglaublich, Herr Präsident! Unglaublich!
Präsident Dr. Carstens: Herr Abgeordneter Wehner, ich rufe Sie wegen Ihres Zwischenrufes zu Ordnung.
Wehner: Ich danke Ihnen dafür! Ich danke Ihnen dafür! Sie Kavalier! (15. 3. 79)

deppert

Lemmrich, CDU/CSU, zu Bundesminister Leber, SPD: Wenn Sie ein bißchen mehr Ahnung hätten – die haben Sie leider nicht –, würden Sie nicht so deppert daherreden! (2. 12. 70)

Der Stürmer

Willsch, CDUCSU: Besonders aufseiten von Rot und Grün überwogen Zorn und Neid die Aussagen. Die schlimmste Entgleisung stammt zweifellos von (Schleswig-Holsteins Ministerpräsidentin, SPD, d. Hg.) Frau Simonis. Ich habe dafür nach historischen Vorbildern gesucht. Aus dem Geschichtsunterricht kann ich mich noch an Ausgaben von Streichers *Stürmer* erinnern. Daran erinnert mich das, was ich da gehört habe. Das ist ein Skandal. …
Vizepräsidentin Fuchs, SPD: Herr Kollege, ich unterbreche Sie und erteile Ihnen wegen des von Ihnen gebrauchten Vergleichs einen Ordnungsruf. Sie sollten wirklich zur Sache zurückkehren.
Willsch: Frau Präsidentin, wenn Sie diesen Vergleich für unangebracht halten, dann beuge ich mich Ihnen und nehme das zurück. (15. 3. 2000)

deutsch

Dr. Greve, SPD, zu Höcherl, CDU/CSU: Reden Sie deutsch! (23. 1. 58)

Diffamierer

Jungmann, SPD, zu Bundesverteidigungsminister Dr. Wörner, CDU/CSU: Diffamierer! (17. 4. 86)

Diffamierung
Schmücker, CDU/CSU: Diffamierung ist eine bekannte Methode der SPD! (7. 12. 56)

diktatorisch
Schreiner, SPD: ... wenn die Koalition (aus CDU/CSU und FDP, d. Hg.) unter grober Mißachtung der Geschäftsordnung der Opposition ihr Minderheitenrecht auf eine Anhörung nehmen will, dies jedenfalls auf eine quasi diktatorische Inanspruchnahme der eigenen Mehrheit in diesem Parlament hinausläuft.
Vizepräsident Cronenberg, FDP: ... muß ich dem Abgeordneten Schreiner einen Ordnungsruf erteilen ...
Frau Hämmerle, SPD: Schon wieder!
Vizepräsident Cronenberg: weil er der Mehrheit im Ausschuß ... vorgeworfen hat, mit quasi diktatorischen Methoden zu arbeiten.
Frau Hämmerle: Immer der Schreiner! (23. 9. 93)

Diktatur
Dr. Abelin, CDU/CSU: ... kurz: alle, die unter der Diktatur der Sowjetunion leben müssen und nach (Bundeskanzler, d. Hg.) Schmidts Interpretation doch auch ganz offensichtlich leben sollen ... (19. 1. 82)

Diskriminierung
Frau Jelpke, PDS/Linke Liste: Wer so redet (wie Bundesinnenminister Kanther, CDU/CSU, d. Hg.) und handelt, der nutzt auch weiterhin die verschärfte Diskriminierung von Ausländern und Ausländerinnen zur Erhöhung der Erfolgsaussichten seiner Politik.
Vizepräsident Becker, SPD: Frau Kollegin Jelpke, ich glaube nicht, daß Sie in Ihren letzten Sätzen zum Ausdruck bringen wollten, daß ein Mitglied der Bundesregierung Ausländer diskriminieren will. Ich hoffe, daß Sie dies nicht meinen.
Frau Jelpke: Doch! (26. 5. 94)

Dösbaddel, doppelter
Gansel, SPD, zu Dr. Voss, CDU/CSU, Parl. Staatssekretär beim Bundesfinanzminister: Sie Dösbaddel!
von Hammerstein, CDU/CSU: ›Dösbaddel‹ hat er gesagt, Herr Präsident, haben Sie das gehört?
Gansel: Doppelter Dösbaddel! (15. 5. 86)

Dreck

Kunz (Berlin), CDU/CSU, zur SPD: … mit welchem Recht können Sie es verantworten, daß die elementaren Grundsätze der Berlin-Politik so in den Dreck gezerrt werden …
Wehner, SPD: In welchen Dreck?
Präsident Dr. Carstens, CDU/CSU: Herr Abgeordneter, ich rüge den Ausdruck ›in den Dreck gezerrt‹.
Straßmeir, CDU/CSU: Dann ›Schmutz‹! (8. 2. 79)

Drecksack

Hermsdorf, SPD, zu Memmel, CDU/CSU: Sie sind ein ausgesprochener Drecksack! (23. 3. 66)

Dreckschleuder

Hauser (Krefeld), CDU/CSU, zu Prof. Dr. Ehmke, SPD: Professor Dreckschleuder! (14. 12. 82)

Fischer (Frankfurt), Grüne, zu Dr. Althammer, CDU/CSU: Herr Althammer, Sie sind eine christliche Dreckschleuder! (1. 12. 83)

Dr. Spöri, SPD, zu Dr. Lippold, CDU/CSU: Sie Dreckschleuder! (19. 4. 85)

Dreistigkeit

Lennartz, SPD: Herr Töpfer (Bundesumweltminister, d. Hg.), ist das nun volksverdummende Dreistigkeit oder Unfähigkeit oder auch beides, wenn Sie die Ungefährlichkeit des Nordseewassers für die Gesundheit hochleben lassen? (7. 12. 88)

Dritter Weltkrieg

Dr. Heuer, PDS: Entweder anerkennt man, daß Deutschland damals Besatzungsgebiet war, oder man gewinnt jetzt nachträglich den Zweiten Weltkrieg, meine Herren. Wollen Sie jetzt einen Dritten Weltkrieg anfangen? …
Vizepräsidentin Dr. Vollmer, B'90/Grüne: … ich glaube, daß ich für das ganze Haus sagen kann, daß niemand hier einen Dritten Weltkrieg anfangen will, und Sie sollten einen solchen Unsinn auch nicht sagen.
Lühr, FDP: Seit 48 Jahren Mitglied der SED und spricht hier zum SED-Unrecht! (8. 2. 96)

dumm

Kleinert (Marburg), Grüne: Wollen Sie uns eigentlich für dumm verkaufen, Herr Carstens, kann ich da nur fragen.
Carstens (Emstek), CDU/CSU: Sie sind es schon!
Vizepräsident Westphal, SPD: Ich muß dem Kollegen Carstens einen Ordnungsruf erteilen.
Carstens: Weswegen?
Vizepräsident Westphal: Dies ist eine gezielte Bemerkung, die hier nicht hinpaßt. (30. 9. 83)

Stahl (Kempen), SPD, zu Hauser (Krefeld), CDU/CSU: Dumm und frech! (26. 1. 90)

Dummbolzen

Wartenberg (Berlin), SPD: Der Fakt ist, daß das, was dort im Forschungsausschuß von, ich sage einmal: einigen Dummbolzen beschlossen worden ist, ein Rohrkrepierer geworden ist … (4. 10. 89)

Dummkopf

Wehner, SPD, zu Dr. Abelein, CDU/CSU: Halten Sie doch den Mund! Professoraler Dummkopf! (15. 2. 79)

Dummschwätzer

Gerster (Mainz), CDU/CSU, über Hoss, Grüne: Der Mann war nicht einmal in den Beratungen und schwätzt hier solches Zeug! Dummschwätzer Hoss! (9. 11. 89)

Dusseligkeit

Wartenberg (Berlin), SPD: Nun, Frau Rönsch (CDU/CSU, d. Hg.), muß ich Ihnen noch einmal eine wirkliche Dusseligkeit, die Sie hier vorgetragen haben, nachweisen.
Kittelmann, CDU/CSU: Was haben Sie für eine Kinderstube?
Wartenberg: Ja, eine Dusseligkeit!
(25. 6. 87)

Ehr- und Schamgefühl

Frau Thiele, KPD, über Blank, CDU/CSU: Wenn Herr Blank auch nur einen

Funken Ehr- und Schamgefühl hätte, würde er es nicht wagen, eine Mutter zu beleidigen! (8. 2. 52)

Ehrabschneider

Wehner, SPD, zu Schneider (Bremerhaven), DP: Er (der ehemalige SPD-Vorsitzende Kurt Schumacher, d. Hg.) nannte Sie nur ›Ehrabschneider, Bremerhaven‹! (21. 3. 58)

Ehre

Etzel, CDU/CSU, über Landesminister Kubel, SPD: Aber, wenn Sie, Herr Minister Kubel, das gesagt haben sollten, bin ich der Meinung, daß Sie sich der Ehre begeben haben, der Minister eines deutschen Landes zu sein. (9. 2. 50)

Empfängnis

Stratmann, Grüne: Wenn ich aus dem nordrhein-westfälischen Vorlandtagswahlkampf nicht wüßte, das Frau Schwaetzer (FDP, d. Hg.) gut verheiratet ist, würde ich sie angesichts einer solchen Aussage – keine politischen Bedingungen von Horten an die FDP – fragen, ob sie an das Dogma von der Unbefleckten Empfängnis glaubt.
Bundesfinanzminister Dr. Stoltenberg, CDU/CSU: ... zeigt die vollkommene Verwahrlosung der Grünen, daß ein solcher Beitrag noch mit Beifall bedacht wird. (30. 11. 84)

entblöden

Frau Nickels, Grüne, über Bundesverteidigungsminister Dr. Wörner, CDU/CSU: Die Bürger sind empört, wenn ein Bundesminister sich nicht entblödet, von einer geistigen Verwirrung im Volk zu sprechen ...
Vizepräsident Stücklen, CDU/CSU: ... ich rufe Sie zur Ordnung für den Ausdruck ›entblödet‹.
Fischer (Frankfurt), Grüne: ›Entblödet‹ ist nichts Schlechtes! (22. 11. 83)

erpressen

Dr. Heuer, PDS: Sicher ist das Bundesverfassungsgericht von der Koalitionsregierung (von CDU/CSU und FDP, d. Hg.) politisch erpreßt worden. (21. 4. 93)

Erpressungsminister

Vahlberg, SPD: Friedrich Zimmermann, der Verkehrsminister (CDU/CSU,

d. Hg.), ersetzt die fehlende verkehrspolitische Konzeption durch Drohungen an unsere Nachbarn und entwickelt sich – Pardon! – zum Erpressungsminister.
Vizepräsident Westphal, SPD: Herr Kollege Vahlberg, das von Ihnen verwendete Wort ›Erpressungsminister‹ wird auch dadurch nicht parlamentarisch erträglicher, daß Sie vorher ›Pardon‹ gesagt haben. (22. 6. 89)

erstunken und erlogen
Schulte (Menden), Grüne, über Bundesinnenminister Zimmermann, CDU/CSU: Nachdem die Statthalter der Atomindustrie, vorneweg Atomminister Zimmermann, mit ihren Beschwichtigungsversuchen keinen Erfolg über das wahre Ausmaß der Tschernobyl-Katastrophe hatten, versuchen sie nun, den Bundesbürgern weiszumachen, ein Ausstieg sei überhaupt nicht machbar. Dies ist erstunken und erlogen. (15. 5. 86)

fälschen
Frau Jelpke, PDS/Linke Liste: Ich werfe Herrn Seiters (Bundesinnenminister, CDU/CSU, d. Hg.) vor, daß er Zahlen fälscht oder fälschen läßt …
Präsidentin Dr. Süssmuth, CDU/CSU: … diesen Vorwurf gegen eine Person, sie fälsche Zahlen, kann ich hier nicht stehen lassen.
Frau Jelpke: Das mag sein, aber das ändert nichts am Wahrheitsgehalt. (21. 1. 93)

Fälscher
Roth, SPD, zu Bundeswirtschaftsminister Dr. Graf Lambsdorff, FDP: Fälscher! (9. 6. 83)

Falschmünzer
Liedtke, SPD, zu Dr. Kohl, CDU/CSU: Sie sind ein Falschmünzer! (5. 2. 82)

Falschmünzerei
Schmidt (Hamburg), SPD: … ich bin bereit, den Ausdruck ›Falschmünzer‹ zu gebrauchen, und zwar in bezug auf Herrn Dorn (FDP, d. Hg.)! (30. 4. 68)

Faschist
Raidel, CDU/CSU: Daß sich hier die PDS aufzwängt, ist fast normal. Aber daß gerade SPD und Grüne Kommunisten ein Forum bieten …

Zwerenz, PDS: Wenn ich ein Kommunist bin, sind Sie ein Faschist!
Raidel: ist schon eine beachtenswerte politische Fehlleistung …
Zwerenz: Wenn ich ein Kommunist bin, sind Sie ein Nazi! (13. 6. 96)

Faschisten

Die Fraktionen von FDP und DP hatten sich zu einer Arbeitsgemeinschaft zusammengeschlossen, um bei der Verteilung von Ausschußsitzen stärker berücksichtig zu werden; Renner, KPD: Die Union der Faschisten von gestern ist fertig. (30. 9. 49)

Sauer (Stuttgart), CDU/CSU, über die Grünen: Die roten Faschisten kommen! (21. 5. 87)

Fatzke

Dr. Rüttgers, CDU/CSU, zu Wüppesahl, fraktionslos: Arroganter Fatzke! (23. 5. 90)

Feigheit

Hinsken, CDU/CSU, meldet sich zu einer Zwischenfrage.
Frau Gradistanac, SPD: Du brauchst dich gar nicht aufzustellen, ich sage eh Nein.
Hinsken: So eine Feigheit! (10. 3. 05)

Löning, FDP: Ich halte es für nicht richtig und für Feigheit der Regierungsfraktionen, dass sie die Anträge der Opposition ablehnen. Das ist Heuchelei. Anders kann man das nicht nennen. (11. 5. 07)

Feigling

Bueb, Grüne: Der Kanzlerkandidat (Rau, SPD, d. Hg.) hat es nicht notwendig, sich hier mit der Sozialpolitik auseinanderzusetzen. Ich sage: Euer Kanzlerkandidat ist ein Feigling.
Vizepräsident Frau Renger, SPD: Manchmal glaube ich, über Geschmacklosigkeit kann man nicht streiten …
Dr. Bötsch, CDU/CSU: Das war zwar die letzte Rede, aber die Rede war auch das Letzte! (10. 12. 86)

Vizepräsident Stücklen, CDU/CSU: Herr Abgeordneter Apel, haben Sie den Redner als ›Feigling‹ bezeichnet?

Dr. Apel, SPD: Das habe ich getan, weil er keine Zwischenfrage zuläßt!
Vizepräsident Stücklen: Herr Abgeordneter Apel, ich rufe Sie zur Ordnung.
Dr. Apel zu Dr. Solms, FDP: Herr Abgeordneter, nachdem Sie jetzt eine Zwischenfrage zulassen, möchte ich mich, Herr Präsident, für den Zuruf ›Feigling‹ bei Ihnen ausdrücklich entschuldigen. (25. 11. 87)

Dr. Schäuble, CDU/CSU: Nein, Frau Matthäus-Maier, Sie haben gestern so viel unsägliches Zeug geredet, daß ich Ihnen keine Zwischenfrage erlaube. Es hat keinen Sinn; wirklich nicht.
Frau Matthäus-Maier, SPD: Sie sind ein Feigling!
Dr. Schäuble: Seien Sie ganz unbesorgt, ich bin weder feige noch sonst etwas. (8. 9. 93)

Ferkeleien
Frau Rennebach, SPD: ... aber dadurch wird das Programm nicht besser – und das unter anderen Ferkeleien ...
Feilcke, CDU/CSU: Ist das hier eine landwirtschaftliche Debatte, Herr Präsident?
Vizepräsident Cronenberg, FDP: Frau Abgeordnete Rennebach, mein Kollege Helmuth Becker hat ... den Begriff Sauerei gerügt. Mir ist natürlich bewußt, daß ein Ferkel nur eine kleine Sau ist, demgemäß also eine Ferkelei nur eine kleine Sauerei ist. Aber ich möchte Sie allen Ernstes doch bitten, diesen unparlamentarischen Ausdruck in Zukunft nicht mehr zu benutzen. (21. 1. 93)

Finanzminister
Frau Wieczorek-Zeul, SPD: ... mache diesen Vorwurf ... einem Finanzminister (Dr. Waigel, CDU/CSU, d. Hg.), der zugestimmt hat und, weil er bayerische Wahlen vor sich hat, nicht zu seinem Wort stehen will. Der ist ein unanständiger Finanzminister, der so etwas macht.
Vizepräsident Klein, CDU/CSU: Frau Kollegin, das ist nicht sehr parlamentarisch. (27. 5. 94)

Flaschenkopf
Dr. Riedl (München), CDU/CSU, zitiert das SPD-Wahlprogramm von 1980.
Wehner, SPD: Mich wundert, daß Sie überhaupt noch lesen können!

Dr. Riedl: Ach, Lesen ist kein großes Problem. Nur: sich daran halten, Herr Wehner, das ist das Problem! Das ist das Problem!
Wehner: Sie haben wohl zuviel Alkohol getrunken!
Dr. Riedl: Herr Wehner, machen Sie ruhig so weiter! Dann kriegen Sie heute Ihren 76. Ordnungsruf. Auf den würde ich mich schon freuen …
Wehner: Sie verwechseln wohl den Bundestag mit der Oktoberwiesn, Sie Flaschenkopf! … (12. 11. 81)

Flegel

Heiland, SPD, zu Dr. Althammer, CDU/CSU: Sie sind ein Flegel! Sie sind ein Flegel! (26. 2. 65)

Wehner, SPD, zu Dr. Kohl, CDU/CSU: Sie sind ein Flegel! (21. 6. 77)

Schreiner, SPD, über Fuchtel, CDU/CSU: Ein schwarzer Flegel ist das! (9. 9. 93)

flegeliger

Paul, KPD, über die Regierungsparteien von CDU, CSU, FDP und DP: Die Mehrheit des Hauses hat sich ja gestern noch ganz anders, viel flegeliger benommen! (28. 7. 50)

Flick

Reents, Grüne: Aber es ist wohl auch nicht anders zu erwarten, und es ist wohl auch angemessen für einen Bundeskanzler (Dr. Kohl, CDU/CSU, d. Hg.), dessen Weg an die Spitze seiner Fraktion und seiner Partei, wie wir in diesen Tagen erfahren haben, von Flick freigekauft wurde.
Vizepräsident Stücklen, CDU/CSU: Für diesen ungeheuren Vorwurf schließe ich den Abgeordneten Reents von der Teilnahme an dieser Plenarsitzung aus …
Zum Schluß der Sitzung teilt Vizepräsident Frau Renger, SPD, dem Hohen Haus mit: Die gegen den Herrn Abg. Reents ausgesprochene Ordnungsmaßnahme in der heutigen Plenarsitzung wird auf weitere vier Sitzungstage ausgedehnt … (18. 10. 84)

Frankenstein

Braun (Augsburg), FDP: Die Debatte findet heute in der Kernzeit statt; sie könnte also eigentlich auch im Fernsehen übertragen werden. Dann allerdings müßte ich als Mitglied der Kinderkommission Einspruch einlegen;

denn Horrorsendungen wollen wir der Bevölkerung nicht bereits früh um neun Uhr zumuten. Es kann doch wohl nicht angehen. Wir haben hier eine Geisterstunde.
Fischer (Frankfurt), B'90/Grüne: Jetzt setzen Sie sich doch wieder hin! Wohnungspolitischer Frankenstein, King Kong in der Bütt! (26. 9. 96)

Freibeuter
Sauermilch, Grüne, über Bundespostminister Dr. Schwarz-Schilling, CDU/CSU: ... des unverschämtesten Postministers, den es je gab ... Eine Trennungslinie zwischen den Privatinteressen dieses schamlosen Freibeuters im Ministersessel und seiner öffentlichen Aufgabe ist nicht nur unscharf ...
Vizepräsident Westphal, SPD: ... bezogen auf eine Person, die anwesend ist, die Worte ›unverschämt‹ und ›schamlos‹ hier nacheinander verwendet. Ich rufe Sie zur Ordnung ...
Pfeffermann, CDU/CSU: Der ›Freibeuter‹ ist ihm durchgegangen! (5. 12. 84)

Frisbeescheibe
Frau Schilling, Grüne: Ich will Ihnen einmal sagen, daß das einzige, was hier tieffliegen darf, vielleicht so eine Frisbeescheibe ist (die Abg. Schilling wirft eine Frisbeescheibe durch den Plenarsaal, d. Hg.), aber sonst nichts.
Vizepräsident Stücklen, CDU/CSU: Frau Abgeordnete Schilling, auch Sie haben sich an die Ordnung dieses Hauses zu halten.
Frau Roitzsch (Quickborn), CDU/CSU: Die weiß gar nicht, was Ordnung ist! (29. 9. 89)

Frühstücksverleumder
Wehner, SPD, zu Dr. Zimmermann, CDU/CSU: Schämen Sie sich, Sie Frühstücksverleumder!
Präsident Stücklen, CDU/CSU: Einen Moment, Herr Abgeordneter Wehner, ich rufe Sie zur Ordnung!
Wehner: Wissen Sie, was ich gesagt habe, ehe Sie mich zur Ordnung rufen? Daß der Mann kein Verleumder ist! (28. 11. 79)

Fußfessel
Ernst, Linke: Insbesondere die Residenzpflicht führt dazu, dass Arbeitslosen eine Fußfessel angelegt wird.
Frau Kipping, Linke, bringt dem Redner eine Fußfessel zum Pult.

Dr. Brauksiepe, CDU/CSU: Ist die aus dem Stasiarchiv?
Ernst: Sie müssen um Erlaubnis fragen, wenn sie ihren Wohnraum verlassen wollen. Das können Sie sich sicherlich nicht vorstellen. Damit Sie sich das vorstellen können, werde ich nun diese Fußfessel auf der Regierungsbank abstellen.
Vizepräsidentin Göring-Eckardt, B'90/Grüne: Herr Kollege, ich muss Sie darauf hinweisen, dass erstens Ihre Redezeit abgelaufen ist und dass wir zweitens hier keine Demonstration veranstalten. Ich bitte Sie sehr, das Gerät wieder mitzunehmen. (1. 6 .06)

Gangster
Frau Köppe, Grüne: Wir können schon davon ausgehen, daß die großen Verbrecher, die Gangster, die die Bundesregierung jetzt schnappen will, nicht blöd sind …
Austermann, CDU/CSU: Gysi und andere!
Frau Köppe: und daß sie natürlich in der Ahnung, daß ihre Telefonate abgehört werden, daß Gespräche in den Wohnungen aufgenommen werden, auf die Idee kommen werden, ihre Verabredungen in Parks zu treffen. (10. 9. 93)

Ganoventon
Wehner, SPD, zu Wohlrabe, CDU/CSU: Das ist Ganoventon! Das ist Ganoventon, der hier eingeführt wird! Sie sind eine Sumpfblüte! (24. 6. 76)

Gartenzwerg
Schreiner, SPD, über Hauser (Krefeld), CDU/CSU: Wildgewordener Gartenzwerg! (26. 1. 90)

Gauch
Wüster, SPD: Als Maschinenschlosser bin ich dankbar für alle Bildungschancen, die mir diese Gesellschaft und meine sozialdemokratische Sicht der Bildungsgänge und -möglichkeiten immer geboten hat.
Franke (Osnabrück), CDU/CSU: Wer hat Ihnen das alles aufgeschrieben?
Wüster: Ja, Sie werden staunen. Trotz achtjähriger Volksschule mache ich meine Reden immer selber, Herr Franke. Bei Ihnen scheint das nicht der Fall zu sein.
Wehner, SPD: Man soll sich von einem Gauch nicht provozieren lassen! (18. 1. 79)

Gauleiterstil

Kleinert (Marburg), Grüne, zur CDU/CSU: ... aber Sie werden mit diesem Wahlkampf im Gauleiterstil, den Sie da betreiben, nicht durchkommen ... (9. 3. 89)

Gauner

Schmidt (Hamburg), SPD, während der Großen Koalition zu Scheel, FDP: Sie sind mir ein Gauner, Herr Kollege Scheel. Sie wollen bloß suggerieren, daß man den Barzel (CDU/CSU-Fraktionsvorsitzender, d. Hg.) und den Schmidt nicht mehr unterscheiden kann! (6. 9. 67)

Binding (Heidelberg), SPD, zur CDU/CSU: Jemand, der sich von einem Kanzler wie dem Ihrigen damals nicht distanziert, und Personen, die wie Merkel, Repnik oder Töpfer (alle CDU/CSU d. Hg.) einen Eierkurs in der beschriebenen Weise fahren, können uns an dieser Stelle nicht belehren. Lernen Sie die Grundkapitel von Moral und Ethik! Distanzieren Sie sich von Ihrem Kanzler und von anderen Gaunern in Ihrer Partei! (26. 10. 2000)

Gelächter

Goetzendorf, fraktionslos, zu den Regierungsfraktionen: Ihr wieherndes Gelächter läßt mich nur Rückschlüsse auf das Niveau des Parlaments ziehen! (10. 1. 52)

gelogen

Müller (Pleisweiler), SPD, zu Lowack, CDU/CSU: Das stimmt doch nicht! Das ist glatt gelogen! ...
Vizepräsident Westphal, SPD: Herr Abgeordneter Müller, der Zwischenruf ›gelogen‹ ist ein unparlamentarischer Ausdruck. Ich bitte in Zukunft zu beachten, daß wir ihn hier nicht benutzen wollen.
Frau Schilling, Grüne: Aber es stimmt trotzdem!
Vizepräsident Westphal: Dann muß ich auch Ihr Verhalten rügen.
Frau Schilling: Es stimmt immer noch! (14. 10. 88)

Wagner, SPD: Da hat er (Bundeswirtschaftsminister Dr. Rexrodt, FDP, d. Hg.) damals schon gelogen!
Vizepräsident Cronenberg, FDP: Bevor ich nun dem Abgeordneten Hans Georg Wagner zu einer Kurzintervention das Wort erteile, erteile ich ihm zunächst einen Ordnungsruf für die Bemerkung an den Minister: ›Der hat damals

schon gelogen.‹ So, Herr Abgeordneter, vielleicht nehmen Sie die Gelegenheit wahr, sich zu entschuldigen und dann Ihre Kurzintervention zu machen.
Wagner: Herr Präsident, es ist für mich ein neues Erlebnis, erfahren zu dürfen, daß man, wenn man die Wahrheit spricht, gerügt wird. Aber bitte, das ist Ihre Entscheidung, die ich nicht zu kritisieren habe. (29. 4. 94)

Gendarm
Renner, KPD, über Bundestagsvizepräsident Dr. Schäfer, FDP: Gut, daß da oben ein Gendarm sitzt! (6. 5. 53)

Gentlemen
Renner, KPD, über Dr. Bucerius, CDU/CSU: Ich war bisher der Auffassung, daß Abmachungen des Ältestenrates als Abmachungen unter Gentlemen gelten. Herr Dr. Bucerius hat mir heute beigebracht, daß ich mich in dieser Annahme geirrt habe. (1. 2. 50)

Gequäke
Tietjen, SPD, zu Wüppesahl, Grüne: Herr Abgeordneter, wenn ich Ihnen zum wiederholten Male zuhöre, stellt sich mir als Ihr – ich muß das bedauern – ehemaligen Berufskollege die Frage, wie Sie Ihr ganzes Gequäke gegen diesen Rechtsstaat eigentlich in Einklang bringen wollen mit Ihrem Diensteid, den Sie seinerzeit einmal in einem Bundesland in der Bundesrepublik Deutschland geleistet haben? (Tietjen und Wüppesahl sind beide Kriminalbeamte, d. Hg.; 7. 5. 87)

Gequatsche
Pfeffermann, CDU/CSU, über Schröder (Hannover), SPD: Das ist saudummes Gequatsche! (16. 11. 84)

Zeitlmann, CDU/CSU: Jetzt sage ich Ihnen aber etwas anderes – und da bin ich ganz giftig –: Wer wie die Kollegin Ostrowski (PDS, d. Hg.) hier sagt … daß wir mit dieser Maßnahme des BGS ›dem Polizeistaat wieder ein Stück näher kommen‹, – Zurufe von der PDS: Jawohl! – der hat – so muß ich wirklich sagen – noch nichts von Demokratie verstanden.
Widerspruch von der PDS. – Dr. Ramsauer, CDU/CSU: Und vom Rechtsstaat!
Zeitlmann: Natürlich. Ihr Gequatsche hat mit Rechtsstaat, mit Recht und Ordnung, überhaupt nichts zu tun.

Frau Lüth, PDS: Das ist ja unverschämt!
Vizepräsidentin Bläss, PDS: Herr Kollege Zeitlmann, ich denke, wir sollten auch in einer Aktuellen Stunde den Stil des Hauses bewahren und die Ausführungen der anderen Kolleginnen und Kollegen nicht unbedingt als Gequatsche disqualifizieren.
Zeitlmann: Ich gelobe Wiederholung! (10. 12. 99)

Geschwätz
Dr. Wittmann, CDU/CSU: Herr Schäfer, weil Sie mich gerade mit ›dummes Zeug‹ ansprechen: Sie sollten ganz still sein im Zusammenhang mit dem Sprechen über die Vergangenheit.
Dr. Schäfer, SPD: Ist das ein dummes Zeug! Und das ist ein unverschämtes Geschwätz! (7. 12. 78)

Sauer (Stuttgart), CDU/CSU, über Frau Schoppe, Grüne: Ein blödes Geschwätz! (24. 5. 84)

Pfeffermann, CDU/CSU, zu Müntefering, SPD: Saudummes Geschwätz! (17. 10. 84)

Geschwätzführer
Dr. Jenninger, Erster Parl. Geschäftsführer der CDU/CSU, zu Wehner: Sie sagen die Wahrheit nicht!
Wehner, SPD: Mann, hampeln Sie doch nicht so herum, Sie sind doch Geschäftsführer und nicht Geschwätzführer! (16. 2. 78)

Gewissen
Wehner, SPD, über Mitglieder aus dem Kabinett Adenauer: Abgeordnete sind nur ihrem Gewissen unterworfen! Dies gilt nicht für Minister, die haben keines! (4. 5. 56)

Giftspritze
Pfeffermann, CDU/CSU, zu Frau Dr. Sonntag-Wolgast, SPD: Alte Giftspritze! (5. 10. 89)

Gleichschaltung
Maaß, CD/CSU, über die rot-grüne Koalition in Berlin, die beschlossen hatte, die Akademie der Wissenschaften zu schließen: Wird Wissenschaft

unbequem oder paßt sie nicht ins parteipolitische Konzept, drehen Rot-Grün ihr den Geldhahn zu. Man nennt so etwas Gleichschaltung. Freiheit und Wissenschaft wird zur Hure der Ideologie degradiert. (15. 3. 89)
– Gut ein halbes Jahr später:
Maaß erneut über die rot-grüne Koalition in Berlin: Sie betreiben durch Ihre Taten Gleichschaltung. Auch wenn ich jetzt wieder einen Ordnungsruf bekomme, Herr Präsident, es ist für mich ein Herzensbedürfnis, zu sagen: So etwas haben wir vor 50 Jahren schon einmal gehabt! (Maaß bekam erneut seinen Ordnungsruf, d. Hg.; 4. 10. 89)

Gnom
Rühe, CDU/CSU: Richtig ist doch, daß eine gute Schule sowohl fördern, und zwar in erster Linie, Herr Wehner ...
Wehner, SPD: Lassen Sie mich doch in Ruhe, Sie Gnom! (8. 11. 79)

Goebbels'sche-Propagandalügen-Methoden
Müller (Frankfurt), KPD, zum Bundesminister für gesamtdeutsche Fragen, Kaiser, CDU/CSU: ... das verschweigen und nach Goebbels'schen-Propagandalügen-Methoden das Gegenteil behaupten! (12. 6. 53)

Goldhamster
Frau Hustedt, B'90/Grüne, über Dr. Lippold (Offenbach), CDU/CSU: Es ist doch immer wieder erfreulich, dem kläffenden Goldhamster der CDU/CSU-Fraktion zuzuhören. (12. 12. 96)

Gotteslästerung
Klein, CDU/CSU, Bundesminister für wirtschaftliche Zusammenarbeit, bei seiner Vereidigung: Ich schwöre es, so wahr mit Gott helfe.
Stratmann, Grüne: Gotteslästerung!
Präsident Dr. Jenninger, CDU/CSU: Der Abgeordnete Stratmann ... hat damit gröblich gegen die Ordnung des Hauses verstoßen. Ich schließe ihn nach Paragraph 38 unserer Geschäftsordnung für diesen und den nächsten Sitzungstag von den Verhandlungen des Deutschen Bundestages aus. (12. 3. 87)

Grinsen
Höhmann, SPD, zu Jäger (Wangen), CDU/CSU: Herr Kollege Jäger, da Sie

immer wieder lachen und Ihr eingefrorenes Grinsen zur Schau tragen … (14. 11. 74)

Großschnauzigkeit

Bundesverteidigungsminister Strauß, CDU/CSU: Ja, das hängt von Ihrem Verstand ab, nicht von meiner Einstellung.
Eschmann, SPD: Und das zeigt Ihre Großschnauzigkeit! (2. 7. 58)

grundgesetzwidrig

Frau Dr. Höll, PDS: Die heutige Debatte ist grundgesetzwidrig, nicht nur …
Vizepräsident Becker, SPD: Ich glaube, daß niemand im Saal ist, der gegen das Grundgesetz verstoßen will.
Marschewski, CDU/CSU: Hier schießt auch keiner auf Flüchtlinge, die über die Mauer wollen! Selbst so etwas tut keiner hier im Bundestag! (4. 3. 93)

Gruselkomiker

Pfeffermann, CDU/CSU, zu Huonker, SPD: Sie sind ein Gruselkomiker! (21. 6. 78)

Grüß-Gott-August

Scharrenbroich, CDU/CSU, zu Heyenn, SPD: Außer so billigen Zwischenrufen, Herr Heyenn, haben Sie im Augenblick nicht mehr viel zu sagen.
Schreiner, SPD: Das ist Prostitution, was Sie betreiben! … Das ist politische Prostitution, was Sie da machen! …
Vizepräsident Stücklen, CDU/CSU: Abgeordneter Schreiner, haben Sie den Zwischenruf gemacht: ›Sie sind ein verkommener Grüß-Gott-August!‹?
Schreiner: Den habe ich gemacht.
Vizepräsident Stücklen: Dann erteile ich Ihnen für diesen unqualifizierten Zwischenruf einen Ordnungsruf!
Frau Beck-Oberdorf, Grüne: Und wie war das mit der ›Prostitution‹?
Heyenn: Herr Präsident! Meine Damen und Herren! Es ist hier auch von ›politischer Prostitution‹ gesprochen worden, und das ist nicht gerügt worden. (11. 5. 90)

Halbstarkenverbände

Majonica, CDU/CSU, über Schmidt (Hamburg), SPD, der während seiner Studienzeit Bundesvorsitzender des SDS (Sozialistischer Deutscher Studentenverband, d. Hg.) war: Der Bundesvorstand aller Halbstarkenverbände! (21. 3. 58)

Hampelmann

Frau Dr. Martiny-Glotz, gen. Frau Dr. Anke Martiny, SPD, nach mehreren Zwischenrufen von Dr. Göhner, CDU/CSU: Jetzt reden Sie doch nicht immer dazwischen, Sie Hampelmann! (27. 1. 84)

Hampelmänner

Dr. Mechtersheimer, Grüne: Die Bundesregierung ist zu einem einzigen Klub von Hampelmännern der Rüstungsindustrie verkommen …
Präsidentin Dr. Süssmuth, CDU/CSU: Herr Abgeordneter Mechtersheimer, ich möchte Sie auffordern, die Aussage, die Bundesregierung stelle eine Gruppierung von Hampelmännern dar, zurückzunehmen.
Dr. Mechtersheimer: Dafür sehe ich überhaupt keinen Anlaß …
Präsidentin Dr. Süssmuth: In jedem Fall muß ich Ihnen für diese Aussage einen Ordnungsruf erteilen.
Schily, Grüne: Vielleicht könnte man, um den Kammerton hier wieder einzuführen, das Wort ›Hampelmänner‹ auch durch ›Marionetten‹ ersetzen.
Dr. Mechtersheimer: Durch ›Muppets‹ vielleicht, ich weiß es nicht.
Schily: Muppets Show, ja! (27. 1. 89)

Hanseln

Wartenberg (Berlin), SPD, zur CDU/CSU: Alle Bundesländer haben diesem Gesetz zugestimmt. Sind die denn nun alle bekloppt, haben nur Sie Hanseln hier die Weisheit gepachtet? …
Vizepräsident Cronenberg, FDP: Herr Abgeordneter Wartenberg, nicht nur weil ich den Ausdruck ›Hansel‹ für niveaulos halte, sondern ihn auch darüber hinaus im parlamentarischen Bereich nicht billigen kann, erteile ich Ihnen einen Ordnungsruf.
Gerster (Mainz), CDU/CSU: Ach, Herr Präsident, das hat er gar nicht so gemeint! (12. 12. 91)

Hanswurst

Fischer (Frankfurt), Grüne, zu Bundesinnenminister Dr. Zimmermann, CDU/CSU: Sie als bleifreier Hanswurst! (20. 9. 84)

Hanswursten

Dr. Richter, fraktionslos, über Dr. Seelos, BP: Man soll Hanswursten ihre Hanswurstiaden lassen! (12. 7. 51)

Hasch-Ministerin

Sauer (Stuttgart), CDU/CSU: Von der Frau Ministerin Moser (SPD, d. Hg.) aus Schleswig-Holstein – ich möchte fast sagen: von der Hasch-Ministerin Moser …
Vizepräsident Dr. Hirsch, FDP: Sie haben die Ministerin … als ›Hasch-Ministerin‹ bezeichnet. Ich erteile Ihnen dafür einen Ordnungsruf.
Sauer: Den nehme ich gern zur Kenntnis!
Vizepräsident Dr. Hirsch: Herr Kollege Sauer, ich erteile Ihnen dafür einen zweiten Ordnungsruf. (5. 12. 96)

Hasenfüße

Schulz (Berlin), B'90/Grüne: Wir von der Opposition werden nicht zulassen … daß sich sämtliche politischen Hasenfüße auf der Regierungsbank versammeln und zu diesem unglaublichen Vorfall schweigen … (7. 9. 95)

Heckenschütze

Dr. Apel, SPD, über Dr. Heck, CDU/CSU: Na ja, wir wissen ja: Herr Heck ist eben ein Heckenschütze, weniger Politiker! (6. 11. 70)

Franke (Osnabrück), CDU/CSU, über die SPD: Sie gehen mit der sozialistischen Heckenschere an das Problem heran, und Sie werden es dennoch nicht lösen.
Wehner, SPD: Sie sind ein Heckenschütze!
Franke: Herr Wehner, Sie haben gerade das Wort Heckenschütze gebraucht, ich weiß das wohl.
Vizepräsident Dr. Schmitt-Vockenhausen, SPD: Herr Abgeordneter Wehner, ich rüge den Zuruf ›Heckenschütze‹.
Wehner: Ja, ja, ich bedanke mich für diese Unparteilichkeit!
Dr. Schmitt-Vockenhausen: Herr Kollege Wehner, ich muß Sie dafür erneut rügen. (16. 3. 78)

Heil Hitler

Bergmann, SPD, zu Bundesminister Blank, CDU/CSU: Heil Hitler! (4. 7. 56)

Hetze

Schmidt (Hamburg), SPD, über Dr. Jaeger, CDU/CSU: Der Abgeordnete Jaeger betreibt eine schweinische Hetze! – Das war wiederum eine schweinische Hetze.
Majonica, CDU/CSU: Herr Schmidt, können Sie nicht die primitivsten Formen der Höflichkeit beachten?
Schmidt zu Bundestagspräsident Dr. Gerstenmaier, CDU/CSU: Schicken Sie ihn nach Formosa zurück, da gehört er hin! (21. 3. 58)

hetzen

Fisch, KPD: Mögen der Herr Bundeskanzler (Dr. Adenauer, CDU/CSU, d. Hg.) und seine Getreuen ... hier in Deutschland die Verständigung hintertreiben, indem man in Berlin und in der Deutschen Demokratischen Republik einen Tag X organisiert, indem man Deutsche gegen Deutsche hetzt und das ganze Volk in Panikstimmung treibt. (24. 6. 53)

Hetzer

Renner, KPD, zu Bundestagspräsident Dr. Ehlers, CDU/CSU: Einmal Hetze mehr! In all den langen Jahren nichts als Hetze! Ihre heutige Haltung beweist, wie faul Ihre Unterlagen und Argumente sind! (26. 3. 53)

Dr. Schäfer (Tübingen), SPD, über Dr. Abelein, CDU/CSU: Ein Hetzer ist das! Ein übler Hetzer und Verleumder! (10. 4. 75)

Kubatschka, SPD, zu Bayerns Ministerpräsident Stoiber, CSU: Sie sind der Hetzer!
Vizepräsident Seiters, CDU/CSU: Bevor ich das Wort weitergebe, muß ich, an den Kollegen Kubatschka gerichtet, der nicht im Saal ist, leider sagen, daß ich seinen Ausdruck, den er während der Rede des Ministerpräsidenten Stoiber verwendet hat, als unparlamentarisch zurückweise.
Weisskirchen (Wiesloch), SPD: Das waren Bayern unter sich, Herr Präsident! (24. 2. 99)

Bundesumweltminister Trittin, B'90/Grüne: Wir tun uns allen keinen Gefallen, wenn wir insinuieren, dass ziviler Ungehorsam gleich Rechtsbruch und Rechtsbruch gleich Gewalt ist. Wir tun uns allen einen Gefallen, wenn wir uns diesem Problem so nähern, wie es angemessen ist. Selbstverständlich verstehen viele Menschen unter zivilem Ungehorsam

das Recht, auf der Straße zu sein. Dies bedeutet nicht automatisch Rechtsbruch.
Hirche, FDP: Sie jonglieren mit Worten! Das ist das Entscheidende!
Trittin: Nein, ich komme gleich zu dem Punkt, an dem Sie mir wieder zustimmen werden.
Dr. Jürgen Gehb, CDU/CSU: Hetzer! (29. 3. 01)

Hetzerin
Dr. Stark (Nürtingen), CDU/CSU, zu Frau Oesterle-Schwerin, Grüne: Sie sind eine Hetzerin! (15. 6. 89)

Heuchelbruder
Schreiner, SPD, zu Hübner, FDP: Heuchelbruder! (19. 2. 92)

Heuchelei
Dr. Apel, SPD, über Dr. Barzel, CDU/CSU: Das ist der Höhepunkt der Heuchelei! (21. 1. 71)

Lemmrich, CDU/CSU: Das ist doch pure Heuchelei, was Sie hier von sich geben!
Bundeskanzler Schmidt, SPD: Ich bitte Sie, Herr Präsident, den Zwischenruf aufzunehmen!
Präsident Dr. Carstens, CDU/CSU: Der Zwischenruf ›Heuchelei‹, Herr Abgeordneter, entspricht nicht parlamentarischen Gepflogenheiten.
Haase (Kassel), CDU/CSU: Sie dürfen Majestät nicht beleidigen! (19. 1. 78)

Dr. Gysi, PDS, zu Bundeskanzler Dr. Kohl, CDU/CSU: Es ist Krieg, und Sie, Herr Kanzler, sagen es nicht einmal so deutlich, ehrlich und offen der gesamten Bevölkerung; Sie beschwichtigen, Herr Kanzler, Ihre Erklärung ist entweder Ausdruck von Heuchelei oder Ausdruck von völligem Unverständnis dessen, was am Golf losgegangen ist. …
Dr. Waigel: Sie sind die wandelnde Heuchelei!
Präsidentin Dr. Süssmuth, CDU/CSU: Herr Dr. Gysi, ich erteile Ihnen einen Ordnungsruf und denke, daß in dieser Debatte das so nicht stehenbleiben kann. (17. 1. 91)

Frau Wieczorek-Zeul, SPD: Ich finde, ein Teil der Diskussionsbeiträge aus den Regierungsparteien zeigt jetzt ein hohes Maß an Heuchelei.

Vizepräsident Dr. Hirsch, FDP: Frau Kollegin Wieczorek-Zeul, das Wort ›Heuchelei‹ ist oft genug als unparlamentarisch beanstandet worden.
Glos, CDU/CSU: Frau Süssmuth pflegt die Leute zu rügen!
Vizepräsident Hirsch: Wir sollten uns trotz aller Leidenschaften bemühen, es aus dem parlamentarischen Sprachgebrauch nach Möglichkeit herauszuhalten. (10. 2. 95)

Heuchler

Senfft, Grüne, zu Kleinert (Hannover), FDP: Sie sind ein unglaublicher Heuchler! ... Eine dreckige Lüge! (5. 6. 86)

Lemmrich, CDU/CSU, zu Haar, SPD: Immer will er den Oberlehrer spielen! Sie sind der übelste Heuchler! (13. 11. 87)

Schreiner, SPD, zu Scharrenbroich, CDU/CSU: Heuchler vom Dienst! (2. 12. 88)

Lennartz, SPD, zu Häfner, Grüne: Heuchler! ... Absoluter Heuchler! (21. 6. 90)

Reuschenbach, SPD, zu Fuchtel, CDU/CSU: Sie sind ein Heuchler!
Vizepräsident Klein, CDU/CSU: Herr Kollege Reuschenbach ...
Schreiner, SPD: Er hat ›Schaumschläger‹ gesagt!
Reuschenbach: Nein ›Heuchler‹ habe ich gesagt! Ich nehme alles entgegen!
Vizepräsident Klein: Herr Kollege Reuschenbach, ich habe in 16 Jahren als Abgeordneter keinen Ordnungsruf erhalten, und ich habe in den zweieinhalb Jahren als Vizepräsident auch noch keinen Ordnungsruf erteilt. Herr Kollege Reuschenbach, ich fände es gut, wenn Sie es nicht nur nicht wiederholten, sondern auch einen Weg fänden, diesen Ausdruck in eine Sprache zu bringen, die diesem Parlament angemessen ist.
Reuschenbach: Wenn er das auf die andere Seite schiebt, muß ich sagen, er ist ein Heuchler!
Vizepräsident Klein: Dann erteile ich Ihnen hiermit einen Ordnungsruf. (3. 3. 93)

Schreiner, SPD, über Fuchtel, CDU/CSU: Er ist aber ein vornehmer Heuchler!
Vizepräsident Klein: Den nächsten Ordnungsruf erteile ich Herrn Schreiner. Wir wollen doch hier nicht solche Sitten einreißen lassen. (3. 3. 93)

Frau Dr. Höll, PDS, zu Bundesgesundheitsminister Seehofer, CDU/CSU: Heuchler!

Präsidentin Dr. Süssmuth, CDU/CSU: Ich kann den Begriff ›Heuchler‹ absolut nicht stehenlassen und muß dafür einen Ordnungsruf erteilen. Das geht nicht. …
Frau Dr. Höll: Ich habe vorhin einen Ordnungsruf erhalten, laut Geschäftsordnung zu Recht. Aber ich bleibe bei meiner Meinung …
Vizepräsident Klose, SPD: Dafür, verehrte Kollegin Dr. Höll, rufe ich Sie zum zweiten Mal zur Ordnung und weise Sie ausdrücklich darauf hin, daß ein dritter Ordnungsruf nach der Geschäftsordnung Konsequenzen hat. (28. 6. 96)

Heuchlerbande
Frau Buntenbach, B'90/Grüne: Das einzige, was die FDP hier schützt, sind kriminelle Machenschaften. Sie sind eine Heuchlerbande.
Fischer (Frankfurt), B'90/Grüne, zur FDP: Sind Sie jetzt eine Heuchlerbande oder nicht?
Vizepräsident Klein, CDU/CSU: Herr Kollege Werner Schulz (B'90/Grüne, d. Hg.), ich wäre Ihnen dankbar, wenn Sie der Kollegin Buntenbach aufgrund Ihrer etwas längeren Erfahrung in diesem Hause erklären könnten, daß die Bezeichnung ›Heuchlergruppe‹ für eine andere Fraktion unparlamentarisch ist. Sie kennen meine Abneigung gegen Ordnungsrufe.
Frau Buntenbach: Ja, da richten Sie sich an die falsche Adresse!
Gilges, SPD: Frau Buntenbach, Sie hätten es aber sagen können!
Frau Dr. Babel, FDP: Herr Schreiner sammelt Ordnungsrufe! Das macht ihm Spaß! Ohne das kann er nicht leben!
Schreiner: Ja, ich war das! Ich melde mich freiwillig! (28. 9. 95)

Heuchlerin
Dolata, CDU/CSU, zu Frau Dr. Vollmer, Grüne: Heuchlerin! (3. 5. 84)

heuchlerisch
Zywietz, FDP, zur CDU/CSU: … Seien Sie nicht so heuchlerisch! … (1. 12. 78)

Link (Diepholz), CDU/CSU, zur SPD: Aufgrund dieser heuchlerischen Meldung heute morgen erlaube ich keine Zwischenfrage. (24. 11. 88)

Frau Dr. Höll, PDS, zur CDU/CSU-FDP-Koalition: Ihre heutige Diskussion ist – wie die vorangegangene – heuchlerisch und demagogisch.
Frau Baumeister, CDU/CSU: Ihre auch! (21. 1. 93)

Heuchlertum

Schulte (Menden), Grüne, über die Rede von Engelsberger, CDU/CSU: Ich habe selten eine Rede gehört, die so strotzte von politischer Ignoranz und Dummheit ... Daß angesichts dieser Katastrophe gerade jene Politiker, die mit ihrer schadstoff-freundlichen Lobbypolitik hierfür verantwortlich sind, sich heuer als Alpenretter aufspielen, muß schon als Gipfel des zynischen Heuchlertums bezeichnet werden. (26. 9. 86)

Hilfstruppen der SPD

Während der Rede von Bundesinnenminister Höcherl, CDU/CSU, ertönt von der Besuchertribüne eine Trillerpfeife; Dr. Wuermeling, CDU/CSU: Die Hilfstruppen der SPD! (16. 6. 65)

Hinterfotzigkeit

Kreuzeder, Grüne: Deswegen ist die Aktuelle Stunde eine Verarschung, eine große Hinterfotzigkeit gegenüber den betroffenen Bauern, um sich nicht selbst zu entlarven. (9. 11. 89)

hirnrissig

Schreiner, SPD, zu Haungs, CDU/CSU: Und gleichzeitig begrüßen Sie die Haltung der Arbeitgeber! Das ist doch hirnrissig! Sie haben sie bedauert und gleichzeitig begrüßt! Sie sind ein Künstler! Das ist schon fast schizophren!
Vizepräsident Klein, CDU/CSU: Herr Kollege Schreiner, die Befassung mit der zerebralen Beschaffenheit eines Kollegen – ich meine das Wort ›hirnrissig‹ – ist nicht parlamentarisch. Der Zuruf ›Künstler‹ ist in Ordnung. (28. 9. 95)

Poß, SPD, zu Thiele, FDP: Das, was Sie hier zur ökonomischen Begründung zitiert haben ... ist nun wirklich teilweise Voodoo-Ökonomie und teilweise – entschuldigen Sie das harte Wort – hirnrissig.
Präsidentin Dr. Süssmuth, CDU/CSU: Wir müssen wieder sorgfältiger unsere Worte abwägen, damit wir nicht immer wieder an die Grenze der persönlichen Diffamierung kommen. Wenn wir alle darauf achten würden, kommen wir ein Stück weiter. (7. 11. 96)

Hofnarr

Nooke, CDU/CSU, zur SPD: In den letzten vier Jahren gab es aus Ihrer Frak-

tion nicht einen diesbezüglichen Antrag. Herr Thierse gibt den Hofnarren und macht hier die richtigen Sprüche, Herrn Schwanitz kennt keiner.
Wagner, SPD: Pfui! – Müller (Düsseldorf), SPD: Flegel! – Weiterer Zuruf von der SPD: Unverschämtheit!
Nooke: Das ist Ihre Bilanz bezüglich des Aufbaus Ost.
Vizepräsidentin Fuchs, SPD: Herr Abgeordneter Nooke, Sie haben den Bundestagspräsidenten als Hofnarren bezeichnet. Ich rüge Sie deswegen. Ich glaube, wir sollten aufhören, die Institutionen des Parlamentarismus zu beschädigen.
Nooke: Habe ich nicht gemacht! Ich habe nicht den Präsidenten genannt! Das ist völlig falsch! – Gegenruf Wagner, SPD: Verleumder!
Vizepräsidentin Fuchs: Herr Thierse ist der Bundestagspräsident und wenn Sie Herrn Thierse als Hofnarren bezeichnen, bezeichnen Sie den Bundestagspräsidenten als Hofnarren. Das ist ja wohl eindeutig. (13. 9. 02)

Holzkopf
Carstensen (Nordstrand), CDU/CSU, zu Suhr, Grüne: Jeder Pfeifenraucher weiß an sich, daß in einen Holzkopf nicht viel reingeht ... (25. 6. 86)

Hose voll
Franke (Osnabrück), CDU/CSU, zu Bundesarbeitsminister Dr. Ehrenberg, SPD: Ehrenberg kneift! Sie haben die Hose gestrichen voll! (8. 12. 77)

Hund
Renner, KPD, zu Bundesfinanzminister Dr. Schäffer, CDU/CSU: Sie sind der Hund, der für (US-Präsident, d. Hg.) Truman bellt! (20. 4. 51)

Bueb, Grüne, zu Dr. Hauff, SPD, der keine Zwischenfrage gestattet: So ein feiger Hund! (11. 9. 86)

Hunger
Renner, KPD, über die Bundesregierung: ... deren Politik gegenüber dem Volk systematisch darauf hinausläuft, den Hunger und das Elend zu vergrößern! (7. 6. 51)

Idioten
Dr. Schäfer (Tübingen), SPD, zur CDU/CSU-Fraktion: Ihr seid kluge Leute! Kluge Idioten seid ihr! (17. 3. 72)

Idiotie

Büttner (Ingolstadt), SPD: Das, was man hier auf den Tisch gelegt bekommt, ist ein irrsinniges Handeln ... (21. 10. 93)

Imperialisten

Renner, KPD, über die CDU/CSU-FDP-DP-Bundesregierung: ... die Interessen der amerikanischen Imperialisten und Kriegstreiber wahrzunehmen! (24. 6. 53)

Infamie

Dorn, FDP, zu Even, CDU/CSU: ... darin liegt nämlich die Infamie, die Sie betreiben ... (16. 5. 68)

Wilhelm (Mainz), CDU/CSU: Das, was damit zum Ausdruck kommt, ist eine Infamie, und zwar eine kalkulierte Infamie. Nehmen Sie mir ab, ich weiß, wovon ich spreche.
Duve, SPD: Bei dem Wort Infamie weiß Herr Wilhelm, wovon er spricht! (8. 2. 95)

Kabinettsgrufti

Scheuer, CDU/CSU, über den SPD-Bundesinnenminister: Der griesgrämige Kabinettsgrufti Schily, der gerade eingetroffen ist, agiert hier im Parlament mit Scheibenwischergesten und unflätigen Kommentaren. ...
Vizepräsidentin Dr. h. c. Kastner, SPD: Herr Kollege Scheuer, Ihre Ausdrucksweise gegenüber dem Bundesinnenminister war beleidigend. Ich erteile Ihnen dafür einen Ordnungsruf und bitte Sie herzlich, sich dafür zu entschuldigen.
Schmidt (Salzgitter), SPD: Für die erste Rede gleich ein Ordnungsruf! Ein schöner Einstieg (18. 3. 03)

Kadavergehorsam

Lowack, fraktionslos: ... die eine sehr seltsame Mischung aus Kadavergehorsam – ich spreche das Wort bewußt so aus – ... Das Auswärtige Amt blödet sich auch noch an ... (1. 12. 93)

Kampfbegriffe

Frau Olms, Grüne: Entgegen den demagogischen, nationalistischen und rassistischen Kampfbegriffen führender Unionspolitiker, die auch gerade wieder gefallen sind … (9. 6. 88)

Kanzleiminister
Dr. Barzel, CDU/CSU, über Kanzleramtsminister Dr. Ehmke, SPD: Im übrigen haben die Einübungen des Herrn Kanzleiministers in Polemik … (17. 6. 70)

Kanzler der Geschmierten
Vogt (Kaiserslautern), Grüne, über Bundeskanzler Dr. Kohl, CDU/CSU: Kanzler der Geschmierten! (24. 5. 84)

Karikatur
Wehner, SPD, zu Dr. Gruhl, CDU/CSU: Sie sind eine Karikatur! (12. 2. 71)

Karnickel
Friedrich, SPD, zu Haase (Kassel), CDU/CSU: Herr Abgeordneter Karnikkel … (20. 5. 74)

kaufen lassen
Frau Schilling, Grüne: Die Industrie, insbesondere MBB und Daimler-Benz, Militärs, Verteidigungsminister und Koalitionsfraktionen können offensichtlich den Hals nicht voll genug kriegen. Bandenkriminalität, organisiertes Wirtschaftsverbrechen, maßlose Verschwendung von Steuergeldern, menschenverachtender Zynismus, Arroganz der Macht und die phallische Lust an Waffen verbinden sich bei diesen Leuten zu einem bisher einzigartigen kriminellen Akt auf offener Parlamentsbühne … Sie (die Mitglieder des Verteidigungsausschusses von CDU/CSU und FDP, d. Hg.) haben sich kaufen lassen … (1. 12. 88)

Kläffer
Dr. Ehmke (Bonn), SPD, zu Rühe, CDU/CSU: Sie sind ein rechter Kläffer! (2. 10. 86)

Klagemaschine
Fisch, KPD, über das Bundesverfassungsgericht: Es wurde sogar der Bundespräsident bemüht, die komplizierte Klagemaschine von Karlsruhe in

Bewegung zu setzen, damit in der Bevölkerung der Eindruck entsteht, daß die verfassungsmäßigen Rechte des Volkes gewahrt seien und daß niemand sich in dieser Sache Sorgen zu machen brauche. (18. 6. 52)

Klappe halten

Kleinert (Marburg), Grüne, nach einem Zwischenruf von Dr. Göhner, CDU/CSU: Halten Sie doch einmal die Klappe.
Zuruf von der CDU/CSU: Sie wissen gar nicht, worüber Sie reden!
Kleinert: Halten Sie wirklich einmal die Klappe. Sie tragen die Verantwortung für diese skandalöse Entwicklung und machen solche Zwischenrufe. (8. 11. 89)

Frau Unruh, fraktionslos, zu Voigt (Frankfurt), SPD: Halt die Klappe! Ich mache das, was ich will, verehrter SPD-Freund. (23. 8. 90)

Kollaborateur

Frau Lederer, PDS: Schotten dicht, Schießbefehl an der Grenze, Überwachung, Repression gegen Protestierende im Innern?
Marschewski, CDU/CSU: Ihr Mauerhelden! Das müßt ihr gerade sagen!
Frau Lederer: Herr Schäuble (CDU/CSU, d. Hg.) will diese Republik, aber in einer zutiefst reaktionären Definition. Die Gestaltung dieser Republik in seinem Sinne führt zu einer komplett anderen staatlichen und gesellschaftlichen Ordnung, zu einem autoritären Staat ...
Breuer, CDU/CSU: Sie als Kollaborateur des Henkers müssen uns das gerade sagen! ... (14. 1. 94)

Kopf-ab-Mentalität

Frau Olms, Grüne: Das Gezerre innerhalb der Regierungskoalition bezüglich der Unterzeichnung der Konvention wie auch die Chile-Debatte sind die jüngsten Belege dafür, daß eine Kopf-ab-Mentalität in den Reihen der Unionsparteien nach wie vor virulent ist. (14. 1. 88)

Kopfjäger

Schröter (Wilmersdorf/Berlin), SPD, über Dr. Jaeger, CDU/CSU: Der Kopfjäger von Formosa!
(Dr. Jaeger, der sich stets für die Wiedereinführung der Todesstrafe einsetzte, hatte eine Informationsreise, über die die Presse ausführlich berichtete,

nach Formosa/Nationalchina, der Republik China auf Taiwan, unternommen. 21. 3. 58)

korrupt
Fischer (Frankfurt), Grüne, über die FDP: Korrupt bis in die Knochen! (1. 12. 83)

Korruptionsfonds
Renner, KPD: Korruptionsfonds des Herrn Ministers (Kaiser, CDU/CSU, d. Hg.) für sogenannte gesamtdeutsche Angelegenheiten! (13. 6. 51)

Kotzen
Fischer (Frankfurt), Grüne, zu Bundesinnenminister Dr. Zimmermann, CDU/CSU: Ich finde Ihr Verhalten und vor allen Dingen den Umgang mit den Menschen, der hinter diesen juristischen Formulierungen steht, mit Verlaub gesagt, zum Kotzen. (12. 4. 84)

Stöckel, SPD: Die Art und Weise aber, wie die Gesundheitsreform hier in den 14Tagen, nachdem sie in Kraft getreten ist, von einigen in Grund und Boden geredet wird, finde ich schlicht – Herr Präsident, verzeihen Sie den unparlamentarischen Ausdruck – zum Kotzen. (15. 1. 04)

Krebsministerin
Schulte (Menden), Grüne, zur Bundesgesundheitsministerin Dr. Süssmuth, CDU/CSU: Krebsministerin! (14. 5. 86)

Krieg
Zwerenz, PDS, zu Geis, CDU/CSU: Sie würden den Krieg heute noch weiterführen. (16. 3. 95)

Krieg vorbereiten
Dr. Dregger, CDU/CSU: … wir wollen Frieden, weil ein Krieg Europa zerstören würde …
Frau Schilling, Grüne: Aber Sie bereiten ihn vor! (20. 3. 87)

Kriegshetzer
Schmidt (Hamburg), SPD, über Dr. Jaeger, CDU/CSU: Das ist der Kriegshetzer! (22. 5. 57)

Büttner (Ingolstadt), SPD, zu Dr. Pflüger, CDU/CSU: Sie reden Unsinn! Kriegshetzer! Sie sind ein Kriegshetzer! (7. 11. 02)

Kriegstreiber
Renner, KPD, über die Bundesregierung: Diese Kriegstreiber da oben! (23. 10. 52)

Kriegsvorbereiter
Renner, KPD, über Bundeskanzler Dr. Adenauer, CDU/CSU: ... mit Adenauer, dem Kriegsvorbereiter! (12. 12. 51)

Kriegsvorbereitung
Renner, KPD: ... Regierungspolitik darauf hinausläuft, die Kriegsvorbereitung vorwärtszutreiben! (7. 6. 51)

Dr. Mechtersheimer, Grüne, über die CDU/CSU-FDP-Regierung: Diese Regierung hat sich mit ihrem Haushalt gerade im Bereich des Verteidigungshaushalts, ungeachtet aller Abrüstungsdebatten als das entlarvt, was sie tatsächlich ist, nämlich eine Regierung der menschenverachtenden Aufrüstung und Kriegsvorbereitung. (10. 9. 87)

kriminell
Fisch, KPD, über die CDU/CSU-FDP-DP-Bundesregierung: Es handelt sich hier um eine Vortäuschung, um ein abgekartetes Spiel mit kriminellen Vorwänden, um einen politischen Prozeß zu führen. (27. 7. 50)

Beck (Köln), B'90/Grüne: Herr Geis (CDU/CSU, d. Hg.), wenn jeder Blödsinn bestraft würde, würde ich mir Sorgen um Ihre Fraktion machen, denn dann würde sie demnächst als kriminelle Vereinigung verboten! (30. 9. 99)

Kritik am Präsidenten
Frau Matthäus-Maier, SPD, zu Dr. Hennig, CDU/CSU, Parl. Staatssekretär beim Bundesminister für innerdeutsche Beziehungen: Ferkelei! ... Ferkelei!
Dr. Hennig: Ich finde zunächst einmal, daß man sich für den zweimaligen Zwischenruf ›Ferkelei‹ entschuldigen sollte, der bisher überhört worden ist.
Frau Matthäus-Maier: Sie denken, wir erwischen Sie nicht bei den Ferkeleien!
Vizepräsident Westphal, SPD: Wir haben unsere Regeln, welche Zwischenrufe wir mit Ordnungsmaßnahmen versehen und welche nicht ...

Dr. Müller, CDU/CSU: Das ist wie in einem nichtdemokratischen Parlament. So einen Präsidenten gibt es ja sonst nirgends!
Vizepräsident Westphal: Ich möchte den Abgeordneten Dr. Müller zur Ordnung rufen, weil das Kritisieren eines Präsidenten, wer immer hier oben sitzt, nicht zu unseren Regeln gehört ... Insofern möchte ich sagen, daß auch der Begriff der ›Ferkelei‹ kein guter ist, daß er hier herausgehört und nicht parlamentarisch ist. (7. 2. 90)

Frau Jelpke, PDS/Linke Liste: Seit einer Stunde stehe ich vorn auf der Redeliste. Aber es gibt hier sehr viele eitle Leute, die unbedingt ins Fernsehen müssen ...
Vizepräsident Klein, CDU/CSU: Frau Abgeordnete, ich darf Sie darauf hinweisen: Wenn Sie damit den amtierenden Präsidenten kritisieren wollen, entziehe ich Ihnen das Wort. Der Präsident setzt die Reihenfolge der Redner fest. Das ist sein souveränes Recht.
Frau Jelpke: Das mag ja sein. Aber es gibt auch so etwas wie eine parlamentarische Absprache ...
Vizepräsident Klein: Bitte beschäftigen Sie sich nicht weiter mit diesem Gegenstand!
Frau Jelpke: Als eben jemand von der PDS eine Intervention vortragen wollte, wurde das abgeblockt. ...
Vizepräsident Klein: Frau Abgeordnete, ich weise Sie ein letztes Mal darauf hin, daß Sie keine Kritik an der Amtsführung des Präsidenten zu üben haben.
Frau Jelpke: Ich komme zu meinem Beitrag.
Vizepräsident Klein: Und von der PDS braucht niemand in diesem Haus – ausgenommen Sie selbst – Belehrungen über Demokratie hinzunehmen. (1. 2. 91)

Kuhhandel

Dr. Seifert, Linke: Vor zwei Tagen jedoch legte die Koalition in einem ziemlich fiesen Kuhhandel, der auch mit der Föderalismusreform zusammenhängt, noch einmal Hand an ihren eigenen Gesetzentwurf. (29. 6. 06)

Kuhscheiße

Schreiner, SPD, zu Bundesarbeitsminister Dr. Blüm, CDU/CSU: Sie können sich wahrscheinlich mit dem Titel des größten Schönredners aller Zeiten schmücken. Ihnen gelingt es sogar, ein Stück Kuhscheiße in einen Goldklumpen zu reden ...

Vizepräsident Klein, CDU/CSU: Herr Kollege Schreiner, vielleicht können wir das Wort im Protokoll durch ›Fladen‹ ersetzen.
Schreiner: Die Fülle der bayerisch-deutschen Sprache ist immer geeignet, daß man daraus etwas lernen kann. Herzlichen Dank, ich werde mich bemühen, das Wort durch ›Fladen‹ zu ersetzen, es in ›Goldfladen‹ umzuwandeln ... (10. 9. 92)

Kumpane

Frau Schoppe, Grüne: Heute arbeiten Herr Kohl (Bundeskanzler, CDU/CSU, d. Hg.) und seine Kumpane erfolgreich daran, die Zahl der Sozialhilfeempfänger und Obdachlosen weiter zu vergrößern, und Sie behaupten gleichzeitig hier, in der größten Schwindelbude der Nation ...
Vizepräsident Westphal, SPD: Ich kann das Wort ›Kumpane‹ nicht zulassen; dies ist eine Abweichung von unserem parlamentarischen Verfahren. Ich rufe Sie zur Ordnung. (24. 5. 84)

labern

Rixe, SPD: ... der Minister (Rüttgers, CDU/CSU, d. Hg.) hat sich hier hingestellt und hat gelabert, sage ich mal ...
Vizepräsident Klein, CDU/CSU: ... dies ist kein rügenswerter Ausdruck, aber er ist ziemlich unparlamentarisch.
Rixe: Okay, das finde ich sehr gut. Wir haben ja auch einen netten Vizepräsidenten.
Vizepräsident Klein: Nicht nur Tadel, auch Lob des Präsidenten ist unzulässig.
Rixe: Okay. Nicht einmal das wollen Sie haben. (12. 9. 96)

Laden

Frau Oesterle-Schwerin, Grüne, zur CDU/CSU-FDP-Koalition: Sie haben heute die Chance, Ihre Politik vom letzten Sommer zu revidieren. So wie ich den Laden hier kenne, fürchte ich, daß Sie das nicht tun werden.
Vizepräsident Cronenberg, FDP: Frau Abgeordnete Oesterle-Schwerin, Sie haben ... den Deutschen Bundestag als ›Laden‹ bezeichnet. Ich glaube, daß das nur in der Hitze des Gefechtes geschehen ist. Aber ich möchte nicht versäumen, festzustellen, daß dies unparlamentarisch und nach meiner Auffassung auch unangemessen ist.
Conradi, SPD: Der Ladenschluß gilt hier jedenfalls nicht! (23. 2. 89)

lange

Kriedner, CDU/CSU: … ich habe in den sechs Jahren, die ich hier sitze …
Schöler, SPD: Viel zu lange!
Kriedner: Ich muß wirklich sagen, Herr Kollege. Das ist eine böse und eine miese Art, Zwischenrufe zu machen. Sie sollten sich für einen solchen Zwischenruf wirklich entschuldigen.
Schulze, CDU/CSU: Benehmen ist Glücksache!
Schöler: Ich stelle nicht das Recht jedes Deutschen infrage, Mitglied dieses Parlamentes zu sein, egal wie lange. Aber Abgeordneten, die draußen ›Hü!‹ und hier ›Hott!‹ abstimmen, muß man auch einmal etwas sagen können.
Vizepräsident Klose, SPD: Nein, Herr Kollege, das kann ich nicht akzeptieren. Ich rufe Sie zur Ordnung. (14. 3. 96)

Laterne

Hinsken, CDU/CSU: Da wir leider das Schlusslicht in Europa bilden, habe ich – das erlaube ich mir – eine rote Laterne mitgebracht, die ich gerne dem Bundeskanzler aushändigen möchte, weil er inzwischen europaweit zum Träger dieser Laterne geworden ist.
Hinsken begibt sich zur Regierungsbank und geht mit der Laterne zu seinem Platz zurück – Heiterkeit bei der CDU/CSU und der FDP. – Schmidt (Salzgitter), SPD: Herr Hinsken hält die rote Laterne hoch! Hinskens eigene rote Laterne!
Präsident Thierse, SPD: Herr Kollege Hinsken, ich gestatte Ihnen das nicht. Sie haben im Übrigen auch keine Frage gestellt. Wir sollten diese Spielchen sein lassen, Herr Hinsken.
Beifall bei der SPD und dem B'90/Die Grünen – Schmidt (Salzgitter): Das ist doch eine lächerliche Aktion!
Präsident Thierse: Kollege Repnik, Sie sind der zuständige Geschäftsführer. Könnten Sie bitte einschreiten? Dies ist eine Art des parlamentarischen Umgangs, die ich nicht zulasse.
Beifall bei der SPD und dem B'90/Die Grünen – Schmidt (Salzgitter): Das ist das Niveau von Herrn Merz und Herrn Repnik! – Dr. Staffelt, SPD: Weiter im Text! – Fischer (Frankfurt), B'90/Grüne: Das war Edmunds rote Laterne! (21. 2. 02)

Der Vorgang blieb in der Erinnerung unserer Volksvertreter; Hüppe, CDU/CSU: … ich sehe schon die rote Lampe.

Rohde, FDP: Die rote Laterne!
Frau Hiller-Ohm, SPD: Besser als die rote Laterne!
Hüppe: Nein, dafür ist ein anderer Kollege zuständig, der schon einmal eine mitgebracht hat. (24. 1. 08)

Leichen

Fischer (Frankfurt), Grüne zur CDU/CSU, SPD und FDP: Wenn ich die Saubermänner hier sitzen sehe, dann bin ich gerne ein Clochard. Mit Ihnen will ich diesbezüglich nichts zu tun haben. Das will ich Ihnen nur einmal sagen. Sie sind von der Sauberkeit, die über Leichen geht. (12. 4. 84)

Leute

Schröder (Hannover), SPD, nach anhaltenden Zurufen von der CDU/CSU: Herr Präsident, kann man denn diese pöbelnden Leute nicht zur Ruhe bringen? (31. 7. 84)

Loch

Wenige Tage vor dem Beginn des SPD-Parteitages in Berlin; Dr. Zimmermann, CDU/CSU, nach mehreren lautstarken Zwischenrufen von Wehner: ... debattieren, Herr Wehner, heißt nicht Gebrüll und heißt nicht Geschrei. Auf Ihrem Parteitag könnten Sie jemanden, der in dieser Sache so deutlich spricht wie ich, gut gebrauchen.
Wehner, SPD: Dann wissen die Leute, wo der Zimmermann sein Loch hat! (28. 11. 79)

Luder

Frau Heyne, B'90/Grüne: Ich glaube, die Diskussion führen wir heute in Ruhe im Ältestenrat. Dort ist sie besser aufgehoben.
Dr. Ramsauer, CDU/CSU: Freches Luder! (25. 2. 99)

Lüge

Rische, KPD, zu Dr. Kiesinger, CDU/CSU: Das ist Lüge! (20. 1. 50)

Dr. Horlacher, CDU/CSU, zu Margulies, FDP: Pure Lüge, was Sie da verzapfen! Schämen Sie sich! (11. 7. 51)

Reimann, KPD, zu Bundeskanzler Dr. Adenauer, CDU/CSU: Es ist eine Lüge, wenn Sie das vorhin behauptet haben! (10. 6. 53)

Wehner, SPD: Das ist eine Lüge! – Präsident Dr. Gerstenmaier ruft Wehner zur Ordnung. – Es ist dennoch eine Lüge!
Präsident Dr. Gerstenmaier, CDU/CSU: Ich rufe Sie zum zweiten Mal zur Ordnung, Herr Abgeordneter …
Wehner: Rufen Sie den Abgeordneten Euler auch zur Ordnung!
Präsident Dr. Gerstenmaier: und mache Sie auf die Folgen eines dritten Ordnungsrufes aufmerksam.
Wehner: Der Mann kann dort oben das Gegenteil der Wahrheit behaupten! (22. 3. 55)

Neuburger, CDU/CSU, über Dr. Dehler, FDP: Ich erhebe den Vorwurf der bewußten Lüge gegen diesen Mann, der da oben steht. Das ist mir jetzt zuviel. Jetzt tun Sie Ihre Pflicht, Herr Präsident! (Und selbstverständlich tat der Präsident seine Pflicht, und rief den Abg. Neuburger zur Ordnung, d. Hg.; 3. 12. 59)

Reuschenbach, SPD, zu Dr. Biedenkopf, CDU/CSU: Lüge!
Präsident Dr. Carstens, CDU/CSU: Ich rüge den Zwischenruf ›Lüge‹, Herr Abgeordneter Reuschenbach.
Reuschenbach: Doch, er lügt, wenn er sagt, der Kanzler (Schmidt, SPD, d. Hg.) habe das gesagt.
Präsident Dr. Carstens: Herr Abgeordneter Reuschenbach, ich rufe Sie zur Ordnung, weil Sie mehrfach den Ausdruck ›Lüge‹ gebraucht haben. (8. 2. 79)

Schulz (Leipzig), B'90/Grüne: Wir haben den hungerstreikenden Handwerkerfrauen am Brandenburger Tor mit Millionen unter die Arme gegriffen. Schreiben Sie sich diesen Satz auf! Hören Sie auf, so schamlos zu lügen! Ich muss ehrlich sagen: An dieser Stelle verstehe ich keinen Spaß mehr. (18. 4. 02)

lügen

Mellies, SPD, zu Majonica, CDU/CSU: … ja, ich möchte sagen, daß Sie geradezu lügen in der Art, wie Sie die Dinge darstellen. (8. 11. 56)

Dr. Arndt, SPD, zu Bundesaußenminister Dr. von Brentano, CDU/CSU: Sie wissen, daß Sie lügen, deshalb verweigern Sie die Antwort! (31. 1. 57)

Schmidt (Hamburg), SPD, über Schneider (Bremerhaven), DP: Bei der Wahrheit bleiben und nicht lügen! (26. 6. 57)

Strauß, CDU/CSU, zu Bundeskanzler Brandt, SPD: Das ist die glatte Unwahrheit! Wenn Sie es bewußt sagen, lügen Sie! (20. 10. 71)

Dr. Krause (Bonese), CDU/CSU, zu Dr. Gysi, PDS/Linke Liste: Was lügen Sie da!
Präsidentin Dr. Süssmuth, CDU/CSU: Bei aller verständlicher Empörung des Abgeordneten Dr. Rudolf Krause muß ich ihm doch einen Ordnungsruf für die Aussage ›Sie lügen!‹ erteilen.
Pfeffermann, CDU/CSU: Aber, Frau Präsidentin, mit der Wahrheit wurde nicht sehr gut umgegangen!
Präsidentin Dr. Süssmuth: Dafür kann ich Ihnen keinen Ordnungsruf erteilen. (6. 6. 91)

Ministerpräsident Lafontaine (Saarland), SPD: Es muß der deutschen Öffentlichkeit einmal gesagt werden: CDU und FDP haben sich in schamloser Weise die alten kommunistischen Kader der DDR-Blockparteien einverleibt. Es ist die historische Wahrheit, auch wenn sie Ihnen nicht paßt.
Link (Diepholz), CDU/CSU: Sie lügen!
Lafontaine: Das tut Ihnen weh, das weiß ich. Auch hier im Bundestag, hier vor mir, sitzen Dutzende von CDU-Abgeordneten, die in der alten Blockpartei gemeinsame Sache mit der SED gemacht haben und die – in der Sprache ihres Herrn Fraktionsvorsitzenden (Dr. Schäuble, d. Hg.) – für Mauer und Stacheldraht mitverantwortlich sind.
Link: Sie sind ein Lügner!
Lafontaine: … diese Belehrungen haben Sie aufgrund Ihrer schamlosen, verlogenen Kampagne endlich einmal verdient.
Link: Sie lügen!
Vizepräsident Cronenberg, FDP: … ich erteile dem Abgeordneten Link einen Ordnungsruf und bitte Sie eindringlich, sich zu mäßigen.
Link: Der lügt! …
Lafontaine: Welche Steuererhöhungen, frage ich Sie, Herr Bundesfinanzminister – und das ist nicht zum Lachen –, haben Sie diesmal zu verbergen? An welcher Stelle belügen Sie die Wählerinnen und Wähler wieder so schamlos wie vor der letzten Wahl?
Hinsken, CDU/CSU: Das muß doch einen Ordnungsruf geben! Unerhört! Das ist genau dasselbe wie vorhin! (6. 9. 94)

Ronsöhr, CDU/CSU, zu Bundesverbraucherschutzministerin Künast, B'90/ Grüne: Ihr habt doch die Produktion ausgeweitet! Lügen Sie doch nicht dauernd!
Vizepräsidentin Fuchs, SPD: Bevor ich dem Kollegen Albert Deß das Wort erteile, möchte ich mich mit Herrn Ronsöhr ins Gespräch begeben. Sie haben Frau Künast vorgeworfen: Lügen Sie doch nicht dauernd. – Das ist nicht sehr parlamentarisch.
Dr. Lippold (Offenbach), CDU/CSU: Aber zutreffend!
Vizepräsidentin Fuchs: Ich belasse es einmal dabei. (6. 4. 01)

Lügenbold

Goetzendorf, fraktionslos, über Bundesfinanzminister Dr. Schäffer, CDU/ CSU: Wenn ich der Meinung wäre, der Ausdruck ›Lügenbold‹ sei parlamentarisch üblich, würde ich den Herrn Finanzminister als einen solchen bezeichnen. (7. 12. 50)

Lambinus, SPD, zu Dr. Todenhöfer, CDU/CSU: Lügenbold!
(Der Ordnungsruf wurde nach Intervention von Lambinus zurückgenommen, d. Hg.; 27. 10. 77)

Schreiner, SPD, über Spranger, CDU/CSU, Parl. Staatssekretär beim Bundesinnenminister: Das ist ein Lügenbold. Ich lasse mir das nicht bieten …
Vizepräsident Frau Renger, SPD: … muß ich Ihnen einen Ordnungsruf erteilen. Es tut mir leid. Aber ich weiß, daß Sie nur darauf warten, Herr Schreiner.
Schreiner: Dann ist es ein weiß-blauer Lügenbold.
Dr. Rüttgers, CDU/CSU: Noch einen Ordnungsruf! (10. 5. 90)

Lügenkanzler

Dr. Mommer, SPD, zur CDU/CSU über Bundeskanzler Dr. Adenauer: Ihr Lügenkanzler! – Als Dr. Mommer hierfür zur Ordnung gerufen wurde entgegnet Menzel, SPD: Er kann ihn doch nicht ›Wahrheitskanzler‹ nennen! (12.6.59)

Schreiner, SPD, über Bundeskanzler Dr. Kohl, CDU/CSU: Lügenkanzler! (26. 11. 86)

Lügenmärchen

Schreiner, SPD, über Bundesarbeitsminister Dr. Blüm, CDU/CSU: Ich finde, es reicht nahezu an eine Beleidigung des Parlaments heran, wenn in einer wichtigen gesetzgeberischen Frage der zuständige Minister kabarettistische Lügenmärchen auftischen muß. (29. 3. 84)

Lügner

Rische, KPD, zu Wehner, SPD: Sie sind ein gemeiner Lügner! (4. 3. 52)

Niebergall, KPD, zu Bundeskanzler Dr. Adenauer, CDU/CSU: Und Sie sind als Lügner überführt worden! (19. 3. 53)

Welke, SPD, zu Schneider (Bremerhaven), DP: Sie können uns überhaupt nichts bescheinigen! Sie sind ein Lügner und Verleumder! (6. 7. 56)

Dr. Dehler, FDP, über Dr. Kiesinger, CDU/CSU: Lügner! (23. 1. 58)

Wohlrabe, CDU/CSU, über Dr. Ehmke (Bonn), SPD: Das ist ein Lügner! Der hat keine Ahnung! (6. 6. 74)

Gansel, SPD, zu Dr. Carstens, CDU/CSU: Sie sind ein Lügner und Fälscher, nichts anderes! (19. 3. 75)

Schily, Grüne, über Freiherr von Schorlemer, CDU/CSU: Ein Lügner, wie er im Buche steht! (6. 11. 87)

van Essen, FDP, über Dr. Struck, SPD: Wie heuchlerisch er hier argumentiert hat, ergibt sich zum anderen aus der Tatsache, daß er in den Verhandlungen bereit war, auf die übrigen Tagesordnungspunkte zu verzichten. Auch das muß hier angesprochen werden.
Dr. Struck, SPD: Das ist eine Lüge! Nehmen Sie das zurück! Das ist eine Lüge! Sie sind ein Lügner!
Präsidentin Dr. Süssmuth, CDU/CSU: … muß ich dem Kollegen Struck einen Ordnungsruf erteilen …
Dr. Struck: Ich nehme es mit Demut entgegen! (9. 2. 96)

Lügnerin

Gilges, SPD, zu Frau Rönsch (Wiesbaden), CDU/CSU: Lüge! Sie sind eine Lügnerin!
Vizepräsidentin Dr. Vollmer, B'90/Grüne: Herr Kollege Gilges, ich habe selbst gehört, daß Sie nicht nur den Ausdruck ›Lüge‹, sondern auch ›Lügnerin‹ gebraucht haben. Das ist ein Ausdruck, den wir im parlamentarischen Gebrauch rügen.
Zuruf von der CDU/CSU: Dann rügen Sie doch auch!

Vizepräsidentin Dr. Vollmer: Das habe ich gemacht.
Gilges: Sie sind eine Lügnerin!
Frau Rönsch: Das ist das zweite Mal gewesen!
Vizepräsidentin Dr. Vollmer: ... rufe ich den Kollegen Gilges wegen der Wiederholung des Ausdrucks ›Lügnerin‹ zur Ordnung. (28. 6. 96)

lügt

Eschmann, SPD, über Bundesminister Höcherl, CDU/CSU: Lügt wie der Strauß! (16. 6. 65)

Fischer, Bundesaußenminister, B'90/Grüne: Dies ist in einer gemeinsamen Initiative zum Ausdruck gekommen, an deren Verwirklichung wir gemeinsames Interesse haben.
Dr. Waigel, CDU/CSU: Herr Präsident, der lügt! ...
Präsident Thierse, SPD: Zwischenrufe sind erlaubt. Aber, Herr Waigel, zu rufen: ›Herr Präsident, der lügt!‹, ist jenseits der zwischen uns vereinbarten Regeln.
Fischer: Herr Präsident, ich habe diesen Zwischenruf in diesem Fall nicht als aggressiv und ernst gemeint empfunden. Insofern halte ich selbst ihn für nicht rügenswert. (19. 1. 01)

Lümmel

Hermsdorf, SPD, über Schneider (Bremerhaven), DP: Unverschämter Lümmel! (12. 4. 56)

Ehren, CDU/CSU, zu Schmidt (Hamburg), SPD: Ich möchte einen Ordnungsruf haben: Ich nenne Sie den frechsten Lümmel in diesem Hause! (Ehren bekam den Ordnungsruf, d. Hg.; 25. 3. 58)

Reddemann, CDU/CSU, zu Bundeskanzler Brandt, SPD: Wenn man als ehemaliger Journalist eine Zeitung ein Pamphlet nennt, so macht man sich nachträglich selbst zum Pamphletisten!
Brandt: Wissen Sie ...
Wehner, SPD: Lassen Sie sich doch von diesem Lümmel nicht aus der Ruhe bringen!
Vizepräsident Dr. Schmitt-Vockenhausen, SPD: Herr Abgeordneter Wehner, ich rüge das Wort ›Lümmel‹!
Wehner: Schönen Dank, Herr Präsident, daß Sie erwacht sind! (6. 4. 73)

Jagoda, CDU/CSU, zu Abgeordneten der SPD: Wissen Sie, Ihre Arroganz sollten Sie nicht so ins Feld führen. Kommen Sie hier vorne hin und machen Sie gute Vorschläge …
Heyenn, SPD: Sie sind doch ein Lümmel!
Jagoda: für eine bessere Politik in Deutschland.
Heyenn: Sie sind doch ein Lümmel!
Vizepräsident Frau Renger, SPD: Herr Abgeordneter Heyenn, ich rufe Sie zur Ordnung.
Heyenn: Danke! (8. 12. 83)

Dr. Langner, CDU/CSU: Die Eulenspiegeleien der Grünen kann man ja gerade noch pubertätsangemessen ertragen …
Frau Unruh, Grüne: Unverschämter Lümmel!
Vizepräsident Cronenberg, FDP: Bevor wir zum nächsten Tagesordnungspunkt kommen, muß ich einen Ordnungsruf erteilen. Frau Unruh hat … den Abgeordneten Langner als unverschämten Lümmel bezeichnet. – Heiterkeit. – Beifall bei den Grünen. – Ersparen Sie mir, diesen Beifall jetzt auch noch zum Anlaß zu nehmen, erneut einen Ordnungsruf zu erteilen. Jetzt müßte ich fast sagen: in pauschaler Form den Resten der anwesenden grünen Fraktion … Das ist wirklich unparlamentarisches Verhalten. Ich halte diesen Zwischenruf für unerträglich und erteile der Frau Abgeordneten Unruh allen Ernstes einen Ordnungsruf. (26. 2. 88)

Dreßler, SPD: CDU/CSU und FDP setzen sich … dem Vorwurf aus, daß die Menschen in den neuen Ländern für sie nur so lange von Interesse waren, bis sie ihre Wählerstimmen im Kasten hatten.
Louven, CDU/CSU: Ein unverschämter Lümmel!
Dreßler: Jetzt nach der Wahl, sind sie für die Regierenden nur noch Rentenempfänger zweiter Klasse. …
Vizepräsident Cronenberg, FDP: … sehe ich mich gezwungen, dem Abgeordneten Louven einen Ordnungsruf zu erteilen. Bei allem Verständnis für die Hitzigkeit der Debatte, können Sie den Kollegen Dreßler nicht als unverschämten Lümmel bezeichnen, Herr Kollege Louven.
Dreßler: Das ist ja ein Ding!
Lohmann (Lüdenscheid), CDU/CSU: Er nimmt das Wort ›unverschämt‹ zurück! (26. 4. 91)

Lump

Dr. Arndt, SPD, zu Gille, GB/BHE: Ach, Sie sind doch ein Lump! Ein Lump sind Sie! (16. 9. 54)

Wehner, SPD, zu Spranger, CDU/CSU: Sie sind ein Lump! (16. 3. 77)

Mandat

Wüppesahl, fraktionslos, zuvor Mitglied der Grünen: Bei den Grünen herrscht ein imperatives Mandat, das teilweise auf perfide Art und Weise ausgeübt wird ... (27. 10. 88)

Mann

Schmitt (Vockenhausen), SPD, zu Dr. Güde, CDU/CSU: Sie sind ja ein feiner Mann! (28. 3. 63)

Manneken-Pis

Zuruf von der SPD über Franke (Osnabrück), CDU/CSU: So redet ein Moralist!
Wehner, SPD: Nein, ein Manneken-Pis! (15. 3. 79)

Marionettenregierung

Reimann, KPD, über das Kabinett von Bundeskanzler Dr. Adenauer, CDU/CSU: ... und in 48 Stunden ist die ganze Marionettenregierung durch das Volk erledigt. (16. 12. 49)

Massengrab

Renner, KPD, über Strauß, CDU/CSU: Mit Ihrer Politik kommt das deutsche Volk ins Massengrab! (5. 12. 52)

Massenmord

Dr. Mechtersheimer, Grüne: Da hat der Irrsinn in diesem Hause überhaupt merkwürdige Dimensionen ... Hier muß ein Bundestagspräsident zurücktreten, weil er eine schlechte Rede falsch betont hat. Aber die potentiellen Eichmänner des nuklearen Holocaust modernisieren hinter den Kulissen die Instrumente ihres Massenmordes. Das ist die Realität. (24. 11. 88)

Massenmörder

Dr. Uelhoff, CDU/CSU, zur PDS/Linke Liste: Sie haben 18 Millionen Menschen in eine soziale und wirtschaftliche Katastrophe geführt. Ich kann nur sagen: Schämt euch, schweigt und lernt! Das wäre die richtige Konsequenz.
Dr. Briefs, PDS/Linke Liste: Sie stehen in der Tradition eines Massenmörders wie Globke! (5. 9. 91)

Mätzchen

Frau Hänsel, Linke: Es gab heute Morgen eine Demonstration von jungen Globalisierungskritikerinnen und -kritikern. Die mussten gleich ihre Personalien angeben. Sie haben einige Botschaften mitgebracht.– Abgeordnete der Linken halten Transparente hoch. – Ihr Verhalten zeigt auch: Das ist Ihr Verständnis von Demokratie, das ist Ihr Verständnis von einem Austausch mit der Zivilgesellschaft. Das lehnen wir ab…
Präsident Dr. Lammert, CDU/CSU: Frau Kollegin Hänsel, ich finde es ein bisschen unangemessen, die erwartete Großzügigkeit in der Geschäftsführung durch den Präsidenten einmal mehr zur Inszenierung von Mätzchen zu benutzen. Das karikiert im Übrigen den Anspruch auf Ernsthaftigkeit, der in der Wortmeldung ausdrücklich erhoben wird. (24. 5. 07)

Maul

Renner, KPD, nach einem Zwischenruf von Strauß, CDU/CSU: Mit dem Maul zahlen Sie gern, mit dem Maul leisten Sie gern, mit dem Maul helfen Sie gern, aber wenn es aufs Geld ankommt, sind Sie nicht da.
Präsident Dr. Köhler, CDU/CSU: Herr Abgeordneter, das Wort ›Maul‹ ist so unparlamentarisch; das entspricht nicht der Qualität Ihrer Persönlichkeit.
Renner: Schön! Ich korrigiere mich hier: ›mit dem Munde!‹ Ich habe das Gesicht des Zwischenrufers angesehen und bin deshalb zu dem etwas deplacierten Wort gekommen. Entschuldigen Sie! (27. 4. 50)

Maulheld

Dr. Olderog, CDU/CSU, zu Dr. Müller (Bremen), Grüne: Sie sind ein Maulheld!
Dr. Müller: Na ja, was soll's! (5. 6. 86)

Maulheldentum

Schreiner, SPD: Es wird sich entlang der Wortbeiträge der Koalition gleich herausstellen, ob das, was Herr Blüm (Bundesarbeitsminister, CDU/CSU,

d. Hg.) geschrieben hat, ernstgenommen werden muß oder ob es sich hier um eine fast übliche Form des Maulheldentums handelt …
Vizepräsident Klein, CDU/CSU: Herr Schreiner, ›Maulheldentum‹ ist nicht nett.
Schreiner: Es ist zwar nicht nett, aber auch nicht besonders schlimm.
Vizepräsident Klein: Es ist eigentlich auch nicht parlamentarisch.
Schreiner: Für meine Verhältnisse ist es fast schon wieder nett.
Vizepräsident Klein: Für Ihre Verhältnisse zugegeben. Aber vielleicht können Sie Verhältnisse ein bißchen ändern.
Schreiner: Da wir dem Wochenende entgegengehen, bin ich guter Hoffnung. (29. 4. 94)

Meinungsterror
Pfeffermann, CDU/CSU, zu Frau Matthäus-Maier, SPD: Das ist doch Quatsch, was Sie da sagen! Das ist doch Meinungsterror, was Sie da verursachen wollen!
Präsidentin Dr. Süssmuth, CDU/CSU: Herr Abgeordneter Pfeffermann, ich bitte Sie, sich jetzt parlamentarisch zu verhalten.
Frau Matthäus-Maier: Hier wird dazwischengerufen, was ich sagte, sei Meinungsterror. Ich habe das Gefühl: Was Sie machen, ist Rufterror, weil Sie immer dazwischenrufen wie ein Rüpel! (21. 6. 90)

Menschenrechtsverletzungen
Frau Müller (Kön), B90/Grüne: … immer mehr Menschen … wehren sich gegen eine Politik der Bundesregierung, die sich weltweit an Menschenrechtsverletzungen beteiligt, Rechtsstaatlichkeit aushebelt, um an Stammtischen zu gefallen. (13. 10. 95)

menschenvernichtend
Frau Friess, Grüne: Die CDU/CSU-FDP-Koalition ist sich in dieser Frage (Kernenergie, d. Hg.) für kein Ganovenstück mehr zu billig, und zwar dann, wenn es darum geht, menschenverachtende und menschenvernichtende Politik durchzusetzen. (14. 6. 89)

Methode
Dr. Seifert, PDS: … hat sich die Koalition mit dem sogenannten Altschuldengesetz eine wahrhaft erpresserische Methode ausgedacht. (30. 9. 93)

Methoden

Walthemate, SPD: Sie sollen doch antworten! Sagen Sie doch mal die Wahrheit!

Bundesfinanzminister Dr. Stoltenberg, CDU/CSU: Wissen Sie, Sie können nicht so mit mir verfahren, und so können wir in diesem Hohen Hause überhaupt nicht miteinander umgehen, daß ein Redner dem anderen sagt: Nun kommen Sie mal hierher und sagen ja und nein! Das sind volksdemokratische Methoden und keine demokratischen Methoden im frei gewählten Parlament der Bundesrepublik Deutschland. (9. 9. 87)

Meute

Wehner, SPD, zur CDU/CSU: Ich frage Sie: Wo und wie sollen Sie das denn verantworten, Sie feixende Meute - ja, das sind Sie! ... (1. 6. 78)

Mini-Goebbels

Dr. -Ing. Kansy, CDU/CSU, zu Schily, Grüne: Mini-Goebbels! (22. 11. 83)

Mithörminister

Wehner, SPD, zu Bundesinnenminister Höcherl, CDU/CSU: Dürfen Abgeordnete mithören, Herr Mithörminister? (7. 2. 64)

Mob

Zurufe von der CDU/CSU. – Vizepräsident Stücklen, CDU/CSU: Frau Kollegin, darf ich bitten, die Frage ganz kurz zu stellen.

Frau Matthäus-Maier, SPD: Entschuldigen Sie, wenn ich von dem Mob unterbrochen werde, dann möchte ich ... Ich wäre sehr viel schneller fertig, wenn ich nicht ununterbrochen durch Gejohle unterbrochen würde ...

Vizepräsident Stücklen: Frau Kollegin Matthäus-Maier, haben Sie einen Teil dieses Haus als ›Mob‹ bezeichnet?

Frau Matthäus-Maier: In der Tat, und ich empfinde das Gejohle auch so.

Vizepräsident Stücklen: Frau Abgeordnete Matthäus-Maier, ich rufe Sie zur Ordnung.

Frau Matthäus-Maier: Ich wundere mich, daß Sie diesen Teil dort drüben nicht zur Ordnung rufen!

Vizepräsident Stücklen: Frau Matthäus-Maier, ich rufe Sie zum zweiten Mal zur Ordnung. (27. 11. 86)

Mord

Rische, KPD, zu Blachstein, SPD: Sie sympathisieren mit dem Mord und der Sabotage! (23. 10. 52)

Frau Beer, B'90/Grüne: … ich befürchte, daß … Dr. Kanther (CDU/CSU, d. Hg.) als Innenminister … dafür sorgen wird, daß ein Abschiebevertrag abgeschlossen wird, der möglicherweise … dazu führt, daß es tatsächlich zu Massenabschiebungen, d. h. Beihilfe zum Mord, kommt. (16. 2. 95)

Mörder

Ströbele, Grüne: Sie finanzieren die Mörder, Herr Warnke (Bundesminister für wirtschaftliche Zusammenarbeit, CDU/CSU, d. Hg.)! (16. 5. 86)

Mörderkomplizen

Stratmann, Grüne, zu Schäfer, FDP, Staatsminister im Auswärtigen Amt: Liberale Mörderkomplizen! (17. 1. 90)

Murmeln

Schreiner, SPD, zur CDU/CSU: Haben Sie Bohnen in den Ohren? … Sitzen Sie auf Ihren Ohren, oder was ist hier los?
Vizepräsident Cronenberg, FDP: Im übrigen erlaube ich mir bei der Gelegenheit den Hinweis, daß Ihre Bemerkung ›Sitzen Sie auf ihren Murmeln?‹ bei Durchsicht des Protokolls vielleicht zweckmäßigerweise – weil unparlamentarisch – gestrichen werden kann.
Schreiner, SPD: Ich habe nach meiner Auffassung nicht ›Murmeln‹, sondern ›Bohnen‹ gesagt, aber wenn Sie ›Murmeln‹ sagen, bin ich auch damit einverstanden und bitte auch nicht um Streichung. (23. 9. 93)

Mut

Frau Wolff (Berlin), SPD: Ich bewundere den traurigen Mut des Herrn Bundesverteidigungsministers … (Blank, CDU/CSU, d. Hg.; 4. 7. 56)

Nachhilfeschüler

Fritz Erler, SPD: Ich wiederhole es für den Nachhilfeschüler Lenz (CDU/CSU, d. Hg.) zum dritten Mal! (31. 1. 57)

Narr

Schüttler, CDU/CSU, zu Loritz, WAV: Alter Narr! (10. 2. 50)

Nazi

Bundeswirtschaftsminister Dr. Schiller, SPD, hatte die Union in die Nähe der ›Harzburger Front‹ gerückt; Haase (Kassel), CDU/CSU: Dieser Nazi! SA-Mann! Nazi-Professor! Parteigenosse Schiller! Im NS-Rechtswahrerbund waren Sie, als die Judengesetze gemacht wurden! Und Sie wollen uns beschimpfen? Dieser Obernazi! – Sie sind Professor von Hitlers Gnaden und wollen uns beschimpfen! (25. 4. 72)

Nazi-Advokat

Wehner, SPD, zu Euler, FDP: Sie sind ein Nazi-Advokat! (16. 2. 50)

Nazi-Flegel

Dr. Greve, SPD, zu von Thadden, fraktionslos: Ein ausgemachter Nazi-Flegel sind Sie, nichts weiter, ein Nazi-Flegel! (10. 10. 51)

Nazi-Rede

Dr. Althammer, CDU/CSU, zu Frau Beck-Oberdorf, Grüne: Eine Nazi-Rede halten Sie! (22. 11. 83)

Nazis

Fischer (Frankfurt), Grüne, über Bundesinnenminister Dr. Zimmermann, CDU/CSU: ... der Bundesinnenminister als braun schimmernder Nachlaßverwalter der nationalsozialistischen Ausländer-Polizeiverordnung recht gut macht ...

Vizepräsident Wurbs, FDP: ... ich erteile Ihnen einen Ordnungsruf.

Fischer: Uns darf man Nazis nennen, umgekehrt erhält man Ordnungsrufe. Wenn's sein muß ...! Die Union schürt nunmehr in Hessen ohne Hemmungen die Ausländerangst, allen vorneweg jener brandstiftende Biedermann namens Wallmann, seines Zeichens Oberbürgermeister von Frankfurt.

Vizepräsident Wurbs: ... ich erteile Ihnen einen Ordnungsruf und mache Sie auf die Konsequenzen eines möglichen dritten Ordnungsrufes aufmerksam.

Fischer: Ja, Herr Präsident, unter dem Gesichtspunkt des Ordnungsrufes komme ich jetzt nur noch zu Floskeln. (5. 10. 84)

Dr. Müller, CDU/CSU, zu den Grünen: Ihr seid die Nazis von heute! (20. 2. 86)

Nilpferd
Gernot Erler, SPD, zu Bundeskanzler Dr. Kohl, CDU/CSU: Nein, mit der Sensibilität eines hospitalisierten Nilpferds gehen Sie mit den Sorgen der ganzen Region um.
Vizepräsidentin Dr. Vollmer, B'90/Grüne: Herr Abgeordneter Erler, Ihr ›hospitalisiertes Nilpferd‹ entspricht nicht dem parlamentarischen Sprachgebrauch.
Fischer (Frankfurt), B'90/Grüne: Er hat gesagt: ›mit der Sensibilität eines hospitalisierten Nilpferdes‹! Ein Unterschied! (23. 11. 95)

Notdurft
Bundesjustizminister Dr. Dehler, FDP: Ein Richter, der in der Notdurft des Tages erstickt, hat nicht die Überlegenheit, die ... verlangt wird. (1. 3. 50)

NS-Schulungsredner
Wehner, SPD, über Dr. Barzel, CDU/CSU: NS-Schulungsredner! (11. 6. 59)

Oberheuchler
Schily, Grüne, zu Dr. Dregger, CDU/CSU: Oberheuchler! (7. 12. 83)

Oberschreier
Fritz, CDU/CSU, zu Schreiner, SPD: Oberschreier! ...
Vizepräsident Becker, SPD: ... Schließlich geht es um den Kollegen Erich Fritz, der bei einer Rede des Kollegen Schreiner ›Oberschreier‹ dazwischengerufen hat. ... dafür erhält er einen Ordnungsruf.
Dr. Rüttgers, CDU/CSU: Nein, Herr Präsident! Das ist ausschließlich die Wahrheit! – Aber Wahrheit muß Wahrheit bleiben, Herr Präsident! (1. 10. 93)

Optionen
Frau Schenk, B'90/Grüne: Dies ... steht durchaus in einem inneren Zusammenhang mit der begonnenen Demontage des Sozialstaates, mit der von der etablierten Politik provozierten Zunahme rechtsradikaler Gewalt und nicht zuletzt mit einem neuen Verständnis von deutscher Außenpolitik, in der militärische, also mörderische Optionen wieder ihren Platz haben. (16. 6. 93)

Pack
Schmidt (Fürth), CDU/CSU: Daran störe ich mich nicht, Herr Kollege Glos, denn entweder wird verfahrenswidrig von der Regierungsbank dazwischen-

redet oder geklatscht – was nicht erlaubt ist – oder es wird nicht zugehört. Aber dies ist halt so, so sind sie halt beieinander.
Dr. Küster, SPD: Überhaupt kein Benimm, der Mensch!
Dr. Peter Ramsauer, CDU/CSU: Verantwortungsloses Pack!
Präsident Thierse, SPD: Kollege Ramsauer, wir hatten uns in diesem Hause gelegentlich auf einen Stil geeinigt.
Dr. Ramsauer: Aus gutem Grunde!
Präsident Thierse: Deswegen sind Zwischenrufe wie der von Ihnen – ›verantwortungsloses Pack‹ in Richtung auf die Regierungsbank – zurückzuweisen. (20. 12. 02)

palavern
Frau Lederer, PDS/Linke Liste: Es jährt sich im nächsten Jahr auch der Tag der Gründung der UNO. Nicht ein Vorschlag ist hier seitens des Außenministers Kinkel erwähnt worden. Er hat wiederum nur darüber palavert, daß der ständige Sitz im UNO-Sicherheitsrat noch nicht erreicht sei …
Vizepräsident Klein, CDU/CSU: … ich glaube nicht, daß der Ausdruck ›palavern‹ ausgesprochen unparlamentarisch wäre. Nur kann nach allgemeinem Sprachverständnis ein einzelner nicht palavern, das kann nur eine Gruppe. (23. 11 94)

Parasit
Stiegler, SPD, zu Dr. Gerhardt, FPD: Sie sind ein Abstauber und das wird Ihnen die Öffentlichkeit nicht durchgehen lassen. Die F.D.P. kann nicht immer sozusagen wie ein Parasit von dem Schaden der anderen leben; vielmehr müssen Sie sich Ihrer Verantwortung stellen.
Präsident Thierse, SPD: Kollege Stiegler, ich möchte noch eine Bitte äußern: Wir sollten auch im Eifer des Gefechts belastete Ausdrücke nicht verwenden. ›Parasit‹ ist in Deutschland ein sehr belasteter Ausdruck.
Dr. Gerhardt: Sie haben sich etwas verstiegen, Herr Stiegler! (20. 1. 2000)

Parlament
Mann, Grüne: … Ich darf meine Frage, glaube ich, Frau Präsidentin, erläutern, daß wir der anderen Seite …
Vizepräsident Frau Renger, SPD: Moment mal, das geht nun wirklich nicht, daß Sie mir erklären, was Sie hier dürfen. Ich habe Ihnen gesagt: Stellen Sie bitte eine Frage und geben Sie keine Erläuterungen. Ich habe wirklich keine

Lust, mich jedesmal mit einem der Herren oder einer der Damen von Ihnen auseinanderzusetzen, was vom Präsidium aus richtig oder falsch ist. Ich bitte Sie, Ihre Fragen kurz zu stellen.
Mann: Ich denke, daß wir als Abgeordnete das Recht haben ...!
Vizepräsident Frau Renger: Ich bitte Sie, ich rufe Sie zur Ordnung, weil Sie den Maßnahmen des Präsidenten nicht folgen. Ich rufe Sie zur Ordnung!
Mann: Das ist typisch für den Umgang mit diesem Parlament!
Vizepräsident Frau Renger: Ich rufe Sie zum zweiten Mal zur Ordnung! (20. 3. 86)

Geis, CDU/CSU, zu Schily, SPD: Sie sind ein Zyniker! Sie gehören nicht ins Parlament!
Vizepräsident Klein, CDU/CSU: Ich weise die Geschäftsführer der SPD und der Grünen darauf hin, daß sie dem Präsidenten nicht zu raten haben, wann er einen Zwischenruf aufgreift oder nicht. Auf eine Rede, in der festgestellt wird: Wer sich nicht Mörder nennen läßt, ist zimperlich, in der Begriffe wie ›Hampelmann‹, ›Deppen‹, ›Schafsköpfe‹, ›Dümmlichkeit‹ vorkommen, erfolgen auch schärfere Zwischenrufe. – Klein unterbricht die Bundestagssitzung. – Nachdem die Sitzung wiederaufgenommen ist, erhält der Abg. Geis, CDU/CSU, das Wort: Sehr verehrter Herr Kollege Schily, Sie sind frei gewählter Abgeordneter. Ich respektiere das. Insofern möchte ich meinen Ausdruck ›Sie gehörten nicht ins Parlament‹ zurücknehmen.
Schily: Herr Kollege Geis, das ist guter parlamentarischer Stil. Ich bedanke mich für Ihre Erklärung. Schwamm drüber! (8. 3. 96)

Parlamentskasper
Kauder, CDU/CSU: Herr Eichel (Bundesfinanzminister, SPD, d. Hg.) entwickelt sich zum Parlamentskasper!
Tauss, SPD: Das ist eine Unverschämtheit! Diese Frechheit ist nicht akzeptabel!
Eichel, SPD: Von Kasperei verstehen Sie etwas. (30. 9. 04)

parteilich
Frau Matthäus-Maier, SPD: Sie sind parteilich, Herr Präsident!
Vizepräsident Klein, CDU/CSU: ... ich erteile Ihnen einen Ordnungsruf. (8. 3. 96)

Partisan

Dürr, SPD, über Dr. Dregger, CDU/CSU: Ein paar Worte zu dem Teil, in dem der Herr Kollege Dregger – oder muß ich besser sagen: der Partisan Dregger – zur Rechtspolitik Stellung genommen hat ... (22. 6. 77)

Patent-C-Träger

Wehner, SPD, zur CDU/CSU: Da feixen Sie, Patent-C-Träger, da feixen Sie! (17. 12. 76)

Persönlichkeit

Michelbach, CDU/CSU: Ich bin immer wieder erstaunt darüber, wie leicht Ihnen, Herr Scharping (SPD, d. Hg.), das Wort ›Lüge‹ über die Lippen geht. Ich führe das auf Ihre gespaltene Persönlichkeit zurück.
Vizepräsidentin Dr. Vollmer, B'90/Grüne: Ich glaube, daß der Vorwurf einer gespaltenen Persönlichkeit auf eine Person bezogen ist und deshalb von mir gerügt werden muß. Das möchte ich damit tun. (17. 10. 96)

Petersberg

Müller (Frankfurt), KPD, über das Kabinett von Bundeskanzler Dr. Adenauer, CDU/CSU: Deputierte des Petersberges! (Das Hotel auf dem Petersberg im Siebengebirge vor den Toren der ›provisorischen Bundeshauptstadt‹ Bonn war während der Besatzungszeit der Amtssitz des amerikanischen Hochkommissars, d. Hg.; 23. 5. 51)

Pferdemetzger

Niebel, FDP: Aber der Kanzler (Schröder, SPD, d. Hg.) kümmert sich auch sonst nicht so sehr um Zahlen. Was sind denn 500 000 Arbeitslose mehr oder weniger? Überhaupt: Wenn sich jemand nach gerade einmal zwei Jahren Kanzlerschaft schon selbst als alten Zirkusgaul in der Manege bezeichnet, denkt man eigentlich eher an das Altenteil als an Regierungsfähigkeit.
Laumann, CDU/CSU: Wo ist eigentlich die Manege?
Niebel: Ich befürchte nur, wir werden auch diesen Klepper noch bis 2002 durchfüttern müssen. Dann gibt es zwei Möglichkeiten: Entweder bekommt er eine Frischzellenkur oder er geht zum Pferdemetzger.
Vizepräsidentin Dr. Vollmer, B'90/Grüne: Ich glaube, das war jetzt ein bisschen an der Grenze, Herr Kollege. (9. 3. 01)

Pfui Deibel

Frau Unruh, fraktionslos: Sie züchten in unserem Land einen Generationenhaß, im wesentlichen veranlaßt von der FDP. Es ist für mich untragbar, wenn ich das höre. Das soll sich dann liberal schimpfen. Das ist ja wohl mehr als ungewöhnlich, Herr Mischnick.
Mischnick, FDP: Dunkel ist der Rede Sinn!
Frau Unruh: Herr Mischnick, wenn ich Sie so reden höre und mir vor Augen halte, was die Liberalen alles gewollt haben und wo sie versagt haben.
Zuruf von der CDU/CSU: Sie sind ein Lackschuh-Panther!
Frau Unruh: Das tut schon weh. Ich war einmal eine Sozialliberale. Aber was sind Sie heute? Pfui Deibel! Das kann ich nicht verstehen. (9. 11. 89)

Pharisäer

Wehner, SPD, über Dr. Barzel, CDU/CSU: Ein einstudierter Pharisäer! (24. 4. 58)

Kühbacher, SPD, zu Spranger, CDU/CSU: Sie sind mir schon ein schöner Pharisäer!
Wolfgramm (Göttingen), FDP: Apropos Wasser. In diesem Zusammenhang sei mir erlaubt, noch zu präzisieren, daß das Wort ›Pharisäer‹ auch ein Getränk bezeichnet …
Kroll-Schlüter, CDU/CSU, in dessen Wahlkreis die Bierstadt Warstein liegt: Wohl bekomm's!
Wolfgramm: und daß Pharisäer, wenn ich das mit Erlaubnis des Herrn Präsidenten sagen darf, in Israel eine sehr angesehene Kaste gewesen sind, fast so angesehen wie Abgeordnete heute in der Bundesrepublik. (29. 1. 81)

Dr. Sperling, SPD, über die CDU/CSU: Da sind nicht Paulusse aus Saulussen geworden, sondern Pharisäer! … Ich möchte, da mein Zwischenruf einen Ordnungsruf erfahren hat, den Ausdruck ›Pharisäer‹ mit dem Ausdruck des Bedauerns zurücknehmen und durch den Ausdruck ›Schriftgelehrter‹ ersetzen.
Dr.-Ing. Kansy, CDU/CSU: Frau Präsidentin, dieser Schriftgelehrter da! (25. 6. 87)

Pharisäertum

Schreiner, SPD, zur CDU/CSU-FDP-Koalition: Das ist doch nichts anderes als die Organisation von purer Heuchelei und Pharisäertum, was

Sie hier betreiben. Das sollte man auch mit diesen deutlichen Worten so nennen.
Vizepräsident Frau Renger, SPD: Das sollte man in diesem Hause nicht so nennen ...
Schreiner: Dann nenne ich es eben außerhalb dieses Hauses so. (14. 9. 89)

Pinsel
Frau Matthäus-Maier, SPD, über Dr. Schäuble, CDU/CSU: So ein arroganter Pinsel! (8. 9. 93)

Pöbel
Wehner, SPD, nach mehreren Zurufen von der CDU/CSU: Kann man diesen Pöbel nicht einmal zu Ruhe bringen? (16. 3. 78)

Wehner, SPD, zu von Hassel, CDU/CSU: Stellen Sie Ihre Fragen in Glücksburg, Herr von Hassel!
Dr. Hubrig, CDU/CSU: Das ist das Demokratieverständnis von Herrn Wehner!
Wehner: Sie glauben wohl, Sie können uns hier terrorisieren! Das ist Ihre Art: Hacken zusammen und dann andere niederbrüllen! Das ist Ihre Art, Sie Pöbel!
Vizepräsidentin Frau Funcke, FDP: ... Herr Abgeordneter Wehner, ich erteile Ihnen einen Ordnungsruf.
Wehner: Sie sind das Parlament! Sie sind mir ein schönes Parlament! (14. 12. 78)

Pöbelhaufen
Wehner, SPD, über die CDU/CSU: Ein nihilistischer Pöbelhaufen ist das! (30. 11. 65)

Pogromhetzer
Frau Jelpke, PDS/Linke Liste, über eine Erklärung von Bundestagspräsidentin Dr. Süssmuth, CDU/CSU: ... eine Erklärung, in der die eigentlichen Pogromhetzer in der Bundesregierung, den Landesregierungen und in den Kommunalparlamenten nicht benannt werden. (18. 10. 91)

Polemiker
Dr. Faltlhauser, CDU/CSU, über Dr. Briefs, PDS/Linke Liste: Das ist der übelste und dümmste Polemiker des Bundestages! (19. 9. 91)

Polizeispitzel

Stratmann, Grüne, über die CDU/CSU-FDP-Bundesregierung: Sie sind die Koalition der Polizeispitzel, aber nicht der Mitte! (19. 3. 87)

Prolet

Frau Schwaetzer, FDP: Proleten bleiben Proleten! ...
Vizepräsidentin Fuchs, SPD: Ich bitte Sie darum, auch in einer heftigen Debatte ein bißchen auf die Ausdrucksweise zu achten. Ich wollte vorhin auch etwas im Protokoll rügen, tue dies aber nicht ...
Hörster, CDU/CSU: Wir können ja die Reden aus der letzten Wahlperiode wieder herausholen, was wir uns da haben anhören müssen!
Vizepräsidentin Fuchs: Nein, es geht nur um den Ton, Herr Kollege.
Frau Dr. Schwaetzer: Dazu könnten wir Herrn Dreßler (SPD, d. Hg.) pausenlos zitieren!
Vizepräsidentin Fuchs: Wenn Sie sagen ›Prolet bleibt Prolet‹, ist das auch nicht so schön. (30. 6. 99)

Promilletest

Lemmrich, CDU/CSU, über Bundesverkehrsminister Leber, SPD: Aber ich kann mich des Eindrucks nicht erwehren, daß der Minister Leber heute etwas zu lange im Restaurant verbracht hat, und ich möchte ihn gern fragen, ob er bereit ist, sich dem Promilletest zu unterwerfen. (27. 4. 72)

Propaganda

Roth, SPD, zu Dr. Stercken, CDU/CSU: Kriegen Sie Honorar, wenn Sie südafrikanische Propaganda verlesen?
Präsident Stücklen, CDU/CSU: Herr Abgeordneter Roth, ich bitte, ehrenrührige Unterstellungen, die da herausgelesen werden können, zu unterlassen. (18. 1. 80)

Provokateure

Renner, KPD: Immer mehr erkennen die Völker der Welt, daß der 17. Juni in Berlin von in- und ausländischen Provokateuren organisiert worden ist.
Meitmann, SPD: Das sagt ihr, ihr Arbeiterschlächter! (1. 7. 53)

Quatsch

Frau Schilling, Grüne, zu Ronneburger, FDP: So ein ausgemachter Quatsch!

Vizepräsident Stücklen, CDU/CSU: Frau Abgeordnete Schilling, haben Sie den Zwischenruf gemacht: ›Ein absoluter Quatsch!‹?
Frau Schilling: ›Ein ausgemachter Quatsch‹ habe ich gesagt.
Vizepräsident Stücklen: ›Ein ausgemachter Quatsch.‹ Dafür rufe ich Sie zur Ordnung.
Frau Schilling: Dann sage ich es gleich noch mal!
Ronneburger: Vielen Dank, Herr Präsident.
Frau Schilling: Noch mehr Quatsch!
Vizepräsident Stücklen: Ich habe es allmählich satt, daß ich mit großer Duldsamkeit hier Ihre permanenten Zwischenrufe mir anhöre.
Frau Schilling: Das werden Sie schon müssen!
Ronneburger: Herr Präsident, ich bin Ihnen um so dankbarer, als ich es mir versagt habe, Frau Schilling, bei Ihren Ausführungen entsprechende Zwischenrufe zu machen.
Frau Schilling: Ich habe ja auch nicht so einen Quatsch geredet!
Ronneburger: Ich wäre Ihnen dankbar, wenn auch Sie mit etwas mehr Höflichkeit reagieren könnten, die anderen Ihnen, wenn auch mühsam, entgegenbringen.
Frau Schilling: Ich bin nur ehrlich!
Vizepräsident Stücklen: Frau Abgeordnete Schilling, ich rufe Sie zum zweiten Mal zur Ordnung.
Frau Schilling: Ist okay, Chef! (14. 12. 89)

Wilhelm (Amberg), B'90/Grüne: Denn nach dem Wortlaut Ihres Entwurfs genügt jeder, aber wirklich jeder noch so kleine Vorteil, um Mieter auf die Straße zu setzen.
Frau Lenke, FDP: Das ist doch Quatsch
Vizepräsidentin Fuchs, SPD: Frau Kollegin, ›Quatsch‹ ist nicht so ganz parlamentarisch.
Ronsöhr, CDU/CSU: Aber auch nicht unparlamentarisch! (12. 10. 2000)

Quatschkopf

Wehner, SPD, zu Dr. Luda, CDU/CSU: Sie sind ein Quatschkopf, weiter gar nichts!
Dr. Luda: Herr Präsident, ich bin von Herrn Wehner ›Quatschkopf‹ genannt worden. Ich bin nicht damit einverstanden, daß so etwas hier passiert.

Vizepräsident Dr. Schmid, SPD: Das habe ich nicht gehört. Herr Abgeordneter Wehner, bekennen Sie sich dazu?
Wehner: Aber mit Vergnügen! (17. 2. 66)

Wehner, SPD, zu Dr. Riedl (München), CDU/CSU: Sie sind ein Quatschkopf, weiter gar nichts! (17. 9. 81)

Radaubruder
Volmer, Grüne, über den Bundesminister für wirtschaftliche Zusammenarbeit, Klein, CDU/CSU: Ich kann hier eines sagen: Der einzige Radaubruder sitzt auf der Regierungsbank.
Präsident Dr. Jenninger, CDU/CSU: Herr Abgeordneter, ich muß diese Vorwürfe zurückweisen. So sollte man im Parlament nicht miteinander reden.
Volmer: Der Herr Bundesminister hat uns vorgeworfen, wir wollten Krawall machen. Ich kann sagen: Wenn jemand Krawall macht – wir sind es nicht. (9. 6. 88)

Rassismus
Frau Lederer, PDS/Linke Liste: Ein Nein zu diesem Antrag heute ist nicht ein Nein zu einem x-beliebigen CDU-Antrag; es ist ein Nein zum Rassismus ...
Präsidentin Dr. Süssmuth, CDU/CSU: Frau Lederer, es war nicht genau zu hören. Aber wenn Sie gesagt haben sollten, dieser Antrag sei rassistisch, dann muß ich Ihnen sagen: Diesen Ausdruck weise ich in bezug auf den Entschließungsantrag zurück. (15. 10. 92)

Ratte
Wehner, SPD, zu Rawe, CDU/CSU: Sie sind doch keine Maus, sondern eine Ratte! (22. 1. 76)

Raubvogel
Schmidt (Hamburg-Neustadt), Grüne: ... es gibt in diesem Hause zwei Arten von Strukturen: die baulichen Strukturen für die Starken; das sieht dann so aus, daß das Fußvolk unten ist, etwas höher die Redner, ganz oben das Präsidium und hinter allem dann der Raubvogel da oben.
Vizepräsident Westphal, SPD: Ich rufe Sie zur Ordnung. Das ist ein Symbol des Deutschen Bundestages, von dem Sie gesprochen haben.
Schmidt: Es bleibt dabei, daß ein Adler ein Raubvogel ist.

Vizepräsident Westphal: Nicht einmal das stimmt. Sie sollten sich einmal ein bißchen in der Natur erkundigen, bevor Sie solche Reden halten.
Schmidt: Also lassen wir das den Ornithologen zur Entscheidung. (18. 4. 85)

Reichslügenverband
Fritz Erler, SPD, zu Dr. Barzel, CDU/CSU: Sie werden nachträglich zum Ehrenmitglied des Reichslügenverbandes zur Bekämpfung der Sozialdemokratie befördert! (11. 6. 58)

Reifeprüfung
Wehner, SPD, zu Dr. Mikat, CDU/CSU: Sie machen heute Ihre Reifeprüfung in Demagogie! (21. 6. 72)

Renegat
Rische, KPD, über Wehner, SPD: ... der Renegat Wehner! (26. 4. 51)

Loritz, fraktionslos, zu Wittmann, DP: Sie Renegat, sind Sie still! (9. 5. 52)

Rindvieh
Frau Dr. Fuchs, PDS, über Dr. Weng (Gerlingen), FDP: So ein Rindvieh!
Präsidentin Dr. Süssmuth, CDU/CSU: ... Von wem sprechen Sie als von einem Rindvieh? Von einem Abgeordneten? Dann muß ich Ihnen einen Ordnungsruf erteilen. (27. 11. 92)

Rosenmontagsveranstaltung
Rasner, CDU/CSU, zu Haase (Kellinghusen), SPD: Sie erwecken den Eindruck, als sei Herr von Hassel (CDU/CSU, Bundesverteidigungsminister, d. Hg.) eine Rosenmontagsveranstaltung wichtiger als der Deutsche Bundestag; das finde ich schäbig! (24. 2. 65)

Roßtäuscher
Kleinert (Marburg), Grüne: Aber nicht nur das Beispiel Quellensteuer zeigt, daß unter dem Deckmantel des Steuerwohltäters aus dem Finanzministerium sehr schnell der Roßtäuscher Stoltenberg (CDU/CSU, d. Hg.) hervorlugt. (15. 10. 87)

Andres, SPD, über Bundesarbeitsminister Dr. Blüm, CDU/CSU: Ein Roßtäuscher ist das!

Vizepräsident Becker, SPD: Herr Kollege Andres, ich muß Sie zur Ordnung rufen. Ich habe Sie zweimal ermahnt, nicht von ›Roßtäuschern‹ zu sprechen.
Andres: Herr Präsident, darf man hier nicht die Wahrheit sagen? (1. 7. 93)

Rosstäuschertricks
Vizepräsidentin Fuchs, SPD: Herr Kollege, gestatten Sie eine Zwischenfrage des Kollegen Fischer?
Hasenfratz, SPD: Nein.
Fischer (Hamburg), CDU/CSU: Weil Sie den Rosstäuschertrick machen, deshalb!
Vizepräsidentin Fuchs: Ich möchte dem Kollegen Fischer sagen, dass ich den Begriff ›Rosstäuschertrick‹ nicht für parlamentarisch halte. Wir müssen bei gegenseitigen Beschuldigungen ein wenig aufpassen, zumal er es wiederholt hat. Nun ist das aber erledigt.
Fischer: Da hat es hier Schlimmeres gegeben! (24. 3. 2000)

rotzfrech
Goldmann, FDP: Frau Künast, Sie wissen, dass ich Sie menschlich durchaus schätze. Aber tun Sie doch nicht so, als sei Ihre Politik von Fachlichkeit geprägt. Nein, Sie haben Ihr Haus – Ihren Haushalt, Ihre Sachverständigen- und Beratergremien und die Beförderungsstrukturen Ihres Hauses – systematisch genutzt, um Ihre ideologische Linie – die Kampflinie zwischen der Ökolandwirtschaft auf der einen Seite und der schlimmen konventionellen Landwirtschaft auf der anderen Seite – durchzusetzen.
Bundesverbraucherschutzministerin Künast, B'90/Grüne: Ach was! Das war doch schon vorher so! Nicht immer nur die Grünen!
Goldmann: Auch wenn Sie jetzt wieder schreien, Frau Künast, muss ich Ihnen sagen: Sie sind fachlich gescheitert; denn Sie sind mit Illusionen angetreten.
Dr. Küster, SPD: Oh, das Goldhähnchen! …
Goldmann: Ich entschuldige mich dafür, weil das der Ministerin gegenüber der Anstand des Parlaments gebietet. Aber Frau Ministerin sollte einmal darüber nachdenken, ob das, was sie gerade getan hat, ein angemessener ministerieller Umgang mit einem Kollegen ist, der sich in diesem Bereich engagiert. (16. 6. 05)

rotzig
Höcherl, CDU/CSU, zu Dr. Arndt, (Berlin), SPD: Man sieht offenbar etwas

besonderes darin ... die Dinge etwas rotzig und ruppig zu beantworten. (23. 1. 71)

Rotzjunge

Renner, KPD, über Löfflad, WAV: Nur ein Rotzjunge kann solche Bemerkungen machen! (12. 7. 51)

Renner, KPD, zu Seuffert, SPD: Nur ein Rotzjunge, ein Provokateur und Agent erlaubt sich diese Unverschämtheit, Herr Seuffert! (8. 5. 52)

rumlügen

Frau Schilling, Grüne, zu Schäfer, FDP, Staatsminister im Auswärtigen Amt: Das ist die Höhe! Darf man hier so rumlügen, Herr Präsident? (20. 6. 90)

rumnölen

Dr. -Ing. Jork, CDU/CSU: Da muß man auch wollen und darf nicht nur blöd rumnölen. Entschuldigung! Den Begriff ›blöd‹ möchte ich bitte zurücknehmen. (22. 9. 93)

SA-Mann

Renner, KPD, zu Dr. Kiesinger, CDU/CSU: SA-Mann Kiesinger! SA-Männer dürfen hier eigentlich gar nicht sprechen. (4. 12. 52)

Schmidt (Hamburg), SPD, zu Bundesinnenminister Dr. Schröder, CDU/CSU: Herr SA-Mann Schröder und die Demokratie! (25. 4. 58)

Haase (Kassel), CDU/CSU, über Bundeswirtschaftsminister Dr. Schiller, SPD: Wo ist denn der SA-Mann Schiller? (4. 2. 71)

Sau

Dr. Jens, SPD, zur CDU/CSU-FDP-Bundesregierung: Sie packen zu den 670 verschiedenen Programmen ... noch eines dazu. Dann gibt es 671. Keine Sau ist in der Lage, da durchzuschauen.
Präsidentin Dr. Süssmuth: Herr Professor Jens, sind Sie mit mir einer Meinung, daß wir hier keine ›Säue‹ haben, die etwas nicht durchschauen können? Also lassen wir die ›Säue‹ weg. ...
Dagegen war folgende Äußerung, die am selben Tag fiel, für Bundestagsvizepräsident Klose, SPD, nicht kritikwürdig.

Frau Kastner, SPD: Man kann … nicht jeden Monat eine neue Sau durchs Dorf jagen. (14. 11. 96)

Sauerei

Vizepräsident Frau Renger, SPD: Herr Abgeordneter Bueb, bevor ich Ihnen das Wort gebe, ein kleiner Hinweis. Sie haben – ich nehme an, das kommt aus dem Bayerischen – das Wort ›Sauerei‹ gebraucht. Ich denke, das ist vielleicht nicht ganz angepaßt.
Eimer (Fürth), FDP: Für Bayern schon!
Vizepräsident Frau Renger: Damit Sie das nicht wiederholen, sage ich Ihnen das vorher.
Bueb, Grüne: Soll ich denn ›Schweinerei‹ sagen?
Vizepräsident Frau Renger: Das ist auch nicht gut. (25. 9. 86)

Gilges, SPD: Ich finde das, was Sie (Bundesarbeitsminister Dr. Blüm, CDU/CSU, d. Hg.) beabsichtigen, schlicht und einfach unverschämt. Es ist eine große Sauerei. Sie werden sich auch nicht mit schönen Reden aus dieser Sauerei herausreden können. (21. 1. 93)

Sauhaufen

Wehner, SPD, zur CDU/CSU: Benehmen Sie sich doch nicht wie ein Sauhaufen! (27./28. 6. 63)

Schafskopf

Dr. Arndt, SPD, über Freiherr von und zu Guttenberg, CDU/CSU: So ein Schafskopf! (5. 11. 59)

Schande

Mellies, SPD, zu Dr. Richter (Niedersachsen), WAV: Wenn es eine Schande für das deutsche Volk gibt, dann ist es nur die, daß heute noch solche schamlosen Burschen Ihrer Art auf dieser Tribüne stehen und reden können! (26. 9. 51)

Scharfmacher

Fisch, KPD, über den US-Außenminister: Herr Dulles … dieser Scharfmacher! (4. 2. 53)

Scheiß

Hascke (Jena), CDU/CSU: ... diese DDR, die einmal unter dem Motto ›Auferstanden aus Ruinen‹ antrat, war doch spätestens am 17. Juni 1953 untergegangen, die war doch mit dem Bau der Mauer noch einmal untergegangen, die war doch mit jedem Schuß an dieser widersinnigen unnatürlichen Scheiß ... mit jedem schlimmen MfS-Spitzelbericht untergegangen. (21. 9. 94)

Scheißhaufen

Frau Potthast, Grüne, über Bundesarbeitsminister Dr. Blüm, CDU/CSU: Das, was Sie hier geliefert haben – süße Worte, Aufwertung der Mütterlichkeit; für manche Frauen hört es sich ja reizvoll an –, ist der berühmt-berüchtigte Zuckerguß über einem riesigen Scheißhaufen. (12. 4. 84)

Scheiß-Regierung

Wieczorek, SPD: Scheiß-Regierung! (21. 1. 93)

Schiß

Müller (Düsseldorf), SPD: Sie sind weggetaucht, Herr Friedrich (FDP, d. Hg.), weil Sie Schiß hatten, in Ihrer Fraktion die Wahrheit sagen zu müssen ... (9. 11. 95)

Schläger

Die Immunität von Hedler, fraktionslos, sollte aufgehoben werden. Es hatte eine handfeste Prügelei zwischen Hedler – der zu dieser Zeit von den Sitzungen ausgeschlossen war, sich aber trotzdem im Herrenruheraum des Deutschen Bundestages aufgehalten hatte – sowie Wehner und Heiland (beide SPD, d. Hg.) gegeben.

Dr. Richter, fraktionslos: Ausgesprochene Schläger, Menschen, die wegen gefährlicher Körperverletzung verklagt sind, werden ihrer Immunität nicht beraubt, wohl aber die, die Ihnen wegen politischer Äußerungen unangenehm sind. (Siehe auch unter dem Stichwort ›Sitzungsausschluss‹; 6. 6. 51)

Schlange

Gerster (Mainz), CDU/CSU, zu Frau Wieczorek-Zeul, SPD: ... Sie sind verlogen! Sie sind eine scheinheilige Schlange! (9. 3. 89)

Schleimer
Dr. Barzel, CDU/CSU: Ich habe nicht die Absicht, einen Pappkameraden hier aufzubauen, wie Sie das nannten.
Wehner, SPD: Sie sind ja selber einer!
Vizepräsident Dr. Schmitt-Vockenhausen, SPD: Herr Abgeordneter Wehner, haben Sie den Herrn Abgeordneten Barzel eben als Pappkameraden bezeichnet?
Wehner: Lesen Sie das bitte im Protokoll nach, Herr Präsident!
Dr. Barzel: Bleiben wir also bei den Pappkameraden.
Wehner: Schleimer wäre richtiger! (15. 4. 70)

Schlemmen und Saufen
Loritz, fraktionslos, zu Dr. Hammer, FDP: Es ist unerhört, daß Sie das Schlemmen und Saufen in Luxuslokalen zu entschuldigen versuchen, während Millionen in Deutschland Not leiden! (11. 6. 51)

Schmutzfinken
Wehner, SPD, über die CDU/CSU: Schmutzfinken! (23. 1. 75)

schmutzig
Neubauer, SPD, über Bundeskanzler Dr. Adenauer, CDU/CSU: Schmutzig wie immer! (6. 7. 56)

Schnarchhahn
Haack, Beauftragter der Bundesregierung für die Belange der Behinderten, SPD: Als Erstes möchte ich feststellen: Herr Kolb, Sie sind ein politischer Schnarchhahn.
Dr. Kolb, FDP: Sie sind ein Heißsporn, Herr Kollege! … (19. 1. 01)

Schnauze
Vizepräsident Dr. Solms, FDP: Bevor ich die Aussprache schließe, habe ich noch eine Bemerkung zu machen: Frau Kollegin Deligöz, Sie haben auf einen Zwischenruf des Kollegen Niebel Folgendes gesagt: ›Herr Niebel, wenn Sie unbedingt reden wollen, dann stellen Sie eine Frage, dann verlängert sich nämlich meine Redezeit. Sonst halten Sie Ihre Schnauze.‹ Das entspricht nicht dem parlamentarischen Sprachgebrauch. Ich rüge das.
Dr. Kolb, FDP: Den Mund lassen wir uns nicht verbieten!

Gilges, SPD: Das stimmt aber in Bezug auf Herrn Niebel!
Vizepräsident Dr. Solms: Herr Kollege Gilges, Sie machen es durch diesen Zuruf nicht besser.
Frau Janz, SPD: Herr Niebel, das empfindliche Seelchen! (19. 10. 01)

Schnösel
Ebert, SPD, zu Sauter (Ichenhausen), CDU/CSU: Sie sind vielleicht ein arroganter Schnösel! (19. 5. 83)

Schönhuber der SPD
Feilcke, CDU/CSU, über den SPD-Kanzlerkandidaten Lafontaine: Das ist der Schönhuber (Vorsitzender der rechtsaußenstehenden ›Republikaner‹, d. Hg.) der SPD! (17. 1. 90)

Schreibtischtäter
Frau Dr. Däubler-Gmelin, SPD, über Rühe, CDU/CSU: Sie haben den bösen Satz geprägt – für alle nachlesbar –: Wenn die SPD Ihren Vorstellungen – Sie meinten zur Grundgesetzänderung – nicht folge, sei jeder Asylant ein SPD-Asylant … Es gibt Sätze, an denen man Schreibtischtäter erkennt … (18. 10. 91)

Schreier
Franke (Osnabrück), CDU/CSU, über Wehner und die SPD: Ich möchte Sie oder den lautesten Schreier in der ersten Reihe der SPD-Fraktion hören, wenn wir ein solches Verfahren während unserer Regierung hier angewandt hätten, wie er nach mehr Demokratie geschrien hätte; aber Sie praktizieren hier einen Stil, der unerträglich ist … Nur … ich betrachte Wehner so. Das hat er heute morgen mehrfach probiert. Er hat uns als ›Pöbel‹ bezeichnet … (16. 3. 78)

Schreihals
Möllemann, Staatsminister im Auswärtigen Amt, FDP, zu Mann, Grüne: Setzen Sie sich hin, Herr Kollege! Sie haben hier nicht das Wort, und Sie kriegen es von mir übrigens auch nicht.
Mann: Reden Sie zur Sache! Das ist eine Unverschämtheit, wie Sie hier mit dem Parlament umgehen!
Vizepräsident Westphal, SPD: Herr Staatsminister, die Worterteilung erfolgt durch den Präsidenten.

Möllemann: Herr Präsident, Sie haben recht. Ich wollte nur sagen: Sollten Sie mich fragen, ich würde diesem Schreihals nicht das Wort erteilen.
Mann: Sie sind ein arroganter Schnösel, Herr Möllemann, das muß ich wirklich sagen!
Vizepräsident Westphal: Herr Staatsminister, ich muß Sie ermahnen. Ich muß hier für Ordnung sorgen.
Möllemann: Herr Präsident, ich verstehe das, halte den Begriff aber aufrecht. (3. 10. 86)

Schundhammer
Behrisch, SPD, über den bayerischen Staatsminister Hundhammer, CSU: Schundhammer! (1. 12. 49)

Schurkenstück
Suhr, Grüne, über Politiker der CDU/CSU-FDP-Koalition: Sie versprechen auf Ihren Plakaten stabile Preise, sichere Renten und mehr Arbeitsplätze. Was Sie hier im Wahlkampf inszenieren ist ein Theaterstück mit mehreren Schurken. Einmal Finanzminister Schuldenberg – Stoltenberg – ... Der nächste Schurke in dem Stück ist Norbert Blüm, Inhaber der Abbruchfirma ›Soziale Sicherung‹ ... Der nächste Schurke in dem Wahlkampfstück ist Friedrich Zimmermann ... Rita Süssmuth, die Wahlkampflokomotive der Union für die emanzipierte Frau, muß dagegen leider etwas Dampf ablassen ... Kommen wir zum nächsten Ganoven im dem Schurkenstück: Martin Bangemann ... (9. 9. 86)

Schwäche
Sträter, SPD, zu Bundesminister Dr. Wuermeling, CDU/CSU: Sie leiden ja an geistiger Schwäche!
Vizepräsident Dr. Schneider, FDP: Herr Abgeordneter Sträter, ich rufe Sie wegen dieser Bemerkung zur Ordnung.
Zuruf von der SPD: Was hat er denn gesagt?
Vizepräsident Dr. Schneider: Er hat gesagt, der Minister leide an geistiger Schwäche, und dafür rufe ich ihn zur Ordnung.
Dr. Bleiß, SPD: Das kann man doch nicht verheimlichen! (16. 4. 57)

Schwachkopf
Dr. Ehmke (Bonn), SPD, zu Wilz, CDU/CSU: Sie sind ein Schwachkopf! (25. 1. 85)

Feilcke, CDU/CSU: Sie sind ein Schreier!
Schreiner, SPD: Und Sie sind ein Schwachkopf!
Vizepräsident Frau Renger, SPD: Herr Abgeordneter, ich erteile Ihnen einen Ordnungsruf!
Schreiner: Dem Kollegen?
Vizepräsident Frau Renger: Nein, Ihnen, Herr Kollege.
Schreiner: Ah so. (16. 10. 86)

Schwafeln

Schulz (Berlin), B'90/Grüne: Aber vielleicht ist auch das ein Kennzeichen des Standorts Deutschland, daß die neuen Ideen beschränkt werden, während die alten Vorstellungen hier endlose Redezeit mit Schwafeln eingeräumt bekommen. ...
Dr. Schäuble, CDU/CSU: Ein strenger Präsident müßte Sie hinausschmeißen! (21. 10. 93)

Schwätzer

Bundeskanzler Dr. Kohl, CDU/CSU: Ich würde als Sozialdemokrat in dieser Debatte das Wort Arbeitslosigkeit wirklich nicht in den Mund nehmen. Denn was haben Sie denn getan in den letzten 13 Jahren in der Strukturpolitik ...
Weisskirchen (Wiesloch), SPD: Sie Schwätzer! (7. 12. 83)

Dr. -Ing. Kansy, CDU/CSU, zu Heyenn, SPD: Aufgeblasener Schwätzer! (17. 3. 89)

Frau Schulte (Hameln), SPD, über Dr. Hüsch, CDU/CSU: Schwätzer! Richtiger Schwätzer! (31. 10. 90)

Schwein

Wehner, SPD, zu Wohlrabe, CDU/CSU: Sie sind ein Schwein, wissen Sie das? (21. 5. 74)

Weiß (Berlin), B'90/Grüne, zu Gres, CDU/CSU: Arrogantes Schwein!
Schwalbe, CDU/CSU: Der Konrad Weiß hat den Abgeordneten Gres ›arrogantes Schwein‹ genannt! Das kann man nicht dulden!
Weiß: ... ich bitte zu Protokoll zu nehmen, daß ich den Ausdruck ›arrogantes Schwein‹ gegenüber einem Kollegen dieses Hauses in höchster Erregung ausgestoßen habe ... (23. 6. 94)

Schweinebande

Abgeordnete der Fraktion Die Linke ziehen sich Streikwesten mit dem Aufdruck ›Solidarität – ver.di – Streik‹ über – Fromme, CDU/CSU: Frau Präsidentin! – Zuruf von der FDP: Kasperletheater! – Weitere Zurufe von der CDU/CSU und der FDP.
Vizepräsidentin Göring-Eckardt, B'90/Grüne: Ich bitte Sie, sich wieder hinzusetzen und diese Demonstration nicht im Deutschen Bundestag durchzuführen.
Zurufe von der CDU/CSU: Sonst gehen wir! – Wir sind hier doch nicht in einem Happening!
Vizepräsidentin Göring-Eckardt: Demonstrationen kann man draußen abhalten. Ich bitte Sie noch einmal herzlich, die Westen auszuziehen. Hier im Deutschen Bundestag führen wir die Auseinandersetzung mit dem gesprochenen Wort und nicht mit Transparenten oder Westen. Das wissen Sie auch. Deswegen bitte ich Sie herzlich, die Westen auszuziehen oder den Raum zu verlassen und vielleicht vor der Tür zu demonstrieren.
Beifall bei der CDU/CSU und der FDP – Ein Teil der Abgeordneten der Fraktion Die Linke verlässt den Plenarsaal – Grindel, CDU/CSU: Lafontaine, das ist die Schweinebande, die hinter dir sitzt! Dazu können Sie sich hier mal äußern! Es ist ja furchtbar! (16. 3. 06)

schweinemäßig

Dr. Mayer (Stuttgart), FDP, über Dr. Baumgartner, BP: Herr Baumgartner hat sich schweinemäßig benommen! (7. 6. 51)

Schweinerei

Frau Titze-Stecher, SPD: Sie nicken, Herr Hoffacker (CDU/CSU, d. Hg.). Nur, was Sie da tun, ist eine haushaltspolitische und ordnungspolitische Schweinerei …
Vizepräsident Klein, CDU/CSU: … Hier sind die Sitten in letzter Zeit etwas strenger geworden, und wir gehen mit dem parlamentarischen Vokabular etwas behutsamer um. Ich fände es gut, wenn Sie diesen Ausdruck etwas relativieren könnten.
Jungmann (Wittmoldt), SPD: Na, sagen wir ›Ferkelei‹!
Frau Titze-Stecher: Eine ordnungspolitische und haushaltspolitische Mogelei … (25. 11. 93)

Schweinigeleien
von Thadden, fraktionslos, über die Politik der CDU/CSU-FDP-DP-Bundesregierung: Das sind nicht die Zusatzverträge mit allen möglichen Schweinigeleien ...! (27. 11. 52)

Schweinkram
Vogt, Parl. Staatssekretär im Bundesarbeitsministerium, CDU/CSU, zur SPD: Ihr Antrag auf Einrichtung von Tariffonds eignet sich eigentlich auch nur als Schamtuch ...
Lohmann (Lüdenscheid), CDU/CSU: So große Tücher gibt es gar nicht!
Lutz, SPD: Was für ein Schweinkram! (14. 11. 86)

Dr. Jens, SPD: Wenn ich es richtig in Erinnerung habe, dann haben wir in diesem föderalen Schweinkram ... auch eine Erhöhung der Steuern ... (21. 1. 93)

Schwindelbude
Frau Schoppe, Grüne: ... Und Sie behaupten gleichzeitig hier in der größten Schwindelbude der Nation ...
Freiherr von Schorlemer, CDU/CSU: Das hat bisher nur Goebbels gesagt!
Vizepräsident Westphal, SPD: ... Wir haben hier einen Ausdruck vernommen und haben kontrolliert, ob er stimmt. ›Schwindelbude‹ kann hier nicht akzeptiert werden ... Es kommt hinzu, Frau Schoppe, dies ist der zweite Ordnungsruf in einer Debatte ... (Siehe auch unter ›Kumpane‹, d. Hg.; 24. 5. 84)

SED
Dr. Wittmann, CDU/CSU, zu Möhring, SPD: Sprechen Sie für die SPD oder die SED? (19. 6. 75)

SEDsien
Dr. Wuermeling, CDU/CSU, zu Agatz, KPD: Wir sind hier nicht in SEDsien! (16. 7. 53)

Selbstbefriediger
Wehner, SPD, zur CDU/CSU: Denn Ihr Lachen wird auch Sie selbst nicht dauernd selbst befriedigen, obwohl Sie sonst Selbstbefriediger sind. (24. 1. 74)

Sie können mich mal!

Vogt, CDU/CSU, Parl. Staatssekretär beim Bundesarbeitsminister: Nein, keine Zusatzfrage, aus Zeitgründen.
Schreiner, SPD: Die Hosen schon wieder gestrichen voll!
Vogt: Nein, keine Zusatzfrage!
Schreiner: Ihr Mut ist grenzenlos!
Vogt: Sie sollten auch wissen ...
Schreiner: Sie sind ein wandelndes Heldenstück hier vorn!
Vogt: Deshalb verweise ich jetzt auf den zweiten Tatbestand.
Schreiner: Binden Sie die Hosen an! ... Ich mache einen letzten Versuch! (Schreiner meldet sich erneut zu einer Zwischenfrage, d. Hg.)
Vogt: Im Augenblick noch nicht, weil ich nicht in der Zeit bin ...
Schreiner: Ich bettle hier doch nicht um Gnadenbrot! Sie können mich mal! (11. 5. 90)

Sitzungsausschluß

Wehner/Heiland Der Abgeordnete Wolfgang Hedler, fraktionslos, früher WAV, war von den Beratungen des Bundestages ausgeschlossen, da er in Kiel angeklagt war, zum Haß gegen die Juden aufgewiegelt und die SPD und ihren Vorsitzenden Kurt Schumacher beleidigt zu haben. Trotzdem hielt sich Hedler im Herrenruheraum des Bundestages auf. Die SPD-Abgeordneten Herbert Wehner und Ernst-Rudolf Heiland forderten Hedler auf, die Räumlichkeiten des Parlaments zu verlassen. Als er dieser der Aufforderung nicht nachkam, stürzten sich die Genossen auf ihn, verprügelten ihn und warfen ihn durch die geschlossene Glastür nach draußen. Hedler trug eine Gehirnerschütterung, Schnittwunden, Brustkorbprellungen, eine Nierenschwellung und gebrochene Rippen davon. Wehner und Heiland wurden daraufhin für mehrere Sitzungstage von den parlamentarischen Beratungen ausgeschlossen. (Siehe auch unter ›Schläger‹; 6. 6. 51)

Sowjets

Pfeffermann, CDU/CSU, über die Grünen: Wer sich von den Sowjets bezahlen läßt, kann nicht vor den Sowjets protestieren! (15. 5. 86)

Spinner

Dr. Faltlhauser, CDU/CSU: Jetzt ist also endlich das Planfeststellungsverfahren vorbei; damit können die Bürger endlich aufatmen, weil nicht weiter die

Leute, die von Norden bis nach Sizilien reisen, durch die engen Straßen der Stadt fahren. Was aber macht die dortige SPD mit verantwortungslosen Spinnern von den Grünen? Sie klagt gegen den Planfeststellungsbeschluß. (9. 9. 93)

Sprechbude

Meitmann, SPD, zu Dr. Friedensburg, CDU/CSU: Sie degradieren das Parlament zur bloßen Sprechbude! Das Parlament hat doch die Aufgabe, Politik zu machen, die Regierung zu kontrollieren und über Gesetze abzustimmen! (6. 2. 57)

staatsfeindlich

Offergeld, SPD, über Strauß, CDU/CSU: Man fragt sich, ob Herr Strauß oder andere, die hier systematisch staatsfeindlich operieren, tatsächlich die Rechten sind, die überall nach Verfassungsfeinden suchen müssen. (25. 1. 74)

Staatsschauspieler

Dr. Zeitel, CDU/CSU, über Bundeskanzler Schmidt, SPD: Während der Sommerpause hat dann aber unser Staatsschauspieler ein 13-Milliarden-Programm aufgelegt. (15. 3. 79)

Staatszerstörer

Wehner, SPD, zur CDU/CSU: … Sie sind also Staatszerstörer und nicht Staatsförderer. (12. 11. 81)

Stalin

Franke (Osnabrück), CDU/CSU, über Wehner, SPD: Einer, der Stalin gedient hat! (29. 3. 79)

Stasimethoden

Bleser, CDU/CSU: Der absolute Höhepunkt staatlicher Arroganz dieser (rot-grünen, d. Hg.) Bundesregierung besteht darin, dass Sie 300 Feldbeobachter losschicken, um die Bauern bei der Ausbringung von Pflanzenschutzmitteln zu beobachten. Das sind Stasimethoden. Das wirft ein bemerkenswertes Licht auf Ihre Geisteshaltung. (16. 6. 05)

Steuerbetrüger

Frau Vennegerts, Grüne: Herr Stoltenberg (Bundesfinanzminister, CDU/

CSU, d. Hg.), vielleicht sollten Sie jetzt einmal herausschauen. Ihre Handlung ist vergleichbar mit der eines politischen Steuerbetrügers. (19. 3. 87)

Stinktier
Dr. Solms, FDP, über Gansel, SPD: Das ist ein Stinktier! (7. 12. 89)

stören
Paterna, SPD, stört durch ständige Zwischenrufe.
Reddemann, CDU/CSU: Herr Präsident, der Zwischenrufer heißt Paterna!
Vizepräsident Cronenberg, FDP: Herr Abgeordneter Paterna, ich lassen Sie aus dem Saal entfernen, wenn Sie weiterhin in dieser Form stören. Ich meine es ernst. (23. 11. 88)

Strolch
Wehner, SPD, zu Rasner, CDU/CSU: Sie sind ein Strolch, Herr Rasner, nehmen Sie das zur Kenntnis!
Rasner: Ich glaube Ihnen auch das nicht!
Wehner: Lasse ich mich von diesen Leuten beschimpfen, besudeln? (18. 2. 60)

Strolchewismus
Wehner, SPD, über Dr. Abelein, CDU/CSU: Verleumden, aber bei Gelegenheit heucheln! Das nenne ich Strolchewismus, was Sie machen! (19. 1. 82)

Sturz dieser Regierung
Renner, KPD, über die Regierung Adenauer: Alles für den Sturz dieser Regierung des Landesverrats, des Volksverrats! (29. 1. 53)

Stuß
Ministerpräsident Rau, SPD, Nordrhein-Westfalen: Ich habe die Reden von heute vormittag nachlesen können.
Dr. Jenninger, CDU/CSU: Die sind noch nicht abgedruckt! Reden Sie keinen Stuß! (8. 11. 79)

Sumpfblüte
Wohlrabe, CDU/CSU: Wer dabei wie die SPD hemmungslos die Staatskasse einsetzt, zerstört die Gleichheit der Wahlchancen.
Wehner, SPD: Sumpfblüte!

Wohlrabe: Wir werden dies immer wieder anprangern und lehnen es ab.
Wehner: Sie sind eine Sumpfblüte! (24. 6. 76)

Taktlosigkeiten
Seuffert, SPD, zum CDU/CSU-Bundesfamilienminister: Jedermann weiß, wer Sie sind, Herr Wuermeling, Minister für besondere Taktlosigkeiten! (18. 11. 54)

Terrorist
Ströbele, Grüne: Das ist ein Terrorist und bleibt einer, der (US-Präsident, d. Hg.) Reagan!
Gegenruf von der CDU/CSU: Sprach der Terrorist Ströbele! (16. 4. 86)

Terroristenanwalt
Dr. Gehb, CDU/CSU, über Ströbele, B'90/Grüne: Tonart, Vokabular und Lautstärke meiner Vorrednerin (Frau Roth, Ausburg, B'90/Grüne, d. Hg.) zwingen mich jetzt, Folgendes auszuführen: Bei allem Verständnis für die Notwendigkeit einer gesetzlichen Regelung des Untersuchungsausschusses oder eines Ehrenkodexes muss ich sagen, dass ich den größten Ehrabschneider dieses Hauses, den früheren Terroristenanwalt – und nicht nur Terroristenanwalt – für den denkbar schlechtesten Fürsprecher für die Forderung eines irgendwie gearteten Ehrenkodexes halte, meine Damen und Herren.
von Larcher, SPD: Das ist unglaublich! Schämen Sie sich!
Schlauch, B'90/Grüne: Frau Präsidentin, haben Sie eine Valiumspritze?
Dr. Gehb: Das war die Provokation und die Antwort. Ich kann mich nämlich des Eindrucks nicht erwehren, dass Herr Ströbele seinen Kriegspfad noch nicht verlassen hat. (7. 7. 2000)

Terroristin
Dr. Wittmann, CDU/CSU, zu Frau Schilling, Grüne: Terroristin!
Vizepräsident Cronenberg, FDP: ... möchte ich dem Abgeordneten Wimmer (Neuss) wegen seines Zwischenrufes einen Ordnungsruf erteilen.
Dr. Wittmann: Nein! Ich war das!
Vizepräsident Cronenberg: Entschuldigung.
Wimmer (Neuss), CDU/CSU: Aber Sie können mich auch nehmen! (10. 12. 87)

Totengräber

Dr. Seffrin, CDU/CSU, zu Schmidt (Hamburg), SPD: Sie sind ein Totengräber der Demokratie! (25. 3. 58)

Fellermaier, SPD, über Dr. Todenhöfer, CDU/CSU: Totengräber! (24. 1. 74)

Trottel

Schreiner, SPD: Eine seltsame Verbindung von Dummheit und Frechheit ist das! Das ist unglaublich!
Fuchtel, CDU/CSU: Das tut weh, Herr Schreiner, das ist klar. Sie waren gestern im Ausschuß nicht einmal in der Lage, diesem Nachtragshaushalt zuzustimmen. Sie haben ihm nicht zugestimmt.
Schreiner: Weil wir mehr aktive Maßnahmen gefordert haben! Ein alberner Trottel, was der da bietet! Unglaublich! ...
Vizepräsidentin Schmidt, SPD: Ich muß die Äußerung des Kollegen Schreiner als unparlamentarisch rügen ...
Frau Dr. Babel, FDP: ... Man kann an dem Sinn dieser Aktuellen Stunde schon ein bißchen Zweifel hegen, wenn man als Sinn nicht nur unterstellt, daß Herr Schreiner sein Konto der Ordnungsrufe wieder nach oben schrauben wollte. Das gelingt ihm ja in der Regel.
Schreiner: Es war nur eine Rüge! (29. 4. 93)

Trunkenbolde

Dr. Todenhöfer, CDU/CSU, über die SPD: Da drüben sitzen doch Trunkenbolde! (11. 5. 76)

Übelkrähe

Wehner, SPD, über Wohlrabe, CDU/CSU: Übelkrähe! (14. 10. 70)

Überheblichkeit

Renner, KPD, zu Strauß, CDU/CSU, der mehrfach durch Zwischenrufe störte: Herr Strauß, Sie sollten sich auch bemühen, Ihre bayerische Überheblichkeit in einer ein bißchen konzilianteren Form hier zum Ausdruck zu bringen.
Präsident Dr. Ehlers, CDU/CSU: Herr Abgeordneter Renner, Sie wollen natürlich nicht die Bayern insgesamt beleidigen?
Renner: Nein, nur ihn! (21. 2. 51)

Umweltchaoten
Ströbele, Grüne, über die CDU/CSU-FDP-Koalition: Die Mehrheit der Umweltchaoten!
Vizepräsident Stücklen, CDU/CSU: Herr Abgeordneter Ströbele, ich rufe Sie zur Ordnung. Ich mache darauf aufmerksam, daß Sie nicht Abgeordnete dieses Hauses in cumulo als Chaoten bezeichnen können. (6. 6. 86)

unanständig
Dr. Apel, SPD, über Freiherr von und zu Guttenberg, CDU/CSU: Ein unanständiger Mensch! (27. 5. 70)

Unflat
Dr. Greve, SPD, zu Bundesminister Dr. Dehler, FDP: Sie, Herr Dehler, sind der Unflat hier im Hause!
Mellies, SPD: Von mir hätten Sie rechts und links ein paar hingekriegt! (5. 12. 52)

Unfug
Schmitt (Vockenhausen), SPD, zu Bundesverkehrsminister Dr. Seebohm, DP/FVP: Das ist doch parlamentarisch gesehen, grober Unfug, Herr Minister! (5. 6. 59)

Ungehorsam
Ströbele, Grüne: Wir werden die Bürger dabei unterstützen in ihren Aktionen des zivilen Ungehorsams, die dieses Gesetz unterlaufen werden.
Präsident Dr. Jenninger, CDU/CSU: Herr Abgeordneter, es ist unzulässig, von dem Rednerpult des Deutschen Bundestages aus zum Widerstand gegen ein Gesetz aufzufordern. Ich mahne Sie zur Ordnung.
Dr.-Ing. Kansy, CDU/CSU: Fragen Sie den doch mal, ob seine Bewährung schon abgelaufen ist! (28. 2. 86)

ungewaschen
Wehner, SPD, zu Möller (Lübeck), CDU/CSU: Waschen Sie sich erst einmal! Sie sehen so ungewaschen aus! (20. 3. 75)

Ungeziefer
Vizepräsident Dr. Jaeger, CDU/CSU, zu Farthmann, SPD, der Zwischenru-

fe der CDU/CSU recht polemisch zurückgewiesen hatte: Herr Abgeordneter, ich bitte, sich bei der Qualifikation der Zwischenrufe von Kollegen etwas zurückzuhalten.
Wehner, SPD: Nur so kann man Ungeziefer abwehren, Herr Präsident! (12. 12. 73)

Unsinn
Bindig, SPD, über Klein (München), CDU/CSU: Wie kann ein einziger Mensch so viel Unsinn reden?
Klein: Sie führen doch keine Selbstgespräche? (27. 1. 84)

Unterstellung
Wacher, CDU/CSU, zu Schmidt (Hamburg), SPD: Das ist wieder eine infame Unterstellung, mit der Sie jetzt anfangen! (25. 3. 58)

verarschen
Krings, CDU/CSU: Daher sage ich insbesondere den jüngeren Kolleginnen und Kollegen in Ihrer Fraktion bzw. in den Regierungsfraktionen, beherzigen Sie das: Lasst euch nicht verarschen!
Schily, Bundesinnenminister, SPD: Das ist aber kein parlamentarischer Ausdruck! (24. 11. 04)

verarscht
Suhr, Grüne: ... denn es gibt eine Menge Menschen, in diesem Land, die sich von dieser Regierung nicht vertreten, sondern höchstens verarscht fühlen. (27. 6. 85)

Frau Schilling, Grüne: ... Herr Stoltenberg (Bundesverteidigungsminister, d. Hg.) ... wer die Bevölkerung dermaßen verarscht und ihr vormacht, daß sich jetzt etwas ändern würde, der lügt einfach ... (29. 9. 89)

Grund, CDU/CSU, über die DGB-Gewerkschaften: Wohnungen verramscht, Mieter verarscht! (6. 12. 2000)

Verbrechen
Fischer (Frankfurt), Grüne, über Spranger, CDU/CSU, Parl. Staatssekretär beim Bundesinnenminister: Herr Spranger muß sich vorwerfen lassen – das sollte man auch so sagen –, daß es bei ihm wohl mehr als

eine nur geistige Nähe zum nationalsozialistischen Verbrechen gibt. (5. 5. 83)

Dr. Riedl (München), CDU/CSU, nach einem Zwischenruf von Reents, Grüne: ... Herr Kollege, wenn ich Sie so anschaue, kann ich mir gut vorstellen, daß Sie vom organisierten Verbrechen sehr viel verstehen. (28. 11. 84)

Verbrecher
Fisch, KPD, über Dr. Wuermeling, CDU/CSU: Verbrecher! (20. 3. 53)

Verdrehungen
Möllemann, FDP, zu Dr. Penner, SPD: Wenn Sie hier von Sportsgeist reden, dann sollten Sie die Mindestregeln politischen Anstands wahren und nicht absichtsvoll Verdrehungen, Unwahrheiten und Lügen verbreiten. (10. 9. 87)

Verfassung als Makulatur
Schily, Grüne, zur CDU/CSU-FDP-Bundesregierung: ... wie wollen Sie vielen unglücklichen und sozial schwachen Menschen, die mit der Legalität in Konflikt geraten sind und für die die Gesellschaft nichts Besseres zu tun hat, als sie in Gefängnisse einzusperren, wie wollen Sie denen plausibel machen, daß das gesellschaftlich gerechtfertigt und notwendig sei, wenn Sie selber Gesetze und Verfassung als Makulatur behandeln, wenn Ihre eigenen Interessen auf dem Spiel stehen. (24. 6. 83)

Vergewaltiger
Frau Dr. Höll, PDS/Linke Liste: An erster Stelle sollte meiner Meinung nach statt der Entsendung weiterer Soldaten, die ja ebenfalls potentielle Vergewaltiger sind ...
Dr. Schäuble, CDU/CSU: Die UNO-Kontingente als potentielle Vergewaltiger zu bezeichnen, Herr Präsident, das kann man nicht zulassen. (10. 12. 92)

Verhalten
Müller (Frankfurt), KPD, über Wehner, SPD, und dessen politische Vergangenheit: ... was denn eigentlich die Motive für das aggressive Auftreten des Abgeordneten Wehner sind. Ich denke, daß sich die Kollegen der sozialdemokratischen Fraktion wohl darüber im klaren sein müßten, was es bedeutet, wenn ein Mann, der nicht wegen politischer Differenzen, sondern wegen

schwerwiegenden ehrenrührigen Verhaltens aus der Kommunistischen Partei ausgeschlossen worden ist, immer wieder den Versuch machen muß, durch eine solche aggressive Art und Weise des Auftretens gegen die Kommunisten zu zeigen, wer er ist. (25. 2. 53)

verhetzen

Glos, CDU/CSU: Die SPD ist als angebliche Arbeiterpartei aufgefordert, Arbeitsplätze zu sichern, ihre Blockadehaltung im Bundesrat gegen die Spargesetze aufzugeben, in der Energiepolitik Vernunft einkehren zu lassen, und die SPD ist vor allen Dingen aufgefordert, aufzuhören, die Menschen in unserem Land zu verhetzen. (24. 11. 93)

verhetzt

Rauen, CDU/CSU, zur SPD: Der Neid wird geschürt, das Märchen von der Umverteilung von unten nach oben erzählt. ... wer so Menschen verhetzt, handelt mit Blick auf die Arbeitsplätze von morgen und mit Blick auf den europäischen Binnenmarkt unverantwortlich und zeigt, daß er die Materie nicht verstanden hat. (8. 11. 91)

verkohlt

Renner, KPD: Ulbricht hat uns nicht verkohlt, das erlaubt sich nur Dr. Adenauer! (24. 1. 52)

verleumden

Mellies, SPD, zu Bundesminister Dr. von Brentano, CDU/CSU: Sie verleumden genauso wie Kiesinger (CDU/CSU, d. Hg.)! (31. 1. 57)

Lemmrich, CDU/CSU: Die Forderung nach der Wiedervereinigung Deutschlands ... ist ein ganz normales Menschenrecht ...
Wehner, SPD: ... andere zu verleumden! (9. 3. 78)

Verleumder

Wehner, SPD, zu Dr. Jaeger, CDU/CSU: Verleumder, berufsmäßiger! Der Ordnungsruf folgt prompt. Heide, SPD: Aber er (Wehner, d. Hg.) hat doch recht! Auch Heide bekommt dafür einen Ordnungsruf. Jetzt Schmidt (Hamburg), SPD: Der Wehner hat aber recht! Er hat aber recht! Auch Schmidt (Hamburg) erhält einen Ordnungsruf. (21. 3. 58)

Können (Düsseldorf), SPD, zu Rollmann, CDU/CSU: Sie sind ein Verleumder! Das ist unwahr, was Sie sich da leisten! Sie Lümmel! (28. 6. 61)

Dr. Jenninger, CDU/CSU, über Dr. Ehmke (Bonn), SPD: Ein dreckiger Verleumder ist das! (11. 12. 79)

Wehner verweist auf eine Druckschrift der CSU und ruft Dr. Zimmermann, CSU, zu: Wollen Sie diese Schmähschrift aufrechterhalten, Herr Verleumder? ... (26. 11. 80)

Dr. Friedmann, CDU/CSU: Ihnen ist das Schicksal der Arbeitslosen wurscht. Das ist der wahre Grund.
Wehner, SPD: Sie sind ein Verleumder!
Vizepräsident Leber, SPD: Herr Abgeordneter Wehner, Sie haben dem Herrn Abgeordneten Friedmann eben zugerufen ›Sie sind ein Verleumder!‹. Ich rufe Sie deswegen zur Ordnung.
Wehner: Jawohl, und dabei bleibe ich! (14. 5. 81)

Brandt, SPD, über Bundesfamilienminister Dr. Geißler, CDU/CSU: Der Verleumder im Dienst und im Regierungsamt ...
Vizepräsident Wurbs, FDP: ... ich erteile Ihnen einen Ordnungsruf wegen der Verwendung des Begriffs ›Verleumder‹.
Brandt: Herr Präsident! Ich weiß, daß das nicht üblich ist: Ich darf mich ausdrücklich bedanken, weil es die Aufmerksamkeit auf das lenkt, was ich zu sagen wünschte. (22. 11. 83)

Seiters, CDU/CSU, zu Dr. Vogel, SPD: Schäbiger Verleumder – auch wenn es einen Ordnungsruf gibt!
Dr. Vogel: ... die Verteilung von Ordnungsrufen ist vorläufig noch nicht die Sache des Herrn Seiters. Das mag noch so kommen, aber vorläufig nicht!
Seiters: Ich nenne Sie einen schäbigen Verleumder und möchte einen Ordnungsruf! (Seiters bekam ihn, d. Hg.; 20. 3. 86)

Vogel (München), Grüne, zu Dr. Weng (Gerlingen), FDP: Sie sind ein unverschämter Verleumder! (19. 6. 86)

Reddemann, CDU/CSU, über Verheugen, SPD: Als er noch in der Partei dort drüben (FDP, d. Hg.) war, hat einer seiner Parteivorsitzenden gesagt, das jugoslawische Modell sei praktisch das Ärgernis des Kapitalismus und des Sozialismus zusammen. Wir wollen darüber keine Diskussionen führen.

Verheugen: Ich habe gesagt, daß die Linke das gut fand! Ich habe nicht gesagt, daß ich das gut fand! Sie sind immer ein alter Verleumder! (21. 2. 91)

Wagner, SPD, über Merz, CDU/CSU: Ein christlicher Verleumder! (24. 6. 99)

Geis, CDU/CSU, zu Stiegler, SPD: Eine Unverschämtheit! Sie sind ein Verleumder! (15. 9. 2000)

Verleumderin

Frau Störr-Ritter, CDU/CSU: Der große Traum der Linken, die Christlich-Demokratische Union zu zerschlagen, ist geplatzt wie eine Seifenblase. Nichts ist übrig geblieben außer schmieriger Lauge und auf der ist die SPD jetzt ausgerutscht Ans Tageslicht kam ein SPD-Wirtschaftsimperium. Seine trickreiche und steuersparende Gestaltung lassen das Herz eines jeden Medienmoguls höherschlagen, die kleinen Genossen fühlen sich aufs Kreuz gelegt.
Tauss, SPD: Sie verleumden schlichtweg, Frau Kollegin! Sie sind eine Verleumderin, um es ganz konkret zu sagen! (4. 7. 02)

Frau Roth (Augsburg), B'90/Grüne: Ich sage Ihnen noch eines zum Abschluss: Herr Glos von heute verbreitet den Mythos von der Andersartigkeit und benutzt das bitterböse Bild der Überschwemmung. Herr Schäuble, wenn Herr Glos solche Positionen äußert …
Glos, CDU/CSU: Wo habe ich das schon wieder gesagt? Bringen Sie eine Fundstelle!
Frau Roth: ist das nicht das Ernstnehmen der Ängste der Menschen …
Glos: Bringen Sie dafür einen Beleg! Sie sind eine Verleumderin! (28. 10. 04)

Verleumdung

Erler, SPD, zu Euler, DA: Sie sprechen nicht die Wahrheit, Sie verleumden! … Jedem Argument bin ich zugänglich, einer Verleumdung nicht! (22. 3. 56)

Dr. Stoltenberg, CDU/CSU, zu Bundeskanzler Brandt, SPD: Verleumdungen haben Sie ausgesprochen, Herr Bundeskanzler! Nichts weiter! (4. 6. 70)

Lamers, CDU/CSU: Ich finde, der letzte Beitrag (von Frau Ernstberger, SPD, d. Hg.) hat in besonders plumper und – ich scheue mich nicht, es zu sagen – in widerlicher Weise deutlich gemacht, daß es hier nur um eines geht: um eine infame Verleumdung des Kollegen Waigel (CDU/CSU, d. Hg.) … Ich verstehe nicht, wie man Sie hat reden lassen können. Ich muß es wirklich sagen. Es ist mir wirklich unverständlich. (14. 6. 96)

Dr. Ramsauer, CDU/CSU, zu Poß, SPD: Diese Verleumdung nehmen Sie zurück! Sie sind ein Brandstifter, ein Brunnenvergifter! Sie sind ja halbkriminell!
Dr. Rexrodt, FDP: Nein, das ist ein Kasper! (12. 10. 01)

verlogen
Frau Frechen, SPD: Führungskräfte sind Vorbilder, und eine Führungskraft soll Werte vorleben, so zitiert die Mitarbeiterzeitung der Post Klaus Zumwinkel. Wenn es nicht so verlogen wäre, könnte man glatt anfangen zu lachen. In dieser Woche, in der die Zeitung erschienen ist, kann man darüber aber noch nicht einmal lachen.
Vizepräsidentin Pau, Linke: Kollegin Frechen, ich rege an, für die zukünftige populäre Beschreibung von empörenden Vorgängen parlamentarische Ausdrücke zu suchen.
Pronold, SPD: Welche Ausdrücke waren denn nicht korrekt? (20. 2. 08)

Verlogenheit
Glos, CDU/CSU: Ich meine, das Gegenteil ist richtig: Traditionelle Werte, nationale Identität, Zusammenarbeit und Bindung machen ein Volk stabiler, selbstbewusster und damit leistungsfähiger.
Poß, SPD: Aber nicht Ihre Verlogenheit! (24. 11. 04)

Verrat an der Saar
Renner, KPD, zu Bundestagspräsident Dr. Ehlers, CDU/CSU: Über den Verrat der Saar darf hier nicht gesprochen werden! (3. 4. 52)

verrückt
Vizepräsident Stücklen, CDU/CSU: Ich darf zuvor bekanntgeben, daß interfraktionell vereinbart worden ist, daß die Mittagspause ausfällt. Die Debatte wird also bis zum Ende durchgeführt.
Wehner, SPD: Vereinbart ist es nicht! Aber wir haben es gehört!
Vizepräsident Stücklen: Herr Abgeordneter Wehner, Ihre Parlamentarischen Geschäftsführer …
Wehner: Ich habe nur gesagt: Es ist nicht interfraktionell vereinbart! Aber wir haben uns zu fügen, wie das hier üblich ist.

Vizepräsident Stücklen: haben das dem Präsidium mitgeteilt.
Wehner: Und ich teile Ihnen mit, wie das wirklich ist! Weil hier einer verrückt spielt und eineinhalb Stunden redet, haben wir uns danach zu richten, was Sie hier vorschlagen! – Beifall bei der SPD. – Zurufe von der CDU/CSU: Unglaublich!
Vizepräsident Stücklen: Herr Abgeordneter Wehner, ich rufe Sie zur Ordnung.
Wehner: Das war gut! (1. 6. 78)

Verteidigungsangriff
Stratmann, Grüne, zu Bundesverteidigungsminister Dr. Wörner, CDU/CSU: Minister für Verteidigungsangriff sind Sie!
Vizepräsident Stücklen, CDU/CSU: Herr Abgeordneter Stratmann, ich erteile Ihnen einen Ordnungsruf. Dieser Minister ist der Verteidigungsminister der Bundesrepublik Deutschland und nicht der Verteidigungsangriffsminister.
Stratmann: Er hat doch selbst vom Verteidigungsangriff gesprochen!
Vizepräsident Stücklen: Herr Abgeordneter, ich erteile Ihnen den zweiten Ordnungsruf und mache Sie auf die Folgen eines dritten Ordnungsrufes aufmerksam. (4. 10. 84)

veruntreut
Dr. Arndt, SPD: Die Bundesregierung (unter Bundeskanzler Dr. Adenauer, CDU/CSU, d. Hg), die zwei Millionen DM veruntreut, um Plakate anzuschlagen … (9. 5. 58)

Vetternwirtschaft
Dr. Frerichs, CDU/CSU, über Bundeswirtschaftsminister Dr. Schiller, SPD, der versucht hatte, einen nahen Verwandten mit einem hohen Posten zu versorgen: Der Bundesminister für Vetternwirtschaft! (25. 4. 72)

Völkermord
Dr. Briefs, PDS/Linke Liste: Intensive, gezielte Maßnahmen mit entsprechenden riesigen finanziellen Aufwendungen, um die BRD für die deutsche Beteiligung am Krieg und am möglichen Völkermord am Golf bereitzumachen, das auf der einen Seite; Peanuts für den Osten, in dem die Arbeitslosigkeit steigt und steigt, auf der anderen Seite: Schäbig ist diese Politik, einfach schäbig! (31. 1. 91)

Volksverdummung

Gabriel, Bundesumweltminister, SPD: Das ist doch Unsinn. Herr Fell (B'90/Grüne, d. Hg.), Sie machen Volksverdummung. Sie erzählen den Leuten, die Europäische Union hätte gesagt, für jeden mache sie 20 Prozent erneuerbare Energien. Das ist doch Quatsch!
Frau Künast, B'90/Grüne: Sie sind doch ein eingebildeter Schnösel! Ihr Verhalten hat sich verändert!
Sie fühlen sich getroffen. Das kann ich verstehen. ...
Vizepräsidentin Hasselfeldt, CDU/CSU: Wenn ich es richtig gehört habe, ist gerade von ›Volksverdummung‹, aber auch von ›Schnösel‹ gesprochen worden.
Frau Künast: Ja, aber vorher von hanebüchenem Unsinn!
Vizepräsidentin Hasselfeldt: Ich denke, beides sollte aus unserem parlamentarischen Sprachgebrauch gestrichen werden. (23. 1. 08)

Volksverhetzer

Hermsdorf, SPD, über Dr. Czaja, CDU/CSU: Der Czaja kann nichts weiter, als Volksverhetzer zu spielen! (5. 5. 70)

Schmidt (Hamburg-Neustadt), Grüne, zu Dr. Hirsch, FDP: Sie sind ein bezahlter Volksverhetzer, Herr Hirsch! (4. 6. 86)

Büttner (Ingolstadt), SPD, zu Glos, CDU/CSU: Volksverhetzer sind Sie! ...
Vizepräsident Klein, CDU/CSU: Sie haben den Zwischenruf ›Volksverhetzer‹ gemacht.
Büttner, (Ingolstadt): Gut, ich stehe dazu. Wenn ich von meinem Recht nach Art. 5 des Grundgesetzes auf publizistischen Gegenschlag hier in diesem Raum Gebrauch mache ...
Vizepräsident Klein: Gut, dann erteile ich Ihnen eine Ordnungsruf.
Büttner: Dann nehme ich den gerne entgegen, danke schön! (2. 7. 93)

Wagner, SPD, zur CDU/CSU: Davon wollen diese Volksverhetzer nichts wissen!
Vizepräsidentin Dr. Vollmer, B'90/Grüne: Ich muss noch etwas aus der vorigen Debatte – es war die Wirtschaftsdebatte – nachtragen. Ich bin von den Protokollanten darauf hingewiesen worden, dass der Abgeordnete Hans Georg Wagner (SPD, d. Hg.) den Begriff ›Volksverhetzer‹ benutzt hat. Das entspricht nicht parlamentarischem Brauch. Dafür muss ich ihm einen Ordnungsruf erteilen. (13. 12. 01)

vordemokratisch
Volmer, Grüne, nach einem Zwischenruf von Dr. Pinger, CDU/CSU: Ausgerechnet der Vertreter einer Bundestagsfraktion, die öfter nachgewiesen hat, daß sie nur über ein vordemokratisches Bewußtsein verfügt, deren Mitglieder hier durch rassistische Zwischenrufe aufgefallen sind, will Nachhilfeunterricht in Demokratie geben. (23. 6. 89)

Waffenschieberkabinett
Frau Beer, B'90/Grüne: Wir sind nicht bereit, den Vorwurf ›Waffenschieberkabinett‹, der hier von den Grünen so empört vorgehalten wird, zurückzunehmen; denn wir haben es vor uns sitzen, wenn es sich auch durch Handlanger und Stellvertreter vertreten läßt. (26. 10. 90)

Wahlbetrug
Fisch, KPD, über die Bundesregierung: ... dem von der Regierung beabsichtigten System des Wahlbetrugs, dem System der Tricks und Drehs, mit dem der Wählerwille verfälscht werden soll ... (17. 6. 53)

Waldsterben-Minister
Schulte (Menden), Grüne, zu Bundesinnenminister Dr. Zimmermann, CDU/CSU: ... Herr Waldsterben-Minister ... (12. 6. 85)

Wechselbetrug
Gscheidle, SPD: Jeder, der das Wechselrecht kennt, muß das, was die Bundesregierung (CDU/CSU-FDP, d. Hg.) hier getan hat, als Wechselbetrug bezeichnen. (1. 7. 65)

Wehner
Bundesverteidigungsminister Leber, SPD: Ich habe mich, als ich jünger war, mit anderen viel damit befaßt, woran denn wohl die erste deutsche Demokratie von Weimar untergegangen ist.
Sauer (Salzgitter), CDU/CSU: An Wehner!
So steht es im Wortprotokoll. Allerdings ist hier eine einmalige Kuriosität verzeichnet: Sauer hatte gegen den Ordnungsruf beim Präsidium des Deutschen Bundestages protestiert und setzte durch, daß eine Fußnote ins Protokoll aufgenommen wurde, in der es heißt: Laut Mitteilung des Abg. Sauer: ›Auch Herr Wehner!‹ (3. 2. 77)

Weib

Pfeffermann, CDU/CSU, über Frau Dr. Vollmer, Grüne: Unverschämtes Weib ist das! (27. 4. 90)

Wille

Dr. Dehler, FDP, über Benda, CDU/CSU: Wie weit weg sind die Haltung und die Gesinnung eines Mannes wie des Herrn Benda von diesem Wortklang und dem bösen Willen, der sich hinter diesen Worten verbirgt ... Ja, einen urbösen Willen, Herr Präsident! (25. 3. 65)

Wirtschaftskrimineller

Wüppesahl, fraktionslos, über Bundesfinanzminister Dr. Stoltenberg, CDU/CSU: ... kann man in der Tat zu dem Ergebnis kommen und die Behauptung aufstellen, daß Sie der größte Wirtschaftskriminelle sind, der in diesem Lande existiert. (21. 4. 88)

Wuermelinge

Tenhagen, SPD, über die Politik von Bundesfamilienminister Dr. Wuermeling, CDU/CSU: Wer kümmert sich um die ›Wuermelinge‹? (1. 4. 54)

Wühlratte

Schröter (Berlin), SPD, zu Schneider (Bremerhaven), DP: Sie sind eine Wühlratte! Bei Ihnen (in der DP, d. Hg.) sitzt einer (der Abg. Wittmann, d. Hg.) der wildesten ehemaligen Kommunisten! (12. 4. 56)

Wurmfortsatz

Dr. Todenhöfer, CDU/CSU, erhält das Wort und geht zum Rednerpult. Wehner, SPD: Jetzt kommt der Wurmfortsatz!
Dr. Todenhöfer: Ich kann mich hier nicht auf die pornographische Sprache des Herrn Wehner einlassen. (11. 5. 76)

Würstchen

Schreiner, SPD, zur CDU/CSU-FDP-Koalition: Sie haben die Gebote der Solidarität und der Solidität sträflichst verletzt. – Zuruf des Abg. Dr. Thomae, FDP. – Zu Ihrem Zwischenruf muß ich sagen: Wer glaubt, zu jedem und zu allem seinen Senf dazugeben zu müssen, den hält man bald selbst für ein kleines Würstchen ... (14. 3. 91)

Zaunkönige

Dr. Hirsch, FDP, zur CDU/CSU: ... daß die Diskussion nun nicht zu einer Schlacht der Zaunkönige wird. (17. 5. 73)

Zelluloid-Cowboy

Fischer (Frankfurt), Grüne, über den amerikanischen Präsidenten Reagan: Der Bundeskanzler (Dr. Kohl, CDU/CSU, d. Hg.) vertraut diesem schießwütigen Zelluloid-Cowboy das Schicksal unseres Landes an. Er ist dabei, etwas Schlimmes zu begehen – und hier zitiere ich Talleyrand – als ein Verbrechen, nämlich eine bodenlose politische Dummheit, wenn er die neuen amerikanischen Mittelstreckenraketen in der Bundesrepublik aufstellen läßt. (27. 10. 83)

Zensur

Frau Beer, Grüne: Es geht darum, daß die Bundestagspräsidentin (Frau Dr. Süssmuth, CDU/CSU, d. Hg.) eine Kleine Anfrage politisch bewertet hat, die politischen Fragen ihr zu heikel waren und sie deshalb von ihrer Vormachtstellung – da geht es nicht mehr ... wie Sie vorhin erwähnten um eine Schiedsrichterfunktion, sondern um eine politische Zensur ... Frau Präsidentin, diese Justiz können wir so nicht hinnehmen, dieser Zensur auch nicht. (13. 12. 89)

Zeug

Müller (Berlin), CDU/CSU, zu Glombig, SPD: Red doch nicht so ein dummes Zeug!
Glombig: Werde ich hier eigentlich schon von jedermann geduzt, Herr Präsident? (16. 3. 78)

Dr. Stark (Nürtingen), CDU/CSU: Herr Kleinert, klären Sie doch Ihren Kollegen Eimer (beide FDP, d. Hg.) einmal auf, der hat da vorhin so dummes Zeug gesagt ...
Präsident Stücklen, CDU/CSU: Herr Abgeordneter Dr. Stark, ›dummes Zeug‹ spricht ein Abgeordneter von diesem Podium nie.
Haase (Kassel), CDU/CSU: Grober Unfug ist das dann!
Dr. Stark: Herr Präsident, ich gebe das zu und nehme das zurück! (23. 5. 80)

Zigtausende von Mark

Hoss, Grüne: Wenn ich dann daran denke, daß Herr Kohl (CDU/CSU, d. Hg.) als Kanzler sich verschämt von der Industrie Kuverts in die Tasche, in die Seitentasche seines Jacketts drücken läßt, in denen Zigtausende von Mark sind … (8. 12. 83)

Zuhälter

Glos, CDU/CSU: Rund 5 Millionen Menschen sind mithilfe dieses Rechtsbruches nach Deutschland und in die europäischen Partnerstaaten eingeschleust worden, halten sich illegal in den europäischen Ländern auf und fördern dort Schwarzarbeit, Prostitution, Menschenhandel und andere kriminelle Machenschaften. Sie sind dafür der Zuhälter – wenn man so will –, Herr Bundesminister Fischer. (24. 11. 04)

Zustände

Dr. Laufs, CDU/CSU, zu Bundesumweltminister Trittin, B'90/Grüne: … Sie haben zu bürgerkriegsähnlichen Zuständen aufgerufen! (7. 12. 2000)

Zwiebeltürme des Kremls

Schneider (Bremerhaven), DP, zur SPD: Wenn ich dorthin schaue, dann sehe ich manchmal die Zwiebeltürme des Kremls. (12. 4. 56)

Zwischenrufe

Lowack, CDU/CSU: Damit der Kollege Müller (Pleisweiler, SPD, d. Hg.) nicht meint, durch unflätige Zwischenrufe diese Diskussion stören zu müssen … (14. 10. 88)

Zwischenrufer

Dr. Kiesinger, CDU/CSU, nach einem nicht wörtlich im Protokoll festgehaltenen Zwischenruf von der SPD: Wenn Sie das Demagogie nennen, Sie armseliger Zwischenrufer aus dem Hintergrund … (24. 2. 55)

Zyniker

Fellner, CDU/CSU, zu Dreßler, SPD: Du Zyniker, du dummer! (4. 6. 87)

Ganz parteiisch und absolut nicht ausgewogen

In der Bundesrepublik Deutschland gibt es ein zweigeteiltes Wahlrecht. Es stehen einerseits Kandidaten der Parteien in den Wahlkreisen und die Parteien über ihre Listen in den Bundesländern zur Wahl. Im Bundestag schließen sich die gewählten Abgeordneten zu Fraktionen zusammen. Selbstverständlich prallen in den Parlamentsdebatten die unterschiedlichen politischen Auffassungen aufeinander. Penibel werden die Aussagen und Programme der gegnerischen Parteien seziert.

Alle Parteien haben – was sie auch sonst politisch trennen mag – auch verbindende Gemeinsamkeit der Demokraten. Nach verlorenen – oder auch nicht gewonnenen (das ist ein gewaltiger Unterschied) – Wahlen werden die Schuldigen in den eigenen Reihen gesucht. Jeder Flügel wirft dem anderen vor, für die Niederlage verantwortlich zu sein. Das ist seit der ersten Bundestagswahl 1949 so und daran hat sich in den vergangenen 60 Jahren auch so gut wie nichts geändert.
Auch untereinander sind Politiker im Umgang mit-, und vor allem gegeneinander, überhaupt nicht zimperlich. Und das nicht nur im Bundestag, sondern auch außerhalb des Hohen Hauses. So Bundeskanzler Konrad Adenauer im Bundestagswahlkampf am 7. Juli 1957: »Wir sind entschlossen, daß die SPD niemals an die Macht kommt ... Wir sind dazu so fest entschlossen, weil wir glauben, daß mit einem Sieg der sozialdemokratischen Partei der Untergang Deutschlands verknüpft ist.« Aber auch die andere Seite kann austeilen. So der SPD-Vorsitzende Willy Brandt am 15. November 1975 auf einem SPD-Parteitag: »Die Union in ihrem gegenwärtigen Zustand ist nicht nur nicht regierungsfähig, sie wird zu einem Sicherheitsrisiko für unser Land in der Außen- wie in der Innenpolitik, wirtschaftlich wie sozial.«

Über die CDU/CSU – eine Käse-Union?

CDU und CSU sind zwei Parteien, meist streitbare Schwestern. Im Bundestag bilden sie seit 1949 eine gemeinsame Fraktion. Dies ist nach der

Geschäftsordnung des Parlamentes möglich, weil sie in keinem Bundesland konkurrieren. Die CSU tritt allein in Bayern an, die CDU in den anderen Bundesländern.

Nicht ganz alltäglich war jedoch ein fraktionsinterner Zwist innerhalb der CDU/CSU. Der Bundestagsabgeordnete Jürgen Todenhöfer empfahl seiner Partei nach der verlorenen Berliner Abgeordnetenhauswahl im Januar 1989, die konservativeren Wählerschichten programmatisch wieder verstärkt zu berücksichtigen. Er verlangte, diese nicht länger zu vernachlässigen. Ausgesprochen sauer reagierte darauf das CDU-Bundesvorstandsmitglied, die baden-württembergische Abgeordnete Renate Hellwig und bezeichnete Todenhöfer als eine »absolute Null«. Die saarländische Fraktionskollegin Doris Pack donnerte noch kräftiger, sie nannte ihn einen »Schwätzer vom Dienst«. Die Stimmung unter den Unionsabgeordneten erreichte einen Siedepunkt. Denn Todenhöfer soll nach unbestätigten Zeitungsmeldungen mit drastischen Worten unfein reagiert haben. Danach titulierte er Frau Hellwig als eine »ausgetrocknete und unbefriedigte Krampfhenne«. Eine solche Äußerung konnten die Frauen der Unionsfraktion nicht unkommentiert lassen. Die eher ruhige und besonnene stellvertretende Fraktionsvorsitzende Roswitha Verhülsdonk warf ihm »Sexismus und Bösartigkeit« vor, männliche Kollegen meinten, das sei eine »schlimme Entgleisung«. Frau Hellwig dagegen reagierte souverän: »Solche Sätze sprechen für sich.«

Hier wird nun die Politik von CDU und CSU im Bundestag aus der Sicht ihrer politischen Gegner beleuchtet:

Abtreibung
Frau Schoppe, Grüne, zur CDU/CSU: Warum verteufeln Sie die Abtreibung, wo doch Ihre Frauen, Freundinnen und Töchter schon davon Gebrauch gemacht haben oder die Möglichkeit dazu für sich akzeptiert haben … (24. 5. 84)

AIDS-Virus
Frau Krieger, Grüne: Wenn es das AIDS-Virus nicht gäbe, ich glaube, die Konservativen hätten es erfinden müssen. (11. 9. 87)

APO

Wehner, SPD, zur CDU/CSU: Sie sind gar nicht eine parlamentarische Opposition; Sie sind eine außerparlamentarische Opposition, im Sinne nämlich von APO, aber rechts draußen. (1. 6. 78)

Argumente

Frau Unruh, fraktionslos: ... können Sie mir sagen, warum nur drei von der CDU da sind?
Dr. Rüttgers, CDU/CSU: Wir überzeugen durch die Kraft der Argumente, nicht durch Masse. (5. 10. 89)

attraktiv

Schindler, CDU/CSU: Schauen wir in den Koalitionsvertrag, die Richtschnur unserer Zusammenarbeit! Dass die Union bei dieser Bundestagswahl nur 35,x Prozent erreicht hat, lag daran, dass wir – jetzt rede ich als Unionsmann – zu ehrlich und zu offen in den Wahlkampf gegangen sind. Wir haben verkündet: Wenn wir drankommen, gibt es Belastungen und keine Freudentänze. Wir müssen uns anschicken, dieses Deutschland wieder nach vorne zu entwickeln.
Pronold, SPD: Aber ihr hättet die Mehrwertsteuer um 10 Prozentpunkte erhöhen müssen, wenn ihr alles hättet finanzieren wollen!
Schindler: Ich könnte locker sagen: Man kann zur Musik nur mit den Mädels tanzen, die da sind.
Pronold: Wir sind viel zu attraktiv für euch! (10. 5. 06)

Aufguss

Müntefering, SPD: Frau Merkel, Sie haben Politik aus einem Guss verlangt. Das ist Ihnen gelungen: Das war ein Guss, allerdings ein Aufguss. Das hatten wir schon einmal. Das war keine Oppositionsrede, das war eine hochmütige Rechtfertigungsrede. Hochmut kommt ja bekanntlich vor dem Fall. Frau Merkel, falls Sie es noch nicht gemerkt haben sollten: Die schönen Tage der Union sind vorbei. Einige von Ihnen scheinen noch ahnungslos zu sein.
von Klaeden, CDU/CSU: Ein Männlein pfeift im Walde! (8. 9. 04)

Bande

Bundeskanzler Schmidt, SPD, über die CDU/CSU: Die gesamtdeutsche

Gesinnung dieser Bande von Zwischenrufern wird durch die Qualität ihrer Zwischenrufe deutlich. (19. 12. 74)

Bimbes

Frau Irber, SPD, zur CDU/CSU: Es geht Ihnen immer nur ums Geld. Wenn ich boshaft wäre, würde ich sagen: Es geht nur um Bimbes. Ich bin heute aber gnädig und sage es nicht. (17. 11. 2000)

Block-CDU

Kauder, CDU/CSU: Es fällt mir schwer, in einer Debatte zu sprechen, die eine Gruppierung wie die PDS beantragt hat.
Schreiner, SPD: Sagen Sie so etwas zu Ihren Freunden der Block-CDU!
Feilcke, CDU/CSU: Das ist selbst unter Ihrem Niveau, Herr ›Schreier‹! (16. 1. 92)

brauchen

Frau Philipp, CDU/CSU: Frau Stokar, Sie wissen natürlich, dass sich die CDU/CSU vernünftigen Argumenten noch nie verschlossen hat, und Angst vor den Grünen hatten wir auch noch nie.
Frau Stokar von Neuforn, B'90/Grüne: Deshalb ringe ich darum! Wir brauchen Sie! (9. 3. 06)

CDU-Sprache

Goldmann, FDP: Ich bin zu jeder Form der fachlichen Zusammenarbeit mit Christdemokraten bereit. Diese Bereitschaft brauche ich nicht mehr zum Ausdruck zu bringen. Ich habe das Papier bereits gelesen.
Carstensen (Nordstrand), CDU/CSU: Aber nicht verstanden!
Goldmann: Peter Harry Carstensen, ich glaube, Sie waren gestern gesundheitlich geschädigt. Entweder sind wir jetzt bereit, uns verstehen zu wollen, oder wir lassen es bleiben.
Carstensen: Okay!
Goldmann: Ich habe das Papier gelesen und bilde mir auch ein, es verstanden zu haben. Ich meine, dass es in der CDU-Sprache so simpel ist, dass mir das auch wirklich geglückt ist. (3. 7. 03)

Christen

Seiters, CDU/CSU, über Wehner, SPD: So spricht ein Altkommunist!

Wehner: … daß ich Kommunist gewesen bin, habe ich nie geleugnet. Ich werde es mein Lebenlang büßen dank derer, die patentierte Christen sind und sich als solche bezeichnen. (11. 5. 76)

christlich-demokratisch

Dr. Vogel, SPD, nach heftigen Zwischenrufen von der CDU/CSU: Ich bin gerne bereit, die Zurufe für das Publikum weiterzugeben: ›Fieser Typ‹, ›Feigling‹, das sind so die christlich-demokratischen Argumente, die hier verwendet werden. (20. 3. 86)

Defizite

Poß, SPD: Ich habe den Eindruck, dass Frau Merkel (CDU-Partei- und CDU/CSU-Fraktionsvorsitzende, d. Hg.) eine neue soziale Marktwirtschaft will, weil sie von der alten, bewährten sozialen Marktwirtschaft nichts hält und sie somit offensichtlich auch nicht versteht.
Kampeter, CDU/CSU: Was für ein dummes Zeug!
Poß: Ihr Politikverständnis lautet offensichtlich: Wer war schon Ludwig Erhard gegenüber Angela Merkel? (26. 11. 04)

Drohungen

Grotthaus, SPD: Natürlich ist eine paritätische Finanzierung möglich – genauso wie es möglich ist, dass Sie, Herr Schneider (Saarbrücken, Linke, d. Hg.), in zwei Jahren in die CDU eintreten.
Dr. Brauksiepe, CDU/CSU: Nein!
Frau Dr. Krogmann, CDU/CSU: Nein!
Schaaf, SPD, an die CDU/ CSU gewandt: Ihr habt doch auch den Metzger (Ex-MdB der Grünen, d. Hg.)!
Dr. Brauksiepe: Diese Schärfe wäre nicht nötig gewesen!
Grotthaus: Nun wehrt euch nicht dagegen! Es ist möglich.
Lehrieder, CDU/CSU: Keine Drohungen, Herr Grotthaus! (26. 6. 08)

Ecke

Bundeskanzler Dr. Kohl, CDU/CSU, zu Dr. Vogel, SPD: Das, was Sie gesagt haben, hat ja in erster Linie den Sinn gehabt … die Christlich-Demokratische und die Christlich-Soziale Union in eine rechte Ecke zu schieben.
Fischer (Frankfurt), Grüne: Da braucht man Sie nicht hinzuschieben, da sind Sie schon! (23. 6. 83)

Ehe

Glos, Bundeswirtschaftsminister, CDU/CSU: Wir haben dieses Gesetz bis zum Jahr 2012 befristet, weil wir hoffen, dass es auf dem EU-Strommarkt zu mehr Wettbewerb kommt. Es wird bei diesem Gesetz also ein Modell angewandt, das erst vor wenigen Tagen für die Ehe vorgeschlagen (von der CSU-Rebellin Pauli, die – vergeblich – Parteivorsitzende werden wollte, d. Hg.) wurde: Es läuft automatisch aus. (21. 9. 07)

ehrlich

Büttner (Ingolstadt), SPD: Es ist auch für Herrn Raidel (CDU/CSU, d. Hg.) völlig legal, solange wir diese Werkvertragsabkommen haben.
Oswald, CDU/CSU: Er ist Schriftführer da oben, der Herr Raidel! Aus diesem Grunde würde ich mir jedes Wort genau überlegen!
Richter (Bremverhaven), FDP: Er sitzt Ihnen im Nacken!
Büttner: Gut, er wird mir das bestätigen können. Ich kenne ihn als sehr zuverlässigen und ehrlichen Mann.
Laumann, CDU/CSU: Das ist bei der CDU/CSU so üblich, daß wir ehrlich und zuverlässig sind! (20. 1. 94)

ermahnen

Koppelin, FDP: So weit ist es mit der Union schon gekommen, dass sie sich vom Sozialdemokraten Poß zu einer soliden Haushaltspolitik ermahnen lassen muss!
Dr. Westerwelle, FDP: Das ist ja furchtbar! – Poß, SPD: Ich glaube, irgendetwas haben Sie nicht richtig verstanden! (21. 11. 06)

Farbe

Stiegler, SPD, zur CDU/CSU: Hören Sie deshalb endlich auf, schwarz in schwarz zu malen! Sie sind schon schwarz genug. Nehmen Sie zur Kenntnis: Schwarz ist die Farbe des Winters, rot-grün ist die Farbe des Frühlings und des Sommers.
Dr. Gerhardt, FDP: Auch der Herbst hat schöne Tage!
Stiegler: Lassen Sie uns die Winterstarre und die Depression überwinden und neue Aktivität entfalten. Raus aus dem Gebüsch! An die Arbeit! (25. 3. 04)

Farbenwechsel

Fischer, Bundesaußenminister, B'90/Grüne: Kollege Hintze, Ihnen wird

vorgeworfen, Sie hätten schwarz gemalt: In welcher Farbe sollen Sie auch sonst malen. Das ist die Farbe, die Ihnen angemessen ist. Ich meine das gar nicht abwertend.
Hintze, CDU/CSU: Welches ist Ihre Farbe?
Fischer: Grün, wie die Hoffnung!
Dr. Schäuble, CDU/CSU: Hoffnung! Das musste gesagt werden!
Fischer: Ach was! Machen Sie sich keine Sorgen, Herr Schäuble. Für das Schwarzmalen sind Sie zuständig, nicht unsereins. Dass Sie die Arbeit der Regierung nicht in europäischen Morgenrötefarben malen können, kann ich verstehen, auch wenn Sie es durchaus tun sollten. Ein gewisser Farbenwechsel wäre bei Ihnen zumindest im Kopf angemessen. (25. 10. 2000)

Fehler
Fischer, Bundesaußenminister, B'90/Grüne: ... ich gehöre nicht zu denjenigen, die, wie es Herr Westerwelle (FDP, d. Hg.) in engster Schmalspur getan hat, sagen: Wir haben keine Fehler gemacht. Wo Menschen agieren, auch in der Bundesregierung, werden Fehler gemacht.
Dr. Röttgen, CDU/CSU: Wie großzügig von Ihnen!
Fischer: Nur Sie, meine Damen und Herren von der Opposition, machen keine Fehler, Sie sind der Fehler.
Zöller, CDU/CSU: Aschermittwoch war aber viel früher! Der ist längst vorbei! (1. 7. 05)

Fraktion
Vizepräsident Dr. Hirsch, FDP: Herr Bundesfinanzminister (Dr. Waigel, CDU/CSU, d. Hg.), ich muß Sie darauf aufmerksam machen, daß Sie zwar jederzeit reden können, daß aber Zurufe von der Regierungsbank nicht zulässig sind.
Oswald, CDU/CSU: Herr Präsident, unsere Fraktion übernimmt den Zwischenruf! (21. 9. 95)

Freunde
Minister Einert, Nordrhein-Westfalen, SPD, zur CDU/CSU: ... vor dem Haushalts- und Finanzausschuß des Landtages – dazu gehören Ihre Freunde genauso ...
Roth, SPD: ›Freunde‹ kann man nicht mehr sagen!
Walther, SPD: Die sind keine Freunde mehr! (19. 6. 85)

Friedensfähigkeit

Bundeskanzler Schmidt, SPD, zur CDU/CSU: Die sozialliberale Koalition hat über zehn Jahre lang bei jedem einzelnen Vertrag erlebt, daß Sie ihn abgelehnt haben, und das ist der Grund dafür, daß wir in der Tat glauben, daß Ihre Gesinnung zum Frieden völlig in Ordnung ist, Ihre Fähigkeit zum Frieden aber nicht ausreicht. (13. 5. 80)

Frohnaturen

Kraus, Parl. Staatssekretär, CDU/CSU: Deswegen sind wir auch froh darüber ...
Schreiner, SPD: Vor allem seid ihr froh; das stimmt! Ihr seid Frohnaturen! (15. 3. 96)

Gängelband

Heyenn, SPD: ... die CDU/CSU und die SPD, wir hätten gemeinsam ein vernünftiges Pflegegesetz verabschiedet. Aber Sie (CDU/CSU, d. Hg.) hängen am Gängelband der FDP. (22. 10. 93)

Gefasel

Schreiner, SPD: Ich beginne einmal bei dem Zwischenrufer Herrn Fuchtel (CDU/CSU, d. Hg.), nicht deshalb, Herr Fuchtel, weil ich Ihr inhaltsloses Gefasel für besonders bedenkenswert halte, sondern deshalb, weil ich vermute, daß diese inhaltslose Phraseologie fast repräsentativ ist für große Teile Ihrer Fraktion. Das ist wirklich das Problem.
Kauder, CDU/CSU: Sie sind auch nicht viel besser! (29. 3. 95)

Gesellschaft

Dreßler, SPD: Das ist die CDU/CSU-FDP-Devise: In Sonntagsreden sich selbst als Erben von Ludwig Erhard feiern, aber in der praktischen Politik die Nachlaßverwalter von Günther Mittag (SED, Wirtschaftslenker in der DDR, d. Hg.) sein! Das ist eine schöne Gesellschaft.
Dr. -Ing. Kansy, CDU/CSU: Helau! Helau! (11. 9. 92)

Gesetz

Stiegler, SPD, zur CDU/CSU: Sie meinen, der Gesetzgeber könne alles. Demnächst werden Sie auch noch durch das Gesetz bestimmen, wer Frau und wer Mann ist ... (26. 5. 93)

gleichreden

Hintze, Parl. Staatssekretär beim Bundeswirtschaftsminister, CDU/CSU: Kollege Steenblock (B'90/Grüne, d. Hg.) hat in seiner Rede ... ein gewisses Erstaunen darüber zum Ausdruck gebracht, dass die Unionsfraktion das, was sie in der Opposition gesagt hat, in der Regierung tatsächlich verwirklicht. Dieses Erstaunen dürfen Sie gerne ins Land tragen. Das ist nämlich ein Grundsatz, der uns bestimmt: In der Opposition wie in der Regierung reden wir gleich.
Trittin, B'90/Grüne: Da ist er einmal gelobt worden und schon wird er übermütig! – Roth (Heringen), SPD: Nicht ganz so übermütig, Herr Kollege! – Löning, FDP: Herr Hintze, daran werden wir Sie bei Gelegenheit erinnern! Warten Sie es ab!
Hintze: Es würde dem Parlament gut anstehen, wenn das generell so wäre. (22. 9. 06)

Glück

Wehner, SPD: Ein Glück, daß wir die CDU haben! (16. 11. 78)

Hemmungen

von Larcher, SPD, zur CDU/CSU: ... wir haben von Ihnen Steuerlügen gehört. Sie setzen sie ohne Hemmungen fort. In Sie kann man kein Vertrauen setzen. Ihnen ist nicht zu trauen. (23. 6. 94)

Herd

Frau Schewe-Gerigk, B'90/Grüne, zur CDU/CSU: Das ist natürlich auch ein Problem. Nicht umsonst haben die Frauen 1998 und 2002 Rot-Grün zum Erfolg verholfen. Sie identifizierten sich mit dem Gesellschaftsbild von Rot-Grün und lehnten Ihre damalige Heim-und-Herd-Politik ab. Wir wollen eine moderne Geschlechterpolitik; Sie wollen einen modernen Herd. (2. 12. 04)

Kaderpartei

Kalb, CDU/CSU: Würden Sie bestätigen, dass der Kollege Michelbach (CDU/CSU, d. Hg.) nicht Sprecher der bayerischen Staatskanzlei ist?
Poß, SPD: Auch dies kann ich Ihnen bestätigen. Aber gerade bei einer so straff geführten Kaderpartei wie der CSU erwartet man doch eine Sprachregelung, die dazu führt, dass sich Herr Michelbach dem anschließt, was Herr Stoiber sagt.
Frau Wülfing, CDU/CSU: Das muss die SPD gerade sagen! (12. 2. 04)

Kakadu

Neumann (Stelle), SPD, zur CDU/CSU: Die starken Worte, die heute hier gefallen sind, wären besser in einen besseren Bericht eingegangen. Dann brauchte sich Ihr Kakadu nicht in Tränen zu hüllen.
Immer (Altenkirchen), SPD: Papagei nennt man das!
Neumann: ... Da wir die ganze Zeit mit militärischen Abkürzungen zu tun haben, ist mir das dazwischengerutscht. Diese Abkürzung heißt schlicht und einfach ›Kanzlerkandidat der Union‹. (25. 3. 82)

Karikatur

Schwanitz, Staatsminister beim Bundeskanzler, SPD, zur CDU/CSU: Mich erinnert Ihr Vorgehen übrigens immer mehr an die Marx-Karikatur von Roland Beier aus dem Jahre 1990 ... Da steht der kleine, dicke, knubbelige Marx mit den Händen in den Hosentaschen, schaut auf die Landschaft und sagt: ›Tut mir leid, Jungs! War halt nur so'ne Idee von mir.‹ Genau nach diesem Muster – so ist mein Eindruck – funktioniert die programmatische Arbeit der Union. (22. 3. 02)

Käse-Union

Bundeskanzler Schmidt, SPD: Herr Kohl hat Kritik geübt, Mißtrauen gesät und mit seinem Namen unterschrieben, Herr Strauß, Herr Häfele, Herr Sprung: ›äußerstes Mißtrauen‹, Herr Sprung: ›größte Bedenken‹, die ›Alarmglocke‹ müsse geläutet werden –, kann ich nur sagen: Mein Gott, welch ein Käse!
Wehner, SPD: Eine Käse-Union! (21. 9. 78)

Knabe

Glombig, SPD: Ich meine, daß dieses christdemokratische ›Rentenspiel‹ ... mit der Angst wirklich ein mieses Spiel ist. Es war ein mieses Spiel und bleibt ein mieses Spiel.
Wehner, SPD: Ein frivoles Spiel!
Hasinger, CDU/CSU: Unerhört! Der SPD geht es nicht um die Rentner!
Wehner: Worum, Knabe, glauben Sie? (16. 3. 78)

Koalitionsräson

Dr. Westerwelle, FDP: ... dass Sie auch die über 70 Anträge zum Haushalt mit einem Einsparvolumen von mehreren Milliarden, die wir in den Ausschüssen gestellt haben und die bis hin zu den Formulierungen dem ent-

sprechen, was die Union in den letzten Jahren als Opposition im Haushaltsausschuss beantragt hat, abgelehnt haben, zeigt, dass bei Ihnen der Verstand in Wahrheit durch die Koalitionsräson dominiert wird. Das ist schlecht für Deutschland ... Sie wissen das und deswegen genieren Sie sich dafür ja auch. Wo ist die CSU geblieben? Sie hatte einmal im Zusammenhang mit der Kandidatur von Strauß plakatiert – als junger Student bin ich, wie es sich gehört, heftig dagegen angegangen –: Freiheit statt Sozialismus! Dieses Plakat wird eines Tages einmal gegen Sie herausgeholt.
Dr. Ramsauer, CDU/CSU: Sie haben schon vieles herausgeholt! (21. 6. 06)

Kohle
Wolfram (Recklinghausen), SPD: Die CDU/CSU hat seit eh und je ein gestörtes Verhältnis zur Kohle, obwohl diese doch so schwarz ist wie Teile der Opposition. (14. 12. 78)

Konzept
Frau Schaich-Walch, Parl. Staatssekretärin bei der Bundesgesundheitsministerin, SPD: Ich habe mir das CDU-Konzept sehr genau angesehen und es bewertet.
Dr. Bauer, CDU/CSU: Ich denke, wir haben kein Konzept! (13. 3. 02)

Krisenbewusstsein
Stiegler, SPD, zur CDU/CSU: Wer jetzt nur anklagt, der heuchelt.
Dr. Westerwelle, FDP: Da spricht der Chef der Opposition von morgen!
Stiegler: Sie wollen im Trüben fischen. Sie wollen nach Strauß ein Krisenbewusstsein schaffen. (10. 3. 05)

Kumpanei
Minister Dr. Schnoor, Nordrhein-Westfalen, SPD: Herr Dregger schweigt, Herr Zimmermann (beide CDU/CSU, d. Hg.) schweigt. Es ist das große Schweigen einer rechten Kumpanei. (14. 10. 82)

Letzte
Fuchtel, CDU/CSU: CDU, CSU und FDP sind die letzten ...
Schreiner, SPD: Die Letzten, das stimmt!
Fuchtel: Ja, ich weiß, ich kann Sie mit solchen Kleinigkeiten immer wieder erfreuen, Herr Schreiner ... (20. 1. 94)

links überholen

Frau Wolff (Wolmirstedt), SPD: Warum stehen denn, Herr Glos (CDU/CSU, d. Hg.) … die vielen Arbeitsplätze im landwirtschaftlichen Bereich und in den Sekundärbereichen auf der Kippe? Weil Sie nicht gehandelt haben, weil Sie zu feige waren, die richtigen Maßnahmen zu ergreifen. Gestern in der Ausschusssitzung glaubte ich allerdings, dass die Abgeordneten der CDU in ihren Wortbeiträgen meine Kolleginnen von den Grünen noch links überholen würden. So ändern sich die Zeiten. (25. 1. 01)

mausetot

Ministerpräsident Schröder (Niedersachsen), SPD, zur CDU/CSU: Der Kommunismus ist mausetot, und Sie wollen mit dem Antikommunismus Wahlen gewinnen. Lächerlich werden Sie sich machen, mehr aber nicht. (6. 9. 94)

Mittelalter

Dr. Briefs, Grüne: Das Motto der CDU heißt: Zurück ins Mittelalter! (24. 1. 90)

Mittelständler

Dr. Westerwelle, FDP, zur CDU/CSU: Wo sind denn Ihre Mittelständler? Wo sind denn Ihre Leute, die die soziale Marktwirtschaft und Ludwig Erhard noch ernst nehmen? Dass Sie, Herr Kollege Brauksiepe (CDU/CSU und Mitglied der CDA, die Arbeitnehmerorganisation der CDU, d. Hg.), als Sozialdemokrat damit vielleicht nicht einverstanden sind, kann ich verstehen. Aber wo sind denn die Mittelständler der Union? Sie müssten jetzt einmal ihre Loyalität zur Verfassung zeigen. Soziale Marktwirtschaft ist besser als bürokratische Staatswirtschaft. Diese Festsetzung staatlicher Löhne ist der Weg in die Planwirtschaft. Dann können wir auch gleich die Preise festsetzen. Das ist DDR – nur ohne Mauer. Wir Freien Demokraten wollen etwas anderes. (14. 12. 07)

Mond

Bury, Staatsminister für Europa, SPD: … mancher Beitrag in der heutigen Debatte schien mir ein wenig geprägt von der neokonservativen Vorstellung, die Amerikaner lebten auf dem Mars und die Europäer auf der Venus. Fast ist man geneigt, zu ergänzen: und die Union hinter dem Mond. (21. 4. 05)

Mordskerle
Dr. Schäfer (Tübingen), SPD, zur CDU/CSU: Ihr seid Mordskerle! (24. 6. 77)

Nickneger
Jaunich, SPD: Von dem Zeitpunkt an war klar, daß zum Beginn des Jahres 1990 der Nachzulassungsprozeß würde abgeschlossen sein müssen, meine Herren die Sie so sachverständig nicken.
Dr. Hornhues, CDU/CSU: Wir nicken immer!
Dr. Voigt (Northeim), CDU/CSU: Wenn es um Sachverstand geht!
Jaunich: Sie nicken immer – schön, daß das im Protokoll festgehalten ist –, insbesondere wenn die Bundesregierung etwas sagt? Das sind die rechten Parlamentarier. Irgendwo habe ich mal ›Nickneger‹ als treffende Bezeichnung für solche Verhaltensweisen gelesen – wenn das Schwarze sind.
Dr. Hornhues: Das war rassistisch, was er gesagt hat!
Jaunich: Nein, nein, wenn ich von ›Schwarzen‹ spreche, meine ich immer Sie.
Dr. Briefs, Grüne: Schwarze Seelen! (20. 10. 89)

Nullen
Schmidbauer (Nürnberg), SPD: Wir reden über 1 Milliarde DM. Das ist eine eins mit neun Nullen.
Lohmann (Lüdenscheid), CDU/CSU: Ach ja!
Bindig, SPD: Die Nullen kommen von der Union! (7. 12. 95)

Oppositionsbank
Löffler, SPD ... und wünsche ich Ihnen ein noch recht langes Sitzvergnügen auf der Oppositionsbank. (23. 6. 77)

Pirouetten
Stiegler, SPD: Da hat die CSU ja Pirouetten gedreht; eine Achterbahn am Oktoberfest ist ein Dreck dagegen. (17. 9. 08)

Problem
Zurufe von der SPD. – Frau Mantel, CDU/CSU: Ich frage mich, warum Sie sich jetzt so aufregen. Sie können doch froh sein, dass wir einmal ein Problem haben, das nicht Ihr Kanzler (Schröder, SPD, d. Hg.) verschuldet hat. (7. 7. 03)

Psychiatrie

Stiegler, SPD, zur CDU/CSU: Sie sind weiß Gott seltsame Leute: Im Bundesrat verweigern Sie sich Maßnahmen für Steuermehreinnahmen, aber fordern pausenlos Mehrausgaben und dazu einen Sparhaushalt. Das ist die Kubatur des Zirkels, die Sie hier veranstalten. Wer daran glaubt, der gehört in die Psychiatrie, aber nicht hierher. (27. 5. 04)

Quotenfrau

Frau Raab, CDU/CSU: Ich möchte keine Quotenfrau sein. Gott sei Dank bin ich auch keine. Die Frauen haben die Frauenquote gar nicht nötig.
Tauss, SPD: In der Union habt ihr aber ohne Quote wenig Frauen!
Frau Raab: Ich bitte Sie, Herr Tauss. Es geht aufwärts mit uns, und zwar freiwillig. Wir sind auf einem sehr guten Weg. (24. 5. 07)

Raketen-Christen

Dr. Waigel, CDU/CSU: ... wir haben noch gut in Erinnerung, wie die Atomtod-Hysterie damals, 1958, gepflegt wurde – auch vom damaligen Oppositionsredner Helmut Schmidt –, wie wir damals als Raketen-Christen und manches mehr verunglimpft wurden.
Conradi, SPD: Das stimmt auch heute noch!
Dr. Waigel: Herr Conradi, ich hätte von Ihnen, der ich Sie als aufrechten und anständigen Linken respektiere, nicht erwartet, daß Sie sagen, es stimme auch heute noch, daß wir Raketen-Christen seien. (21. 11. 83)

Rasen

Hermann, B'90/Grüne: Kollege Riegert (CDU/CSU, d. Hg.), Ihre Rede hat mich an die alten Derbys im Westen erinnert. Wenn Schalke gegen Borussia Dortmund oder umgekehrt gespielt hat, hat die jeweilige Auswärtsmannschaft eigentlich nie eine Chance gehabt, weil der Gegner zu gut war. Dann hat man gesagt: Wenn wir schon nicht gewinnen können, dann machen wir wenigstens ihren Rasen kaputt. So kam es mir fast vor: Sie wollten partout unsere gute Politik, die Sie eigentlich nicht bestreiten können, kaputtreden; aber da das nicht ging, mussten Sie mit diesen Zahlen allerhand schräge Rechnungen aufmachen und die Zahlen verbiegen. (28. 6. 02)

Rasenmäherpolitik

Andres, SPD, zur CDU/CSU-FDP-Koalition: Die einzige Philosophie, die

Sie haben, ist eine Rasenmäherpolitik, die die soziale Schieflage in dieser Gesellschaft dramatisch fortsetzt. Dabei werden wir Sie nachhaltig bekämpfen.
Dr. Weng (Gerlingen), FDP: Eine Unverfrorenheit!
Oswald, CDU/CSU: Das sind erstens sehr lange Sätze und ist zweitens ein unglaublicher Unsinn! (30. 6. 93)

rechnen
Vizepräsident Dr. Solms, FDP: Sie haben Ihre Redezeit schon eine halbe Minute überschritten.
Röttgen, CDU/CSU: Ich habe das Minus nicht gesehen. Ich hatte mich schon über die wundersame Vermehrung der Sekunden gefreut.
Zuruf von der SPD: Das ist wie im Haushalt! – Dr. Küster, SPD: Ja, die CDU hat mit dem Rechnen sowieso ihre Probleme! (2. 12. 99)

Rechtschreibreform
Frau Dr. Dückert, B'90/Grüne: Ich kann Ihnen nur eines sagen: Die Abkürzung CDU wird dadurch für mich zu einem neuen Begriff, nämlich zu ›Crassestem Denkbaren Unsinn‹. Das hat sich während der Krise bei Opel und Karstadt gezeigt.
Frau Wöhrl, CDU/CSU: Krass mit c? PISA lässt grüßen!
Vizepräsident Dr. Lammert, CDU/CSU: Frau Kollegin, Sie greifen damit der Rechtschreibreform kühn vor. (20. 10. 04)

reformfaul
Frau Dr. Vollmer, B'90/Grüne, zur CDU/CSU: Ich finde, dass Sie bei der Formulierung Ihres Vorschlags außerordentlich reformfaul waren. (13. 11. 03)

Richtlinien
Wehner, SPD: Die bestimmen nur die Richtlinien der Polemik! (19. 6. 75)

Rücken
Frau Sager, B'90/Grüne: Frau Merkel, die Frauen in diesem Lande haben nach der letzten Wahl von Ihnen mehr erwartet. Sie als Vorsitzende der CDU sind offensichtlich eine Frau, die es sich nicht gerade zur Lebensaufgabe gemacht hat, den Männern den Rücken freizuhalten.
Kampeter, CDU/CSU: Auch das ist falsch!

Frau Sager: Frau Merkel, Sie sind ja schon froh – das wissen wir –, wenn Ihnen die Männer nicht in den Rücken fallen. (26. 11. 03)

rückwärts

Frau Dr. Hendricks, SPD, zur CDU/CSU: Wenn Sie bereit wären, den Weg zur steuerpolitischen Vernunft zurückzugehen, so wären wir Sozialdemokraten bereit, etwa im Rahmen einer Enquete diese grundlegenden Fragen mit Ihnen zu erörtern.
Hauser (Rednitzhembach), CDU/CSU: Rückwärts gehen wir nicht!
von Larcher, SPD: Doch, fast immer!
Frau Dr. Hendricks: Lieber vorwärts in den Untergang, als rückwärts einen Schritt zur Vernunft! Ja, so ist das bei Ihnen. (31. 3. 95)

Saftladen

Krautscheid, CDU/CSU, zur SPD: Sie können sich nicht daran erinnern, was Sie selbst beschlossen haben. Ich kann das bei dem Durcheinander bei Ihnen sehr gut verstehen. Vielleicht sehen Sie gelegentlich einmal in Ihre eigenen Parteitagsbeschlüsse.
Verheugen, SPD: Kümmern Sie sich um Ihren eigenen Saftladen!
(25. 10. 95)

Schlammschlacht

Ministerpräsident Lafontaine (Saarland), SPD, zur CDU/CSU: Ihre Schlammschlacht gegen die SPD, meine Damen und Herren – deshalb hat Ihnen Helmut Schmidt Ruchlosigkeit vorgeworfen –, ist an Dreistigkeit nicht mehr zu überbieten. (6. 9. 94)

Schrumpfung

Bonde, B'90/Grüne: Frau Merkel (CDU/CSU, d. Hg.), erzählen Sie uns nichts vom Wachstum. Das einzige Wachstum, zu dem Frau Merkel jemals beigetragen hat, ist die unglaubliche Vermehrung der Zahl ihrer stellvertretenden Fraktionsvorsitzenden. Das ist im Übrigen ein interessantes Phänomen: quantitatives Wachstum bei gleichzeitiger qualitativer Schrumpfung. Das muss Ihnen erst mal jemand nachmachen.
Kauder, CDU/CSU: Wie viele Minister habt ihr schon rausgeschmissen?
(26. 11. 04)

Schwarzgeld

Tauss, SPD: Liebe Kolleginnen und Kollegen von der CDU/CSU, Sie haben auf Ihrer Homepage – ich schaue mir abends gelegentlich die CDU-Homepage an – ein CDU-Onlinespiel gestartet. Es ist immerhin gut, dass Sie jetzt wissen, was online bedeutet. Sie haben dort die Frage gestellt, wie denn der Bildungsminister heiße. Wer es wisse, könne drei CDU-Überraschungspakete gewinnen. Dieser erfolgreiche Minister ... auf den Sie offenbar so voller Neid schauen, dass Sie sogar Überraschungspakete aussetzen, ist eine Ministerin, heißt Edelgard Bulmahn und sitzt dort auf der Regierungsbank. Ich bitte Sie jetzt, die Überraschungspakete bei mir im Büro abzuliefern. Hoffentlich ist kein Schwarzgeld darin! (1. 12. 2000)

Schwesterpartei

Frau Pau, fraktionslos/PDS: Außerdem hätte ich heute gern einmal gehört, wie die privilegierte Partnerschaft (der EU mit der Türkei, d. Hg.) eigentlich aussehen soll. Frau Merkel (CDU/CSU, d. Hg.), wenn dieses Modell wirklich so gut ist, warum probieren Sie es nicht einfach aus und leben es uns vor, zum Beispiel mit Herrn Stoiber oder Ihrer Schwesterpartei CSU? (28. 10. 04)

Skandal

Frau Dr. Niehuis, SPD, zur CDU/CSU: Wenn ich daran denke, wie Sie jetzt noch versuchen, eine weibliche Verfassungsrichterin (Frau Däubler-Gmelin, SPD, d. Hg.) zu verhindern, dann muß ich sagen: Das ist der Höhepunkt des Skandals. (25. 3. 93)

sparen

Fuchtel, CDU/CSU: ...wir hätten uns früher eine Opposition gewünscht, die sich so verhält, wie wir es tun, eine Opposition, die beim Sparen hilft.
Stiegler, SPD: Das dürfen Sie 20 Jahre bleiben!
Fuchtel: Sie sind allerdings heute noch nicht in der Lage, richtig zu sparen. Wir hingegen haben den Mut zum rigorosen Sparen. Sie haben diesen Mut nicht. Das unterscheidet uns grundsätzlich. (25. 11. 04)

Springbock

Lowack, fraktionslos, ehemals CSU: Noch ein Wort zur CSU ...: Sie als Papiertiger zu bezeichnen umschreibt nur einen Teil der Wahrheit. Eher schon erinnert sie mich an den kleinen afrikanischen Springbock, der die große Fähigkeit hat, Sprünge nach oben zu machen, ohne dabei vom Platz wegzukommen. (20. 5. 92)

Überzeugung

Dr. Waigel, CDU/CSU: Herr Bundeskanzler (Schröder, SPD, d. Hg.), Sie haben damals als Ministerpräsident von Niedersachsen bei der Finanzierung der deutschen Einheit – wenn ich das einmal so sagen darf – nicht gerade ein überschwängliches Engagement gezeigt. Da dies meine letzte Rede ist, sollte ich eigentlich freundlich und lieb sein.
Dr. Gerhardt, FDP: Gnade vor Recht!
Dr. Waigel: Sie haben mich auch ausdrücklich darum gebeten. Fast wäre ich auf dem Weg zum Rednerpult schwach geworden. Aber meine christlich-soziale Überzeugung hindert mich Gott sei Dank daran, an dieser Stelle allzu sehr ins Wanken zu geraten. (4. 7. 02)

Umverteilungsklassenkämpfer

Dr. Müller (Bremen), Grüne, zur CDU/CSU: Umverteilungsklassenkämpfer seid ihr! (20. 2. 86)

Unionsphilosophie

Zander, SPD: Es entspricht eben der Unionsphilosophie, Chancengleichheit ab- und Privilegien aufzubauen. (15. 12. 82)

Unterschiede

Dr. Jens, SPD: Vor vier Monaten habe ich meinen Referenten gebeten, mir aufzuschreiben, wo die Unterschiede zwischen CDU und SPD in der Wirtschaftspolitik sind. Bisher hat er mir nichts geliefert.
Hinsken, CDU/CSU: Er hat alles von uns gelesen und gesagt: Das stimmt!
Dr. Jens: Meine Analyse kommt zu dem Ergebnis: Wir stimmen mit der konservativen … CDU/CSU in der Wirtschaftspolitik in vielen Feldern überein. Es gibt graduelle, aber keine grundsätzlichen Unterschiede. (7. 9. 95)

Unterstellung

Wehner, SPD: ›U‹ in CDU/CSU heißt Unterstellung; das ist Ihre einzige Originalität! (7. 11. 79)

verstehen

Lohmann (Lüdenscheid), CDU/CSU: Also doch Kostenargumente!
Schmidbauer (Nürnberg), SPD: Selbstverständlich, ich habe die Entwicklung doch aufgezeigt.
Lohmann: Haben Sie doch bestritten!
Schmidbauer: Hören Sie, dann verstehen Sie das vielleicht besser.
Dr. Penner, SPD: Die hören weder zu, noch verstehen sie etwas! (22. 9. 95)

vordergründig

Dr. Schöfberger, SPD: Man sieht an diesem Beispiel, zu welchem Verrat an der eigenen Sache die Opposition fähig ist, wenn es um einen vordergründigen Effekt geht. Ich bin überzeugt, Sie würden morgen auch den 17. Juni (vor der Wiedervereinigung der Tag der deutschen Einheit, zum Gedenken an den Arbeiteraufstand in der DDR am 17. Juni 1952, d. Hg.) abschaffen, wenn es Ihnen nur gelänge, der (SPD/FDP-, d. Hg.) Bundesregierung eine Niederlage beizubringen. (16. 6. 77)

Wackeldackel

Dr. Wissing , FDP: Die Große Koalition gleicht einem Auto, bei dem das Gaspedal an die Bremse gekoppelt ist: Die eine Seite will Gas geben, die andere legt eine Vollbremsung hin. Hinten, auf der Hutablage dieses merkwürdigen Fahrzeugs, sitzt ein Wackeldackel namens CSU, und der nickt immer brav mit dem Köpfchen. Genau das ist der Zustand, in dem sich die CSU hier im Bundestag befindet: Es wird alles schön abgenickt. Diese angeblich so große Koalition hat unserem Land bisher nichts gebracht. Sie haben das Land keinen nennenswerten Schritt nach vorne gebracht, weil Sie sich auf Reformschritte, die unser Land braucht, nicht einigen können. (25. 9. 08)

wolkig

Poß, SPD: Mein Vorredner, der Kollege Waffenschmidt (CDU/CSU, d. Hg.), hat hier eine typische CDU-Rede gehalten: unkonkret, wolkig, den Problemen ausweichend. (2. 12. 83)

Über die FDP – verschwunden im Bermudadreieck?

Der FDP-Ehrenvorsitzende und Abgeordnete Otto Graf Lambsdorff spricht am 9. September 1993 zum Thema Protektionismus in der Europäischen Gemeinschaft: »Geholfen wird auch den AKP-Bananen nicht. Das Ganze ist ein protektionistischer Skandal der EG. Die Zeche zahlt der Verbraucher. Und dafür haben Abgeordnete von SPD und CDU im Europäischen Parlament auch noch gestimmt.«
Frau Matthäus-Maier, SPD, die bis zum Wendeparteitag 1982 in Berlin der FDP angehörte, macht den Zwischenruf: »Keine FDPisten?«
Lambsdorff, der wegen seines Eintretens für die Marktwirtschaft innerhalb der sozialliberalen Koalition von SPD-Fraktionschef Herbert Wehner als »Marktgraf« tituliert wurde, verweist selbstkritisch auf die Zustände innerhalb der eigenen Partei auf die ihm eigene ironische Art: »Keine. Das ist so! Das wird man doch erwähnen dürfen! Manchmal stimmen selbst FDP-Abgeordnete geschlossen, verehrte Frau Kollegin, und in diesem Falle taten sie das. Das ist uns früher gelegentlich dank Ihrer Mithilfe schwerer gefallen.«
Und gerade, als es der FDP zur Wendezeit im Jahr 1982 politisch gar nicht gut ging, prominente FDP-Mitglieder wie Ingrid Matthäus-Maier und der ehemalige FDP-Generalsekretär Günter Verheugen, die danach in der SPD eine zweite politische Karriere machen konnten, ihre Partei verließen, spottete der damalige FDP-Vorsitzende Hans-Dietrich Genscher, dass sich die FDP nur selbst vernichten könne, und dies auch nur dann, »wenn sie sich einig sei«. Und wegen seiner so hervorragenden internen Kenntnisse über die eigene Partei, war er sich sicher, dass eine solche Einigkeit nie zu erzielen sei.

Gern bezeichnet sich die FDP als liberale Partei. Und so stellt der FDP-Abgeordnete Schleifenbaum am 13. Mai 1980 vor dem Bundestag im Brustton der vollen Überzeugung fest: »Daß ich momentan als einziger Liberaler hier im Plenum anwesend bin …
Da korrigiert ihn der CDU/CSU-Abgeordnete von der Heydt Freiherr von Massenbach: »Das ist ein Irrtum, der einzige FDP-Mann!« Nun, CDU/CSU und FDP waren von einer gemeinsamen Koalition noch weit entfernt. Und – wohl nicht nur – für die Union besteht ein gewaltiger Unterschied zwischen Liberalen und FDP-Mitgliedern.

abzocken

Haack (Extertal), SPD: Das FDP-Modell heißt doch schlicht und einfach: … Abzocken bei den kleinen Leuten, Erhöhung der Selbstbeteiligung und Bedienung der Pharmaindustrie. Das heißt dann schlicht und einfach, Frau Dr. Babel, daß Sie natürlich nicht die Interessen der kleinen Leute im Auge haben, sondern Sie haben die Interessen der großen Leute im Auge. (29. 2. 96)

amüsieren

Fischer, Bundesaußenminister, B'90/Grüne: In vielen Hintergrundgesprächen und öffentlichen Diskussionen sage ich, wir müssten die Vorstellung, dass Guido Westerwelle (FDP-Vorsitzender, d. Hg.) Kanzler der Bundesrepublik Deutschland wird, ernst nehmen. Bisher habe ich nur einen gefunden, der dabei ernst geblieben ist: Das war ich selbst. Alle anderen inklusive Ihr kommender Koalitionspartner – Journalisten, wer auch immer – geraten in einen Zustand der Heiterkeit – nicht der Euphorie. (4. 7. 02)

Ärger

Cronenberg, FDP, zu Glombig, SPD, über den Koalitionspartner CDU/CSU: Damit aber Eugen Glombig ein ruhiges Wochenende hat: Die FDP ist in der neuen Koalition genauso lästig und stur wie in der alten, insofern kannst du denen jetzt den Ärger gönnen, den du früher selber gehabt hast. (26. 10. 84)

ausgerottet

Dr. Dregger, CDU/CSU, zu Ex-Bundeskanzler Schmidt, SPD: Was Hessen und Hamburg bedeuten, ist klar: Mit dem ›Wegharken‹ der FDP auch in Hessen, von Ihnen, Herr Kollege Schmidt, proklamiert …
Topmann, SPD: Die hat sich selbst ausgerottet! (13. 10. 82)

Bermudadreieck

Heinrich, FDP: Es gibt aber auch denjenigen, der sich mit Arbeitslosenhilfe und ein wenig Schwarzarbeit häuslich eingerichtet hat und ansonsten seinen Hobbys – Pilze suchen, Gartengestaltung – nachgeht.
Schreiner, SPD: Erzählen Sie diese Geschichten einmal im Ruhrgebiet! Ich nehme Sie mal mit zu uns, und schicken Sie die Leute mal Pilze suchen! Sie werden sich wundern, was die Ihnen sagen werden! – Wenn Sie so weitermachen verschwindet die FDP im Bermudadreieck! (17. 3. 89)

beruhigt

Scholz, SPD: Ich möchte den Kollegen Westerwelle nur bitten, sich umzudrehen. Hinten in den Reihen der FDP-Fraktion sitzt die Kanzlerin.

Dr. Westerwelle, FDP: Kollege Scholz, ich möchte Ihnen erwidern: Da gehört sie nicht hin!

Dr. Röttgen, CDU/CSU: Dann sind wir ja beruhigt! (1. 3. 07)

Bescheidenheit

Nolting, FDP: Es gibt zwei große Parteien und eine wichtige, und das ist die FDP.

Biehle, CDU/CSU: Bescheidenheit war schon immer die Tugend dieser wichtigen Partei! (25. 6. 87)

Besen

Dr. Graf Lambsdorff, kurz zuvor zum FDP-Vorsitzenden gewählt, über die neue finanzpolitische Sprecherin der SPD-Bundestagsfraktion, Frau Matthäus-Meier, von 1976 bis 1982 Mitglied der FDP-Bundestagsfraktion: Der Beifall der SPD-Fraktion für eine Nicht-Quoten-Frau war bemerkenswert und eindrucksvoll.

Dr. Vogel, SPD: Sie Quotenmensch, Sie!

Dr. Graf Lambsdorff: Verehrter Herr Vogel …

Dr. Vogel: Haben Sie einen Quotenfimmel?

Dr. Graf Lambsdorff: Nein, den haben Sie, wir nicht! Wir haben 33 1/3 Prozent Frauen im FDP-Präsidium ohne Quoten. Stellen Sie sich das einmal vor. Das hätten Sie machen sollen und nicht diesen Weg gehen. Wenn der Vergleich nicht so uncharmant wäre, würde ich sagen: Neue Besen kehren gut.

Dr. Vogel: Was sind Sie für ein Besen? (13. 10. 88)

Besserverdienende

Kuhlwein, SPD, über die FDP: Die Partei der Besserverdienenden ist fein heraus! (16. 6. 94)

bewegen

Vizepräsident Klein, CDU/CSU: … ich muß noch ein Wort der Warnung an die Linke im Haus sagen. Seien Sie vorsichtig, die FDP hat im Augenblick fast die absolute Mehrheit.

Dr. Weng (Gerlingen), FDP: Da braucht man nicht vorsichtig zu sein, Herr Präsident, da kann man ganz ruhig sein!
Rixe, SPD: Aber bewegen tun die auch nicht viel! (10. 9. 92)

Chancengleichheit
Frau Blunck (Uetersen), SPD, über die FDP: Sie hält auch nichts von Chancengleichheit! (16. 6. 94)

Doping
Parr, FDP: Die FDP sieht eine Ausweitung der Telekommunikationsüberwachung äußerst kritisch. Auch eine Regelüberwachung von Fitnessstudios durch Polizei und Ordnungsbehörden findet unsere Zustimmung nicht; hier sollten wir das Prinzip der Verhältnismäßigkeit bewahren.
Frau Freitag, SPD: Freies Doping für freie Bürger! (19. 1. 07)

Dröhnung
Dr. Struck, SPD: Herr Kollege Westerwelle (FDP, d. Hg.), Ihre inhaltsleere Dröhnung ging mir wirklich auf den Geist. Ich verstehe Ihre Fraktion nicht. Ich gratuliere Ihnen herzlich dazu, Frau Kanzlerin (Frau Dr. Merkel, CDU/CSU, d. Hg.), dass Ihnen dieser Koalitionspartner erspart geblieben ist. Sie haben null Alternativen angeboten. (29. 3. 06)

Drohung
Frau Homburger, FDP: Herr Fischer, Sie haben mein Mitgefühl, daß Sie diese Programme vertreten müssen. Die FDP wird dafür sorgen, daß Sie nicht in die Gefahr kommen, das Programm umsetzen zu müssen.
Fischer (Frankfurt), B'90/Grüne: Herr Präsident, das war eine Drohung! Ist das erlaubt? Muß ich mir gefallen lassen, daß ich hier bedroht werde? (16. 12. 94)

Drucksachen
Claus, PDS: Wir haben die FDP überall im Griff, nicht nur bei den Drucksachen! (18. 4. 02)

dumm und dämlich
Frau Blunk (Uetersen), SPD, zur FDP: Sie reden immer dann vom mündigen Verbraucher, wenn Sie ihn am liebsten dumm und dämlich halten wollen. Das will ich nicht. (16. 6. 94)

Ehrenliberale

Gilges, SPD: Wobei die FDP schlecht besetzt ist! Im Ausschuß sind Sie immer zu zweit, hier nur mit einem!
Frau Dr. Babel, FDP: Sie werden den Grund, warum der Kollege nicht hier ist, wahrscheinlich schon wissen.
Deß und Dr. Blüm (beide CDU/CSU, d. Hg.) nehmen in den Reihen der FDP Platz.
Gilges: Sie haben einen neuen FDP-Kollegen!
Frau Dr. Babel: … ich begrüße Sie; es gibt immer wieder Ehrenliberale … (28. 9. 95)

ehrlich

Kampeter, CDU/CSU: Ihr von der FDP solltet immer hübsch ehrlich bleiben! (29. 1. 09)

Erpressung

Zylajew, CDU/CSU: Die Finanzierung der Pflegeversicherung war bereits 20 Jahre vor ihrer Einführung ein – vor allen Dingen für die FDP-Fraktion – wichtiges Thema. Herr Lanfermann, wir, die damalige Koalition aus CDU/CSU und FDP, haben dies in den Jahren 1993/94 gemeinsam auf einen vernünftigen Weg gebracht.
Bahr (Münster), FDP: Zum Teil habt ihr uns ziemlich gezwungen!
Lanfermann, FDP: Das war mehr eine Erpressung!
Zylajew: Dazu muss ich Ihnen sagen, Herr Lanfermann: Ein Koalitionspartner, mit dem ich ordentlich verhandeln kann, ist mir natürlich lieber als jemand, der sich erpressen lässt. Sie enttäuschen mich. (30. 11. 06)

Eunuchen

van Delden, CDU/CSU, zu Bundesverteidigungsminister Schmidt, SPD: Aber, Herr Schmidt, ihr macht … die FDP zum Eunuchen! (4. 2. 71)

Fachmann

Frau Matthäus-Maier, SPD: Wie lange wollen Sie sich denn noch die Frage anhören, die beim letzten Karnevalsumzug in Bonn gestellt wurde, wo es hieß …
Dr. Schäuble, CDU/CSU: So ist auch Ihr Niveau! Genau so!
Frau Matthäus-Maier: Erst hatten wir den Bangemann, dann hatten wir den Haussmann, jetzt haben wir den Möllemann (alle FDP, d. Hg.);

wann kriegen wir als Wirtschaftsminister denn endlich einmal einen Fachmann?
Dr. Rüttgers, CDU/CSU: Klatschmarsch für die Doof Nuß!
Frau Matthäus-Maier: Das Wichtige daran ist …
Dr. Rüttgers: Klatschmarsch für Frau Matthäus-Maier!
Frau Matthäus-Maier: daß Narren die Wahrheit sprechen.
Dr. Rüttgers: Das ist ein Angriff auf die Karnevalisten in Bonn, was Sie da erzählen! (8. 9. 92)

FDP-Modell

Dreßler, SPD, nach einem Zwischenruf von Frau Dr. Adam-Schwaetzer, FDP: … daß Sie dazwischenrufen, wundert mich nicht. Das ist nämlich das FDP-Modell für die Betriebsräte: knapp über 5 Prozent aber jede Menge Minister. Das kennen wir. (20. 6. 85)

FDP-Motto

Frau Kastner, SPD, zu Frau Homburger, FDP: Tarnen und täuschen ist das Motto der FDP! (26. 1. 95)

feurig

Bosbach, CDU/CSU: Dass die FDP diese Aktuelle Stunde beantragt hat, kann ich verstehen. Das hätte ich an Ihrer Stelle genauso gemacht. Wenn Sie es nicht gemacht hätten, wären Sie Ihr Geld nicht wert. Herr Westerwelle hat eine feurige Rede gehalten, und zwar unter vollständigem Verzicht auf eine sachliche Argumentation; deswegen war diese Rede so feurig. (11. 5. 06)

Flaggschiff

Frau Odenthal, SPD, zur FDP: Sie haben sich einst als das Flaggschiff der Bildungspolitik gefühlt. Ihr eigener Minister (Möllemann, FDP, d. Hg.) trägt dazu bei, daß nur noch eine müde Fregatte übriggeblieben ist.
Kuhlwein, SPD: Das ist die bildungspolitische Pendlerpartei!
Weisskirchen (Wiesloch), SPD: Eine Nußschale ist übriggeblieben! (28. 3. 90)

Freiheit

Frau Stokar von Neuforn, B'90/Grüne, zur FDP: Sie verklären hier Steuerhinterziehung zum Freiheitskampf. Sie vertreten hier eine freie Bürgergesellschaft in folgendem Sinne: Freiheit für Kampfhunde, Freiheit für Raucher, Freiheit für Waffenbesitzer, Freiheit für Steuerhinterzieher. Wir sind eine andere Bürgerrechtspartei. (22. 2. 08)

Frivoler Deutscher Populismus

Hilsberg, SPD: Frau Pieper (FDP, d. Hg.), die Erfolge beruhen nicht auf dem, was Sie hier vorgetragen haben. Das war billiger Populismus; auch das muss gesagt werden. Ich habe gedacht, man müsste die FDP umbenennen in ›Frivoler Deutscher Populismus‹. Das wäre angemessen. (9. 11. 06)

Fundis

Frau Hermenau, B'90/Grüne: Die FDP, diese ökonomischen Fundis der Besserverdienenden, macht Vorschläge für riesengroße Einsparungen im Haushalt. (12. 9. 02)

Fünf-Sterne-Hotel

Dr. Hofreiter, B'90/Grüne: Nun zu der schönen Rede der FDP. Die FDP hat sich – wie erwartet – ganz klassisch verhalten. Sie verhält sich in diesem Bereich wie ein Gast, der zwar gerne ein Fünf-Sterne-Hotel hätte, aber nur wie für ein Ein-Sterne-Hotel bezahlen möchte … Aber redet doch einmal mit euren Finanzpolitikern, damit eure Politik zumindest ansatzweise stimmig wird. (21. 2. 08)

gefetzt

Frau Schmidt (Nürnberg), SPD: Diese sind neben der Familienpolitik das BAföG, wofür ich von 1980 bis 1987 Berichterstatterin war. In diesen Jahren haben sich die jeweiligen Koalitionen ganz schön gefetzt, und die FDP war auf jeder Seite immer mit dabei. (16. 11. 07)

gestraft

Frau Frechen, SPD, zur FDP: Ihr Modell würde also nicht wirklich die Reichen treffen, sondern die gut verdienenden Facharbeiter, den Mittelstand und die Mittelschicht. Wollen Sie diese Menschen wirklich treffen?
Dr. Wissing, FDP: Sie sind von der Großen Koalition schon genug gestraft!
Frau Frechen: Sie alle machen drei Kreuze, dass die FDP nichts zu sagen hat, Herr Kollege Dr. Wissing.
Dr. Wissing: Das glauben sie Ihnen jetzt nicht!

Frau Frechen: Dabei soll es auch noch einige Jahre bleiben.
Frau Scheel, B'90/Grüne: Ausnahmsweise einmal recht gehabt!
Ja. (10. 4. 08)

Halbierung
Brüderle, FDP, zur CDU/CSU: Gut, ihr habt in Rheinland-Pfalz mehr als wir erreicht. Aber Helmut Kohl hatte 57 Prozent. Nun seid ihr gerade einmal über 30 Prozent. Eine solche Halbierung könnten wir uns nicht leisten.
Koschyk, CDU/CSU: Stimmt, dann seid ihr weg! (31. 3. 06)

Hammerpartei
Büttner (Ingolstadt), SPD, zu Frau Dr. Babel, FDP: Sie versuchen die Probleme auf dem Rücken der Kranken zu lösen! Eine brutale Hammerpartei! Ganz schlecht und dumm! (7. 9. 95)

Horizont
Stiegler, SPD, über die FDP: Wir erleben auf der anderen Seite eine bemerkenswerte Regression der FDP, die einmal mit Walter Scheel einen nicht unbeutenden Entwicklungspolitiker gehabt hat. Jetzt kommen Herr Niebel und Herr Königshaus mit einem Horizont, der nicht einmal ein Kirchturmshorizont ist, sondern der Horizont einer Waldkapelle, die von Dornen und Stauden überwuchert ist. (28. 1. 09)

irritieren
Zuruf von der SPD: Joschka Fischer macht Probesitzen auf der Regierungsbank!
Vizepräsident Klein, CDU/CSU: Einen Moment, bitte! Damit wir ein Minimum an Ordnung aufrechterhalten, wende ich mich zunächst einmal an den Kollegen Fischer.
Großmann, SPD: Der will doch sowieso Außenminister werden!
Vizepräsident Klein: Mir geht es ja nur darum, daß unsere Besucher nicht irritiert werden, wenn sie den Joschka Fischer auf der Regierungsbank sehen.
Fischer (Frankfurt), B'90/Grüne: Herr Präsident, die Besucher irritiert das schon nicht mehr, eher irritiert es die FDP! (21. 9. 95)

Kehrtwendungen

Dr. Riedl (München), CDU/CSU: Die FDP fordert die Wende und macht ständig Kehrtwendungen vor ihrer eigenen Politik. Es nutzt ja nichts, wenn man solide redet und unsolide handelt. (12. 11. 81)

Kleiderschrank

Dr. Faust, CDU/CSU: Wie schon zu vermuten war, gründet sich die Aufregung der FDP auf die Expertise des Instituts für Gesundheitsökonomik in München. 15,5 Prozent Krankenkassenbeitrag wurden da vorhergesagt. Meine lieben Herren von der FDP, der Gesundheitsfonds und die geweissagten Beitragssatzerhöhungen haben herzlich wenig miteinander zu tun. Der Preis eines Kleiderschranks hängt ja auch nicht davon ab, ob ich bar, mit Kreditkarte oder per Überweisung bezahle.

Dr. Addicks, FDP: Das sind ja grundlegende Einsichten, die Sie uns hier vermitteln, Herr Kollege!

Dr. Faust: Man muss sich eben auf dieses Niveau begeben; das ist leider so. Es gibt ja unterschiedliche Qualitäten von Kleiderschränken.

Bahr (Münster), FDP: Demnächst wird Ihnen der Kleiderschrank zugeteilt!

Dr. Faust: Jetzt hängen Sie nicht die Türen aus! (18. 1. 08)

Klientel

Frau Pothmer, B'90/Grüne, zur FDP: Wenn es um Ihre Klientel geht, fordern Sie staatliche Eingriffe, dann stellen Sie sich vor Ihre Klientel.

van Essen, FDP: Das zeigt, wie schlecht die Argumentation ist, dass man immer wieder die alte Platte auflegt!

Frau Pothmer: Hier wollen Sie doch nur deshalb keine Regelung, weil Ihnen diese Gruppe von Menschen nichts wert ist. (20. 1. 06)

Kultur

Bundeswirtschaftsminister Dr. Rexrodt, FDP: Wir brauchen eine Kultur der Selbständigkeit in Deutschland.

Schwanhold, SPD: Der Selbständigkeit der FDP? Oder was meinen Sie? (8. 2. 96)

lähmend

Fischer (Frankfurt), B'90/Grüne: Die FDP vertritt eine lähmende Gerechtigkeit! (23. 5. 96)

laut

Vizepräsidentin Dr. Vollmer, B'90/Grüne: Im Übrigen lasse ich diese Unruhe auch nicht zu.
Heinrich, FDP: Ich muss leider bemerken, dass meine eigene Fraktion zurzeit am lautesten ist. (18. 1. 01)

Leichtsinn

Müntefering, SPD, zur FDP: Ihr Problem ist, dass es egal ist, was Sie machen. Deshalb sind Sie hier so laut geworden. Hören Sie es noch einmal nach. Ich glaube, wir kennen uns lange genug, damit Sie verstehen, was ich damit meine.
Dr. Westerwelle, FDP: Wenn ich in Ihrem Alter bin, bin ich auch so ruhig!
Müntefering: Jugendlicher Leichtsinn und Altersweisheit können sich gut mischen, Herr Westerwelle. (10. 9. 03)

Leistungspartei

Vizepräsident Cronenberg, FDP: Das Wort hat der Abgeordnete Werner Zywietz.
Zurufe von der SPD: Die Rede kannst du zu Protokoll geben! Mußt du denn dauernd reden?
Zywietz, FDP: Ja, gute Kräfte werden bei uns häufig eingesetzt. Das ist halt so. Wir sind eine Leistungspartei. (26. 11. 92)

Leute

Bundeskanzler Schmidt, SPD, am Ende der sozialliberalen Koalition: Man kann nicht, sage ich, weder Sozialdemokraten noch Freie Demokraten, davonlaufen, wenn die Zeitläufte schwierig sind. Das kann man nicht ... Und der Bundeskanzler weiß, daß man reisende Leute nicht aufhalten soll. (9. 9. 82)

Liberale

Reuschenbach, SPD: ... ist Ihnen erinnerlich, daß im Zeitraum dieses hemmungslosen Subventionswettlaufs in Europa auf deutscher Seite liberale FDP-Wirtschaftsminister der Bundesregierung angehört haben?
Koschnick, SPD: Nicht Liberale! FDP-Leute waren es! (11. 3. 93)

Lichtgestalten

Bundeslandwirtschaftsminister Funke, SPD: Zum Thema Heizöl kann ich nur fragen: Warum haben Sie das nicht früher gemacht? Jetzt kommen Sie von der FDP mit den Anträgen. Kaum sind Sie in der Opposition, gebärden Sie sich als die Gestalten des Lichts. Dabei gibt es bei Ihnen nur Dämmerung und düstere Nacht. Ich kann das nicht verstehen. Kaum in der Opposition, sind Sie die Lichtgestalten, und vorher war die Düsternis. (25. 11. 99)

Lieblingspartei

Dr. Faust, CDU/CSU: Populismus allein macht nicht populär. Mit der heutigen Aktuellen Stunde wird die FDP auch nicht zur Lieblingspartei der gesetzlich Krankenversicherten werden. Das wollen Sie aber vielleicht auch gar nicht.
Bahr (Münster), FDP: Dagegen hätten wir nichts! Darum kämpfen wir! (18. 1. 08)

Listenaufstellung

Dr. Solms, FDP: Ich höre, daß es zahlreiche Mitglieder in Ihrer Fraktion gibt, Herr Kloss (SPD, d. Hg.), die eigentlich bereit sind, diese Entscheidung (UN-Einsätze der Bundeswehr, d. Hg.) zu treffen. Sie sagen es noch nicht öffentlich, vielleicht aus Angst vor der bevorstehenden Listenaufstellung.
Duve, SPD: Das ist doch wohl eine tolle Unterstellung!
Dr. Solms: Egal: Das ist in den politischen Parteien üblich. Das kenne ich bei uns auch. (8. 9. 93)

Loch

Fromme, CDU/CSU: Wir waren im Wahlkampf so ehrlich, etwas zu sagen, was die Menschen nicht erfreut hat. Ich glaube, das ist die richtige Politik: Wir müssen aufzeigen, was getan werden muss. – Abg. Fricke, FDP, stößt gegen die Verblendung seines Sitzplatzes, die daraufhin zu Boden fällt. – Sehen Sie, da bricht die FDP schon zusammen.
Dr. Küster, SPD: Und nur ein Loch bleibt übrig! (25. 1. 06)

Logik

Frau Pothmer, B'90/Grüne: Der Jugendarbeitsschutz als Sündenbock für die Ausbildungsplatzmisere – mein Gott, welch eine schlichte Logik doch bei der FDP vorherrscht!
Frau Dr. Dückert, B'90/Grüne: Überhaupt keine Logik! – Dr. Westerwelle, FDP: Wir sind so schlicht, Frau Kollegin! – Brase, SPD: Ganz schlicht im Denken, das stimmt! (18. 1. 07)

Mehrheit

Schäfer (Mainz), FDP, zur SPD: Und wenn Sie noch so lachen: Sie hatten nie die absolute Mehrheit, und Sie werden sie auch nicht kriegen ... Nebenbei bemerkt, wir kriegen sie auch nicht. (22. 11. 83)

Dr. Graf Lambsdorff, FDP: ... zum Thema ›Binnenwahlkampf‹ kann ich nur sagen: Der Kollege Bötsch (CDU/CSU, d. Hg.) hat mir vor ein paar Minuten gesagt, die FDP bekomme bald die absolute Mehrheit. Ich habe ihm gesagt: Noch ein paar CSU-Wahlkongresse, dann könnten wir es vielleicht schaffen. (22. 11. 90)

Mehrwertsteuererhöhung

Bahr (Münster), FDP, zur Großen Koalition: So hohe Beitragssätze zur gesetzlichen Krankenversicherung kannten wir in Deutschland bisher nicht. Sie sind dafür verantwortlich, weil Sie Entscheidungen getroffen haben, die dazu führen, dass die Krankenkassen ihre Beitragssätze im nächsten Jahr so massiv erhöhen müssen.
Frau Ferner, SPD: Das ist ja wohl wirklich Schwachsinn, was Sie da erzählen!
Bahr: Frau Ferner, nicht wir haben die Mehrwertsteuererhöhung beschlossen, durch die die Krankenkassen im nächsten Jahr um 800 Millionen Euro belastet werden.
Frau Ferner: Weil Sie nicht an der Regierung sind! Deshalb haben Sie nicht zugestimmt! (27. 9. 06)

Mitte

Frau Pothmer, B'90/Grüne: Wahrscheinlich, Herr Westerwelle, hatten auch Sie eher den DEHOGA als die Jugendlichen im Blick, als Sie die FDP zum Anwalt der ›vergessenen Mitte‹ ausgerufen haben. Gemeint haben Sie damit diejenigen – ich zitiere Sie jetzt einmal –, ›die morgens nicht liegen bleiben, sondern aufstehen, ihre Kinder zur Schule bringen und arbeiten gehen‹. Was soll das eigentlich heißen?
Dr. Westerwelle, FDP: Nicht jede dumme Frage muss ich beantworten! (18. 1. 07)

Mittelalter

Kubatschka, SPD, zu Friedrich, FDP: Sie sind forschungspolitisch im Mittelalter! (1. 2. 96)

Namen

Vizepräsidentin Dr. Vollmer, B'90/Grüne: Die Fraktion der FDP verlangt namentliche Abstimmung.
Fischer (Frankfurt), B'90/Grüne: Sie hat doch kaum noch Namen! (21. 9. 95)

nett

Scholz, SPD: Ich habe an den verschiedenen Beifallsbekundungen heute festgestellt, dass es gelegentlich Einigkeit zwischen FDP und PDS/Linkspartei gibt. Widerspruch bei der Linken – Dr. Westerwelle, FDP: Jetzt schockieren Sie uns aber! Das geht zu weit, Herr Kollege! Jetzt ist Schluss! Bisher waren wir nett!
Scholz: … das werden Sie auch bleiben. (30. 11. 05)

Nirwana

Fischer (Frankfurt), B'90/Grüne: Die FDP ist auf dem Weg ins Nirwana! (23. 6. 95)

notbeatmet

Fischer (Frankfurt), B'90/Grüne: Bisher dachte ich, Wahlgeschenke werden den Bürgerinnen und Bürgern gemacht. Mittlerweile sind wir aber schon so weit, daß Herr Gerhardt (FDP-Vorsitzender, d. Hg.) notbeatmet werden muß, damit er mit seiner Truppe noch über die Wahlkampfhürden kommt. (8. 2. 96)

Paar

Dr. Brauksiepe, CDU/CSU: Der FDP-Parteitag hat diesen Antrag des Kollegen Kolb und anderer abgelehnt. Die Begründung – vorgetragen vom Bundesvorsitzenden Westerwelle – lautete, das wäre nur eine fette Rentenkürzung. Der Antrag ist abgelehnt worden. Lieber Herr Kollege Kolb, ich war kürzlich auf einer Veranstaltung, auf der zur Rente mit 67 so wie bei Ihnen in der FDP argumentiert worden ist. Das war der DGB-Kongress. Das, was Guido Westerwelle zum Nein zur Rente mit 67 sagt, höre ich hier sonst nur von Ursula Engelen-Kefer (ehemalige stellvertretende DGB-Vorsitzende, SPD, d. Hg.). Das ist wirklich ein tolles Paar, das sich da in der Rentenpolitik gefunden hat. (22. 6. 06)

penetrant

Fischer (Frankfurt), Grüne, zu Kleinert, FDP: Wenn Sie sich hier in Ihrer unnachahmlichen schwankenden Größe aufbauen … und uns unser Chaos in den Geschäftsstellen und gleichzeitig Ihre geordnete Geschäftsstelle der FDP entgegenhalten, dann sage ich Ihnen: In unserem Chaos gibt es nicht den penetranten Geruch von Korruption. (1. 12. 83)

Pflicht

Schmitt (Langenfeld), B'90/Grüne: Jeder Parlamentarier hat das Recht, auch die eigene Fraktion zu kritisieren. Bei uns ist es jedenfalls üblich. Ich weiß nicht, wie es in anderen Fraktionen ist.
Kohn, FDP: Bei uns ist es nicht Pflicht! (29. 2. 96)

Pirouettenpartei

Frau Lambrecht, SPD: Es wurde gesagt: Erst dann, wenn das wirklich schwarz auf weiß vorliegt, drehen wir uns natürlich. – Das tun Sie dann aber richtig, so wie wir das von der FDP kennen.
Benneter, SPD: Pirouettenpartei! (1. 2. 07)

Pressestelle

Bundesfinanzminister Steinbrück, SPD, zur FDP: Keiner fragt nach der Qualität dieser 400 Vorschläge. Keiner fragt nach dem Realitätstest. Einige dieser Vorschläge sind übrigens haushaltsrechtlich überhaupt nicht umsetzbar. Einige sind so populistisch, dass man gar nicht weiß, ob Sie sie ernst meinen, zum Beispiel die Abschaffung des Bundespresseamtes. Schaffen Sie doch die Pressestelle der FDP ab, dann denken wir darüber nach! (30. 11. 07)

Problem

Müntefering, SPD: Die FDP hat ein Problem.
Dr. Westerwelle, FDP: Nur eines?
Müntefering: Eigentlich zwei: Sie und noch etwas. (10. 9. 03)

Prozent

Andres, SPD: Statt FDP würde ich sie ›Fast Drei Prozent‹ nennen. (10. 6. 99)

qualitätsbewusst

Hovermann, SPD: Qualität geht vor Schnelligkeit; die FDP will sehr schnell sein, wir wollen qualitätsbewusst arbeiten. (29. 3. 07)

Raubtierkapitalismus

Poß, SPD: Wir haben heute Morgen von der Opposition zwei sehr unterschiedliche Reden gehört. Die eine Rede war von Herrn Koppelin (FDP, d. Hg.), also dem klassischen Vertreter des Raubtierkapitalismus.
Thiele, FDP: Sie wollen doch eine Ampel! Das geht so nicht! (16. 9. 08)

reden

Gallus, FDP: Mir macht es überhaupt keine Schwierigkeiten, frei zu reden.
Frau Dr. Hamm-Brücher, Staatsministerin im Auswärtigen Amt a. D., FDP: Dann waren Sie noch bei Herrn (Bundesaußenminister und FDP-Vorsitzender, d. Hg.) Genscher Staatsminister! Da könnten Sie nämlich nicht frei reden!
Gallus: Frau Kollegin, da täuschen Sie sich. Ich achte unseren Außenminister sehr und auch Sie als damalige Staatsministerin, aber einer meiner Lehrmeister war der Reinhold Maier, und der hat einmal gesagt: In der Außenpolitik ist es relativ einfach, da kann man alles behaupten, ohne den Wahrheitsbeweis antreten zu müssen. Insofern, Frau Kollegin, würde es auch nicht schaden, wenn von dieser Seite her frei geredet würde. (13. 12. 89)

Regierigen

Conradi, SPD, über die FDP: Aber jeder Versuch einer vernünftigen Wohnungspolitik in diesem Land scheitert an der FDP, an der Partei der ›Regierigen‹. (13. 3. 92)

rettenswert

Dr. Kleijdzinski, SPD: So, jetzt würde ich der FDP mal die Meinung sagen!
Dr. Feige, B'90/Grüne: Jetzt der FDP die Meinung sagen? Bitte, das lohnt die Zeit nicht mehr … Der ehemalige Abgeordnete Volmer (B'90/Grüne, d. Hg.) hat letztens auf die Frage, wie wir denn zur Ampelkoalition stehen, gesagt: Wir wollen die Welt retten und nicht die FDP, womit ich nicht die Kollegin Homburger (FDP, d. Hg.) meine; sie ist rettenswert und, ich glaube, auch rettbar. (4. 2. 93)

Rettungsring

Fischer (Frankfurt), B'90/Grüne, zu Dr. Solms, FDP: Das ist primitivster Wahlkampf, was Sie hier machen! Rettet die FDP! Gebt dem Mann endlich einen Rettungsring! (1. 2. 96)

Richtung

Frau Stokar von Neuforn, B'90/Grüne: Die spannendste Frage im bisherigen Verlauf dieser Debatte lautet: Wo steht eigentlich die FDP? Viele FDP-Abgeordnete sind ja nicht mehr anwesend. Der erste Redebeitrag (des Abg. Funke, d. Hg.) hat mir natürlich sehr gefallen. Herzlichen Glückwunsch! Ich habe schon gedacht: Das ist ja fast meine Rede. Vielleicht sollten Sie klären, in welche Richtung die FDP-Bundestagsfraktion gehen will. (16. 1. 03)

Risiko

Frau Kastner, SPD, zur FDP: Endlich springen Sie auf den fahrenden Zug auf, und zwar sehr halbherzig und kraftlos, aber immerhin, Sie versuchen zu springen. Nun müssen Sie aber aufpassen, daß Sie dabei nicht unter die Räder kommen.
Friedrich, FDP: Das ist das Risiko des Lebens! (1. 6. 95)

Rückwärtsrudern

Dr. Graf Lambsdorff, FDP: ... die FDP beteiligt sich an sächsischen, bayerischen oder deutschen Meisterschaften im Rückwärtsrudern von steuerpolitischen Erklärungen nicht. (22. 11. 90)

Sachverstand

Hartmann (Wackernheim), SPD: Liebe Frau Piltz (FDP, d. Hg.), es ist erfreulich, zu hören, dass auch Sie da und dort über kommunalpolitischen Sachverstand und aktive Kommunalpolitikerinnen und Kommunalpolitiker verfügen. Herzlichen Glückwunsch dazu! Ich nehme aber an, dass es in den Reihen der SPD mehr ehrenamtliche Kommunalpolitiker gibt, als die FDP bundesweit überhaupt Mitglieder hat.
Friedrich (Bayreuth), FDP: Wir haben in Sachsen mehr Bürgermeister als Sie und die PDS zusammen!
Hartmann: Herzlichen Glückwunsch dazu! Wenn Sie den Sachverstand von denen auch annehmen, dann ist das gut. (16. 12. 04)

Sack

Frau Caspers-Merk, SPD: So weit, so gut. Um den Handel von seinen neuen Pflichten gleich wieder zu befreien, wurde das Schlupfloch DSD (Duales System Deutschland, d. Hg.) gefunden. Der Kollege Graf Lambsdorff (FDP,

d. Hg.) ist ja einer der Väter dieses Schlupfloches. Deswegen ist der gelbe Sack auch gelb. (23. 6. 93)

Sauerstoff

Frau Albowitz, FDP: Ich hoffe, das ist ein neuer Wind ... und nicht nur ein laues Lüftchen in Ihrem sozialdemokratischen Sauerstoffzelt ...
Schreiner, SPD: Die FDP ist mausetot! Da hilft gar nichts mehr, weder Sauerstoff noch sonst etwas! (9. 11. 95)

scheißen

Lanfermann, FDP, zur SPD: Denn Sie vergessen bei Ihren Vorschlägen immer wieder, daß Sie den Bürgern, die mehr verdienen, die also auch mehr geleistet haben, von jeder Mark mehr abnehmen.
Frau Hanewinckel, SPD: Das ist eine Unverschämtheit!
Dr. Küster, SPD: Der Teufel scheißt auf den großen Berg! Das ist die Theorie, die Sie hier vertreten! (29. 3. 95)

sozial

Haustein, FDP: Arbeitsplätze zu schaffen ist das Sozialste, was man in diesem Land machen kann. Das ist Fakt – und ein Kernsatz im Konzept der FDP. Deshalb ist die FDP eine sehr soziale Partei. (26. 10. 06)

statistisch

Dr. Loske, B'90/Grüne: Es gibt eine Forsa-Umfrage – wir sollten zwar nicht umfragegläubig sein, aber manchmal ist es gut, wenn man sich die Ergebnisse solcher Umfragen zu Gemüte führt –, in der sich 75 Prozent der Bevölkerung für das Dosenpfand ausgesprochen haben. Auch 70 Prozent der CDU/CSU-Anhänger sind für das Dosenpfand. Die Aussagen der FDP-Anhänger waren statistisch nicht messbar, da der Stichprobenumfang zu klein war. (22. 10. 03)

Steuerhinterzieher

Poß, SPD, zu Thiele, FDP: Sie wollen die Steuerhinterziehung schützen! Die FDP ist doch bekannt: Schutzgemeinschaft der Steuerhinterzieher! (10. 12. 98)

Subventionssicherungspartei

Fischer (Frankfurt), B'90/Grüne: Subventionssicherungspartei FDP! (18. 1. 96)

Tabugrenze

Dr. Solms, FDP: Ein wie immer wortgewaltiger Rudolf Dreßler prügelt die eigene Fraktion in die Tabugrenzen der vergangenen Jahrzehnte zurück. Mit Ihrer Argumentation verhindern Sie, daß sich die SPD den Herausforderungen der Zeit stellen kann.
Frau Fuchs (Köln), SPD: Die Ideologen sind doch Sie! Sie haben das Denken von gestern! (23. 5. 96)

Totenglocke

Bundeskanzler Dr. Kohl, CDU/CSU: Wissen Sie, ich habe über Jahrzehnte erlebt, wie für die FDP die Totenglocke geläutet wurde. Dann ist sie doch immer wiedergekommen. Wie ich Sie in der Sozialdemokratie kenne, würden Sie ja kniefällig die FDP bitten, zu Ihnen zu kommen, wenn sie nur käme.
Fischer (Frankfurt), B'90/Grüne: Was machen wir, wenn da nichts mehr kommt?
Schulz (Berlin), B'90/Grüne: Das ist schon Mund-zu-Mund-Beatmung, was Sie da treiben! (15. 12. 94)

Turbokapitalismus

Frau Sager, B'90/Grüne: Sollten nicht gerade die Vertreter des Turbokapitalismus dafür werben, dass die Unternehmen familienfreundlicher werden?
Fricke, FDP: Liebe Frau Kollegin, bis auf die Aussage zum Turbokapitalismus, die ich nicht ganz einordnen konnte, weil ich nicht weiß, wen Sie damit gemeint haben, stimme ich Ihnen ausdrücklich zu. (7. 9. 06)

Tüte

Bundesfinanzminister Matthöfer, SPD, nachdem er einen Brief des CDU-Abg. Häfele zitiert hatte: Ich will Ihnen sagen, was das ist: Das ist eine große gelbe Tüte voll Wind. Sonst ist überhaupt nichts dahinter.
Zuruf von der CDU/CSU: Gelb ist die Farbe der FDP!
Frau Matthäus-Maier, FDP: Herr Finanzminister, können Sie bitte richtigstellen, daß es sich hier wohl keinesfalls um eine gelbe, sondern allenfalls um eine schwarze Tüte – und nicht nur mit Wind, sondern mit einem Windei – gehandelt hat? (20. 1. 82)

überflüssig

Frau Fuchs (Köln), SPD: Ich sage ja, die FDP ist absolut überflüssig! (21. 9. 94)

Umkehrprinzip

Hoppe, FDP: Geben, verehrter Herr Kollege Kohl, ist nun einmal seliger denn Nehmen.
Dr. Kohl, CDU/CSU: Das wissen Sie! Das ist das Umkehrprinzip der FDP: Sie sind Spezialisten für das Nehmen! (13. 9. 79)

unbezahlbar

Westerwelle, FDP: Es gibt in Deutschland keinen Mangel an Arbeit, es gibt einen Mangel an bezahlbarer Arbeit.
Frau Fuchs (Köln), SPD: Sie sind unbezahlbar! (7. 3. 96)

unfreundlich

Lüder, FDP: Wir haben das bei uns im Arbeitskreis angesprochen gehabt, längst bevor Ihr Antrag veröffentlicht worden war.
Frau Hämmerle, SPD: Wir sind leider nicht in Ihrem Arbeitskreis!
Dr. Weng (Gerlingen), FDP: Gott sei Dank, nicht leider, Frau Hämmerle!
Frau Hämmerle: Das finde ich aber jetzt sehr unfreundlich! (15. 2. 90)

Unfug

Dr. Wiefelspütz, SPD, über die FDP: Herr Minister Schäuble, es ist doch eigentümlich, was denkbare Koalitionspartner Ihrer Partei oder auch unserer Partei im Deutschen Bundestag für einen Unfug erklären können. Bitte, Herr Schäuble, nehmen Sie doch einmal zur Kenntnis: Bei uns in der Großen Koalition ist vielleicht die Stimmung nicht immer gut, aber die Ergebnisse stimmen, und sie sind nur zwischen uns möglich.
Frau Piltz, FDP: Ich wusste gar nicht, dass Sie sich anbiedern müssen! (20. 6. 08)

unterschreiben

Stadler, FDP: Wir werden den notwendigen Gesetzesänderungen zustimmen. Aber das heißt nicht, dass wir alles unbesehen unterschreiben werden.
Wiefelspütz, SPD: Warum nicht? (11. 10. 01)

Varusschlacht

Kampeter, CDU/CSU: Wir haben in dieser Woche mehrfach von der FDP ein Buch bekommen. Wenn man ein Geschenk bekommt, dann soll man überlegen, ob man vielleicht etwas zurückschenken kann. Der Kollege Westerwelle, der hinten mit der Bundeskanzlerin wichtige Gespräche führt, hat dokumentiert, dass er in Sachen Siebenjähriger Krieg und Varusschlacht im Jahre 9 Nachhilfe braucht. Er kommt wie ich aus Nordrhein-Westfalen. Ich habe mir das schwer erarbeiten müssen. Deswegen wollen wir zum Abschluss dieser Debatte dem Kollegen Westerwelle eine aktuelle Ausgabe einer Zeitschrift über die Varusschlacht übergeben. Sie ist bebildert und nicht sehr anspruchsvoll, auch für Abgeordnete geeignet. Damit bedanken wir uns für das Geschenk des ›Sparbuchs‹. Wir antworten mit Varus. (30. 11. 07)

verlernt

Frau Dyckmans, FDP, zu Schwarz-Rot: Nun sagen Sie natürlich immer wieder: In einer Koalition muss man Kompromisse machen. Wer weiß das besser als wir von der FDP?
Montag, B'90/Grüne: Ihr habt das zum Glück verlernt! (20. 6. 06)

Verständlichkeit

Scheelen, SPD, zitiert aus einem Antrag der FDP: ›Bei der Ermittlung der ausländischen Einkünfte sind die ausländischen Einkünfte nicht zu berücksichtigen, die in dem Staat, aus dem sie stammen, nach dessen Recht nicht besteuert werden.‹ Ich hoffe, Sie alle haben das verstanden.
Schultz (Everswinkel), SPD: Das wurde für den Steuerberater eingebaut!
Scheelen: Das muss man sich einmal auf der Zunge zergehen lassen. Ich glaube, hinsichtlich der Verständlichkeit sollten Sie (die FDP, d. Hg.) noch etwas nacharbeiten. (16. 3. 06)

viele

Frau Homburger, FDP: Herr Kollege, ich unterhalte mich pausenlos mit meinen Parteifreunden,
Kubatschka, SPD: Es sind nicht mehr viele! (20. 1. 99)

wackeln

Hoppe, FDP: Wir werden von eben dieser Politik der Regierung Schmidt/Genscher nicht abweichen und dabei nicht wanken oder wackeln. (23. 6. 82)

Wechselschritt

Dr. -Ing. Laermann, FDP: Ich meine, daß wir hier einen wichtigen ersten Schritt getan haben. Man sollte den zweiten Schritt nicht vor dem ersten tun.
Vosen, SPD: Es ist ein liberaler Wechselschritt! (20. 6. 90)

Weckruf

Vizepräsidentin Bläss, PDS: Ich bitte diejenigen, die dem Gesetzentwurf zustimmen wollen, sich zu erheben. – Ich glaube, jetzt müsste sich auch die FDP erheben.
von Klaeden, CDU/CSU: Weckruf der Präsidentin! (6. 4. 01)

weiblich

Präsidentin Dr. Süssmuth, CDU/CSU: Das Wort erhält jetzt der Kollege Lanfermann (frauenpolitischer Sprecher der FDP, d. Hg.).
Fischer (Frankfurt), B'90/Grüne: Noch ein Jugendlicher!
Frau Dr. Vollmer, B'90/Grüne: Weiblich, jung und schön!
Lanfermann: Herr Kollege Fischer, ich freue mich ja über Ihren Zwischenruf. Aber ich glaube, manchmal sehen Sie gegenüber mir sogar ganz alt aus. (10. 3. 95)

Wurmfortsatz

Dr. Riedl (München), CDU/CSU: Diese FDP ... ist vor allem auch unter dem Gesichtspunkt der Sicherheitspolitik ...
Gerster (Mainz), CDU/CSU: Ein Wurmfortsatz! (13. 12. 79)

Zahnärztepartei

Kuhlwein, SPD, zur FDP: Zahnärztepartei! (6. 5. 88)

Zunge

Dr. Rumpf, FDP: Wir Freien Demokraten reden mit einer Zunge.
Schartz (Trier), CDU/CSU: Aber nur dann, wenn einer spricht! (23. 6. 82)

zusammenpanschen

Bundesfinanzminister Steinbrück, SPD: Dann würde ich mir aber von der FDP – namentlich von der wichtigen Person, die hinter mir sitzt – wünschen, dass sie nicht einfach irgendwelche Listen aufstellt, in denen sie in statischer Weise alle Tatbestände zusammenpanscht und dann zu dem Ergebnis kommt, dass der Abbau von direkten Subventionen und Steuersubventionen fatale Folgen für bestimmte Fallbeispiele von Haushalten hat.
Kampeter, CDU/CSU: Keine Kritik am Präsidenten!
Vizepräsident Dr. Solms, FDP: Herr Bundesfinanzminister, Sie wissen, ich darf von dieser Stelle aus nicht in die Sachdiskussion eingreifen.

Steinbrück: Das nutze ich gerade gnadenlos aus. Aber wir werden uns hinterher noch darüber unterhalten können, Herr Präsident, und ich weiß, dass das sehr kollegial geschehen wird. (14. 9. 07)

Über die Grünen – aus den Turnschuhen in die Nadelstreifen?

Als die Grünen 1983 erstmals in den Bundestag einzogen, provozierten sie einen Klamauk nach dem anderen im Plenum des Hohen Hauses. Sie stellten eine ganze Reihe von Forderungen auch außerhalb der Plenardebatten auf. Eine ihrer Fundamentalforderungen war die Abschaffung der Fahrbereitschaft für die Abgeordneten. Für die eigene Fraktion ließen sie sich auf Kosten des Bundestagsetats ein Dienstfahrrad anschaffen. Mit dem Erfolg, dass dieser Drahtesel nach entsprechendem Presserummel einsam in der Nähe ihrer Fraktionsräume vor sich hinrostete. In der Nähe dieser Räumlichkeiten mussten Renovierungsarbeiten durchgeführt werden. Und von einer Sitzung zur anderen eilend sah der Geschäftsführer des CDU/CSU-Diskussionskreises Mittelstand, Peter Spary, ein Fahrrad stehen. In dem irrigen Glauben, dies sei das nicht mehr im Gebrauch befindliche Dienstfahrrad der Grünen, schwang er sich auf den Sattel und fuhr die wenigen Meter zu seinem Büro. Dass ein Handwerker vergeblich hinter ihm herlief, bemerkte er nicht mehr. Doch ein Pförtner hatte Sparys Fahrradklau gesehen und klärte den Handwerker auf, wer der Dieb und wo er zu finden sei. Total zerknirscht gab Spary das Fahrrad dem rechtmäßigen Eigentümer zurück. Einen Kasten Bier zur Entschädigung für des Handwerkers Unbill soll Spary gespendet haben.

Im *Amtlichen Handbuch des Deutschen Bundestages* ist es üblich, die Lebensläufe der Abgeordneten zu veröffentlichen. Dort ist nachzulesen, was im Leben unserer Parlamentarier wichtig ist oder war. Natürlich wird hier auch angegeben, welche Orden und Ehrenzeichen unseren Volksvertretern verliehen wurden. Auch die Landtage geben entsprechende Handbücher heraus. In den 70er-Jahren glänzte im Handbuch des Landtages von Niedersachsen der Abgeordnete Helmut Lippelt, Grüne, nicht mit Verdienstkreuz etc., sondern mit seiner Teilnahme an den verschiedenen Großdemonstrationen seiner Partei und der sogenannten Friedens- und Anti-Atomkraftbewegung in Brokdorf, Gorleben, Hannover und Bonn. Als er dann 1987 über die Liste seiner Partei in den Bundestag einzog, wies er wiederum auf seine diversen Teilnahmen an Demonstrationen hin. Und so finden sich diese Angaben auch im *Amtlichen Handbuch des Deutschen Bundestages*.

ABC-Strategie

Schmidbauer, CDU/CSU, zu den Grünen: ... Ihre ABC-Strategie ist ja durchschaubar: A wie gegen Atomstrom; B wie gegen Buschhaus; C wie gegen chemische Industrie; D wie gegen Dioxin; E wie gegen Endrin. Zur Zeit sind Sie bei F wie Formaldehyd. Vergessen Sie nicht: Der letzte Buchstabe ist Z, und das ist der Zusammenbruch Ihrer Strategie. (17. 10. 84)

Agenten

Dr. Dregger, CDU/CSU, zu den Grünen: ... was sind Sie eigentlich für eine Gesellschaft? Sie haben sich mit diesen Beschlüssen verhalten wie Agenten der Sowjetunion. Offenbar haben Sie nur einen Gegner: das eigene Land und den Westen. Selbst Moskau nehmen Sie von der Kritik aus. (5. 6. 86)

Ampelkoalition

Dr. Graf Lambsdorff, FDP, über die rot-alternative Koalition in Berlin: Berlin hat links gewählt, jedem gebührt eine Chance zur Bewährung, und das gilt auch für den Momper-Ströbele-Senat. Aber Herr Vogel (SPD-Partei- und Fraktionsvorsitzender, d. Hg.) distanziert sich schon: Kein generelles Modell, hat er ... gesagt. Warum so kleingläubig? Das ist schon klar, ihm ist nicht wohl in seiner Haut. Wie auch, bei dieser Ampelkoalition, bei der Rot und Grün immer gleichzeitig aufleuchten? (8. 3. 89)

Anarchie

Frau Pothmer, B'90/Grüne: Herr Burgbacher (FDP, d. Hg.), Sie haben heute wieder, wie schon in früheren Debatten, mit dem Ausgehverhalten der Jugendlichen argumentiert, frei nach dem Motto: Wer mit 16 in die Disco geht, kann auch bis 24 Uhr kellnern. Wie man bei uns zu Hause sagte: Wer feiern kann, der muss auch arbeiten können.
Dr. Westerwelle, FDP: Da ist etwas dran, oder?
Frau Pothmer: Im Prinzip habe ich ja nichts dagegen. Konsequenterweise müssten Sie dann aber das Prinzip des Freizeitverhaltens auf die Arbeits-

situation ausdehnen. Dann muss auch dort gelten: Ich gehe feiern, wann ich will, ich gehe arbeiten, wann ich will, und ich gehe auch nach Hause, wann ich will. Wenn Sie dieses Freizeitsprinzip auf die Arbeitssituation übertragen, dann kann daraus etwas werden.
Niebel, FDP: Das ist ja Anarchie! Genau so haben Sie auch regiert! (18. 1. 07)

Angst
Frau Schoppe, Grüne: Sie sehen, mit der Emanzipation der grünen Männer ist es auch noch nicht soweit. Wir sind zwar 56 Prozent Frauen bei uns in der Fraktion, aber unsere Männer sind so wenig emanzipiert, daß sie sich nicht einmal trauen, zur Frauendebatte hier herauszukommen.
Dr. Weng (Gerlingen), FDP: Die haben Angst vor euch! (23. 2. 89)

Arbeitslosengeld
Seehofer, CDU/CSU: Da gibt es bei den Grünen einen gewissen Herrn Beckmann. Dieser Herr Beckmann ist bei den Grünen beschäftigt ...
Vogel (München), Grüne: Er ist nicht beschäftigt, sondern ehrenamtlicher Parteivorsitzender! Was haben Sie gegen Arbeitslose in Parteivorständen?
Seehofer: und bezieht gleichzeitig Arbeitslosengeld ... Wenn die nicht arme Partei der Grünen ihren Sprecher, diesen Herrn Beckmann, für seine Arbeit, die er für Grünen leistet, bezahlen würde, dann bräuchte ihm das Arbeitsamt nicht Arbeitslosengeld zu zahlen. (11. 9. 86)

Aufnahmesperrklausel
Wolfgramm (Göttingen), FDP, über die ›Alimentierung‹ der grünen Bundestagsabgeordneten: Sie haben gesagt: 1950 DM für jeden Abgeordneten, 500 DM für jeden Unterhaltsberechtigten – netto natürlich; steuerfrei müssen Sie hinzufügen. Das ist eine Position, bei der ich mich natürlich versucht sehen könnte, wenn es nur um das Geld ginge, mich bei den Grünen anzuschließen ...
Stratmann, Grüne: Wir würden sofort eine Aufnahmesperrklausel einführen! (14. 10. 83)

auskennen
Dr. Olderog, CDU/CSU, über Ströbele, Grüne: Der Abgeordnete Ströbele erhielt 1982 zehn Monate Gefängnis wegen der Unterstützung von RAF-

Terroristen. Und ausgerechnet dieser Mann ist sicherheitspolitischer Sprecher der Grünen …
Vogel (München), Grüne: Der kennt sich aus! (5. 12. 86)

Autobahn
Frau Blank, CDU/CSU: Nun zu dem Antrag der FDP, Kollege Friedrich. Ich habe ihn extra dabei. Der Titel lautet: *Mehr Park- und Stellplätze für Lkw auf Bundesautobahnen.* Die Grünen würden sich wahrscheinlich darüber freuen, wenn die Parkplätze auf den Autobahnen und nicht an den Autobahnen errichtet würden.
Friedrich (Bayreuth), FDP: Wir beschreiben die Situation richtig! Die Masse steht auf der Autobahn!
Frau Blank: Gut, aber man steht dann nicht auf Parkplätzen, sondern im Stau. (14. 2. 08)

BAföG
Dr. Graf Lambsdorff, FDP: Ich kenne das bildungspolitische Idealziel der Grünen. Das ist der unmittelbare Anschluß vom BAföG an den Vorruhestand. (25. 3. 93)

Bäume
Frau Beck-Oberdorf, Grüne: Was wir brauchen … ist, eine Wende, die von der maßlosen ökologischen Belastung der Umwelt und der forcierten Aufrüstungspolitik abkehren will …
Dr. Stark (Nürtingen), CDU/CSU: Zurück auf die Bäume! (4. 5. 83)

Bildungsnotstand
Bundesfinanzminister Dr. Stoltenberg, CDU/CSU: Es bestätigt nur meinen Eindruck, den ich bei der Lektüre Ihres Wirtschaftsprogramms vor der Bundestagswahl hatte: daß das Wirtschafts- und Finanzprogramm der Grünen der sichtbare politische Ausdruck des Bildungsnotstandes der 70er Jahre geworden ist. (5. 5. 83)

böse
Feilcke, CDU/CSU: Die Grünen sind nicht nur verwirrt, sie sind geradezu böse! (15. 11. 89)

Bulldozer

Schlauch, B'90/Grüne: Herr Bundeskanzler (Schröder, SPD, d. Hg.), Sie haben neulich gesagt, Sie seien der ›Kanzler aller Autos‹. Wenn Sie der ›Kanzler aller Autos‹ sind, dann sind wir Grünen der ADAC. Wir werden mithelfen, den Reformstau aufzulösen.
Glos, CDU/CSU: Bulldozer! (24. 2. 99)

Buschtrommeln

Dr. Brüderle, FDP: Ich empfinde es als besonders dreist, dass sich die Grünen als Hüter des Internets aufspielen wollen. In ihrem Parteiprogramm steht immer noch, dass Computer zur Sinnentleerung des Menschen führen. Das ist ihre Programmatik. Jahrelang waren es grüne Technikkritiker, die die modernen Kommunikationsmedien abgelehnt und bekämpft haben. Dass genau diese Partei jetzt noch die unzureichende Verbreitung neuester Kommunikationstechniken kritisiert, ist pure Heuchelei. Wenn Deutschland bei der Digitalisierung dem Tempo der Grünen gefolgt wäre, würden wir heute nicht über Datenautobahnen, sondern über Buschtrommeln kommunizieren. (27. 10. 2000)

Dämlichkeit

Fischer (Frankfurt), B'90/Grüne: Ich kenne das von der hessischen Politik. Wenn da jemand von der CDU ans Podium schritt ... dann war alles Mist, was Rot-Grün gemacht hat. Eine solche Opposition der Dämlichkeit dürfen Sie von uns nicht erwarten. (23. 11. 94)

Demonstration

Schulte (Menden), Grüne: Herr Präsident, ich bitte auch zu würdigen, dass ich diesmal nicht zur Demonstration in Brokdorf aufgerufen habe.
Ströbele, Grüne: Schäm dich!
Vizepräsident Stücklen, CDU/CSU: Das möchte ich Ihnen auch geraten haben! (6. 6. 86)
Dr. Bötsch, CDU/CSU, zu den Grünen: Sie nehmen sich auch das Recht heraus, an Plenartagen, anstatt hier teilzunehmen, auswärts zu Demonstrationen zu fahren. Da sind natürlich schon Fragen an Ihrem Verständnis von Parlamentarismus durchaus erlaubt. Ein Kandidat oder eine Kandidatin dieser politischen Gruppierung wäre dann möglicherweise zwar als Vizepräsident eingeteilt, könnte den Einsatz aber überhaupt nicht wahrnehmen,

weil er bzw. sie vielleicht nach Mutlangen oder Wackersdorf zu einer Demonstration unterwegs ist. (25. 11. 88)

Dunstkreis

Ströbele, Grüne: In der 192. Sitzung des Deutschen Bundestages am 24. Januar 1986 hat der Abgeordnete Olderog ausweislich des Protokolls u. a. folgendes erklärt – ich zitiere: Ist es nicht ein wirklicher Skandal, daß Gerald Klöpper, beteiligt an der Ermordung des Kammergerichtspräsidenten von Drenkmann … Kandidat der ›Alternativen Liste‹ zum Abgeordnetenhaus in Berlin wurde? … Die Behauptung des Abgeordneten Olderog, die ich soeben zitiert habe, ist falsch. Herr Klöpper ist wegen verschiedener Delikte verurteilt worden, aber er ist von dem Vorwurf einer Beteiligung an dem Versuch der Entführung und Erschießung des Kammergerichtspräsidenten von Drenkmann freigesprochen worden.

Dr. Olderog, CDU/CSU: Ich bedauere meinen Irrtum und entschuldige mich insoweit für meine Äußerung. Dies ändert nichts an meiner damaligen Beurteilung des Tatbestandes, daß im Europäischen Parlament und im deutschen Parlament Abgeordnete sitzen, die nicht nur eine extremistische Vergangenheit haben, sondern von denen eine Reihe wegen Unterstützung von Verfassungsfeinden und Terroristen rechtskräftig zu Freiheitsstrafen verurteilt worden sind.

Sauer (Salzgitter), CDU/CSU: Aus so einem Dunstkreis kommen solche Leute! (21. 3. 86)

Eieruhr

Frau Dr. Bard, Grüne: Für ein Kind, das mit einer Digitaluhr aufwächst, sieht es anders aus. Für ein solches Kind stellt sich Zeit dar als ein hektisches Springen von einem Punkt zum nächsten, wie eben die Digitalanzeige weiterläuft.

Lenzer, CDU/CSU: Wir sollten die Eieruhr wieder einführen! (10. 11. 83)

Eintritt

Haase (Kassel), CDU/CSU, zu Fischer (Frankfurt), Grüne: Werter Herr, ich spreche Ihnen angesichts der Beiträge, die Sie vor, in und hinter diesem Hause in den letzten Wochen (gemeint sind die Tumulte und Demonstrationen anläßlich der Nachrüstungsdebatte, d. Hg.) geleistet haben, die Kompetenz ab, über diese Dinge überhaupt reden und diskutieren zu können.

Sie dürften aus meiner Sicht gar keine Diäten bekommen, Sie müßten hier noch Eintritt bezahlen, Herr. (25. 11. 83)

erforschen

Eigen, CDU/CSU, zu den Grünen: ... Sie haben den Vorsitz im Ausschuß für Forschung und Technologie bekommen. Sie werden dort erforschen, wieviel Sprossen man braucht, um die Leiter zu bauen, um auf den Baum zu kommen und Blätter zu essen. Das kriegen Sie fertig. (19. 5. 83)

erzogen

Frau Dr. Vollmer, Grüne, zu Bundesjustizminister Engelhard, FDP: Wir sind schon erzogen worden!
Werner (Ulm), CDU/CSU: Falsch! (12. 5. 89)

Extremismus der Mitte

Volmer, Grüne: Eine parlamentarische Niederlage ist nicht das Ende der Geschichte. Auch außerhalb der Parlamente findet Politik statt. Gemeinsam mit der gesamten grünen Partei, gemeinsam mit den unterschiedlichen Bürgerrechtsgruppen in unserer Republik sagen wir Ihrem Extremismus der Mitte den Kampf an. (28. 2. 86)

Fahrdienst

Dr. Ehmke (Ettlingen), Grüne: Es gibt kein umweltfreundliches Auto, und wir lassen uns diesen Begriff jedenfalls nicht aufnötigen.
Dr.-Ing. Kansy, CDU/CSU: Sie fahren aber jeden Morgen mit dem Fahrdienst! (20. 9. 84)

Fahrrad

Bosbach, CDU/CSU: Herr Kollege Ströbele, wie oft warnen Sie davor, die Bundesrepublik Deutschland sei auf dem Weg in den Überwachungsstaat? In düsteren Farben wird die Zukunft der Republik geschildert.
Ströbele, B'90/Grüne: Ich? Wann habe ich das zuletzt gemacht?
Bosbach: In dem Moment, als Ihr Fahrrad gestohlen worden war ...
Ströbele: Ach du liebe Zeit!
Bosbach: konnten Sie aber all Ihre Reden beiseitelegen; da wären Sie heilfroh gewesen, wenn Sie mithilfe modernster Überwachungstechnik des Deutschen Bundestages ...

Dr. Wiefelspütz, SPD: Großer Lauschangriff! Videoüberwachung! Unglaublich!
Bosbach: Ihr Fahrrad schnell hätten zurückbekommen können. Was Ihnen Ihr Fahrrad, ist uns die Sicherheit von 82 Millionen Menschen in der Bundesrepublik Deutschland.
Winkler, B'90/Grüne: Man merkt, dass Sie in einem Karnevalsverein sind! (30. 11. 05)

Fairneßpokal

Vizepräsident Cronenberg, FDP: ... muß ich ... Ordnungsrufe erteilen, und zwar an Professor Dr. Ehmke (SPD, d. Hg.), den Abgeordneten Rühe (CDU/CSU, d. Hg.) und den Abgeordneten Dr. Scheer (SPD, d. Hg.).
Vogel (München), Grüne: Wir sind wieder brav. Die Grünen kriegen demnächst den Fairneßpokal! (2. 10. 86)

Farbfernseher

Wissmann, Bundesverkehrsminister, CDU/CSU: Liebe Kolleginnen und Kollegen von den Grünen, eines muß ich sagen: Als Sie vorhin gesprochen haben, Herr Steenblock, habe ich mich an den Satz erinnert, den nach Zeitungsberichten ein SPD-Kollege im Seeheimer Kreis der SPD an seine Partei gerichtet haben soll. Er soll gesagt haben, das Problem sei, daß die letzte technische Innovation, für die die SPD gewesen sei, der Farbfernseher gewesen sei. Bei Ihnen habe ich den Eindruck, es war das Transistorradio. (29. 3. 95)

Faschismus

Bundeskanzler Dr. Kohl, CDU/CSU, zu den Grünen: ... Ihre Präsenz in diesem Haus besteht eigentlich im wesentlichen darin, beleidigende Urlaute auszustoßen. Das ist im wesentlichen Ihr Beitrag. Sie sind hier als die Vertreter des Pazifismus angetreten. Aber Sie haben in dieses Haus einen Ton hereingebracht, der an die schlimmsten Zeiten der Weimarer Republik erinnert.
Mann, Grüne: Das ist eine Unverschämtheit!
Dr. Kohl: ... Bonn ist nicht Weimar. Wir werden uns in dieser Republik weder dem linken noch dem rechten Faschismus beugen ...
Mann: Das ist doch unglaublich! Und Sie wollen Historiker sein?
Lange, Grüne: Sie sind eine absolute Null! (17. 4. 86)

feministisch

Eylmann, CDU/CSU, zu den Grünen: Es wird Ihnen nicht gelingen, wollen Sie auch noch so häufig ›man/frau‹ schreiben, die deutsche Sprache zu einem feministischen Esperanto zurechtzubiegen. (26. 10. 89)

Fernethiker

Irmer, FDP, zu den Grünen: In Ihrer Partei, die ja insgesamt das Organigramm der Gutmenschen bildet, ist ja die Sparte der Fernethiker ganz besonders stark ausgeprägt. (16. 3. 2000)

Freiheitsrechte

van Essen, FDP, zum B'90/Grüne: Ich habe Verständnis dafür, daß eine Partei, die im bayerischen Kommunalwahlkampf, zum Beispiel in Erlangen, die Forderung aufstellte, Männer, die nicht in Begleitung einer Frau sind, dürfen sich nach 22 Uhr nicht mehr in der Öffentlichkeit zeigen, wenigstens in Bonn den Eindruck erwecken will, eine Partei zu sein, die die Freiheitsrechte schützen will. (8. 3. 96)

Gabe

Frau Homburger, FDP: Ich frage die Grünen: Gibt es bei Ihnen eigentlich niemanden, der sein Geld mit eigener Arbeit und eigenem Risiko verdient?
Fischer (Frankfurt), B'90/Grüne: Nein! Frau Homburger, wir bitten um eine milde Gabe! (16. 12. 94)

Gegenseitigkeit

Frau Unruh, Grüne: Ich bin glücklich, daß ich in dieser Fraktion sitzen darf. Ich wäre unglücklich, wenn ich bei den Christen säße.
Scharrenbroich, CDU/CSU: Wir wären auch unglücklich!
Frau Unruh: Ich wäre unglücklich, wenn ich bei der FDP säße.
Cronenberg (Arnsberg), FDP: Das beruht auf Gegenseitigkeit! (25. 2. 88)
Und rund anderthalb Jahre später.
Präsidentin Dr. Süssmuth, CDU/CSU: Die Abgeordnete Frau Unruh ist am 13. September 1989 aus der Fraktion Die Grünen ausgeschieden. Frau Unruh wird dem Deutschen Bundestag als fraktionslose Abgeordnete angehören.
Dr. Diederich (Berlin), SPD: Sie sind heute alle so fröhlich, die Grünen!
Dr. Nöbel, SPD: Da könnt ihr aber froh sein! (14. 9. 89)

Gehässigkeit

Ertl, FDP: Ich rede so, wie ich es zu verantworten gedenke, und nicht so, wie es Grüne in ihrer Intoleranz und Gehässigkeit hören möchten. Soweit sind wir noch nicht, Freunde. Ihr Geist ist der Geist der Totalität, der böse Geist der Totalität und der Intoleranz. (1. 12. 83)

genießen

Eigen, CDU/CSU, über die Grünen: Lassen Sie sich nicht von diesen paar Leuten Ihr Leben vermiesen! Wenn Sie selbst ein schlechtes Leben führen wollen, tun Sie das, aber unsere Bevölkerung soll ihr Leben genießen dürfen. (3. 5. 84)

Genußsucht

Frau Schoppe, Grüne: Ich finde, Genußsucht – da stehe ich im Gegensatz zu meinen Kollegen – ist eigentlich etwas sehr Schönes. Sich vor Freude mit köstlichem Wein vollaufen zu lassen, ist ein bewußter Vorgang … (19. 1. 84)

gewaltfrei

Lanfermann, FDP: Herr Fischer … ich hatte schon den Verdacht, daß das Thema Zwangsvollstreckung Ihnen ohnehin Probleme macht, weil es vielleicht mit dem Postulat gewaltfreier Politik nicht so ganz in Übereinstimmung zu bringen ist.

Fischer (Frankfurt), B'90/Grüne: Na, na! Gläubiger werden doch nicht verprügelt, Herr Lanfermann! (30. 11. 95)

gewusst

Vizepräsidentin Hasselfeldt, CDU/CSU: Wer ist dagegen? – Wer enthält sich? – Was ist mit der Fraktion der Grünen?

Frau Stokar von Neuforn, B'90/Grüne: Das hätten wir auch gern gewusst! (15. 12. 05)

Grünen-Männer

Dr. Stark (Nürtingen), CDU/CSU: War hat wo gegrapscht?

Frau Schmidt (Hamburg), Grüne: Natürlich gibt es das auch bei uns. Ich sagte, im Bundestag, auch bei den Grünen. Meinen Sie, die Grünen-Männer sind besser? (13. 9. 90)

Hand

Dr. Stavenhagen, CDU/CSU, zu Stratmann, Grüne: Sie leben nur von der öffentlichen Hand in den Mund! (30. 11. 84)

Hasch

Dr. Freiherr von Stetten, CDU/CSU: Bei der Bagatellisierung von Straftaten hat sich die Fraktion von Bündnis 90/Die Grünen besonders hervorgetan, insbesondere bei der verantwortungslosen Freigabe von Hasch und Marihuana, die leider auch von einigen linken Rechtspolitikern der SPD unterstützt wurde. Nun verlangt die vereinigte linke Seite, SPD und Grüne, unterstützt von der PDS … den Eigentumsschutz quasi aufzuheben und zum Beispiel Ladendiebstahl zur bloßen Ordnungswidrigkeit – wie Falschparken – herunterzusetzen …

Fischer (Frankfurt), B'90/Grüne: Der eine oder andere Zug bekäme Ihnen ganz gut, dann würden Sie sich ein wenig lockerer geben in diesem Parlament. (14. 3. 96)

Hütten

Frau Oesterle-Schwerin, Grüne: Aber bitte versuchen Sie nicht, diese durch Ihre verfehlte Wohnungspolitik notwendig gewordenen Maßnahmen – denn es gibt viel zuwenig große Wohnungen – eines Tages als wohnungspolitische Heldentat zu verkaufen; denn das sind sie weiß Gott nicht.

Geis, CDU/CSU: Wenn wir Ihnen folgen würden, würden die Leute in Hütten wohnen! (29. 3. 90)

Latzhosenbetriebe

Roth (Gießen), CDU/CSU, zu den Grünen: Ich kann Ihnen sagen, was hier mit einem warmen Regen von Staatsknete finanziert wird: Latzhosenbetriebe auf Kosten der Leistungsgesellschaft. (30. 11. 84)

Latzhosenphilosophie

Bundeslandwirtschaftsminister Kiechle, CDU/CSU, über die Grünen: Jedenfalls kann man der deutschen Landwirtschaft nicht mit bloßen Bildern helfen. Mit 40 Hühnern, zehn Gänsen, fünf Kühen, zwei Schafen und ihrer Latzhosenphilosophie kann man vielleicht Folklore, aber keine vernünftige Agrarpolitik betreiben. (13. 12. 84)

Luftwaffe

Dr. Hornhues, CDU/CSU, nach einer Reihe von Zwischenrufen des Abg. Such, Grüne: Machen Sie nicht so einen Krach! Das hat doch keinen Sinn. Es geht hier um etwas anderes.

Gerster (Mainz), CDU/CSU: Mit der Luftwaffe war er in der Welt unterwegs!

Dr. Hornhues: Nein. Mit der Luftwaffe sind die Grünen noch nie geflogen.

Gerster: Doch!

Dr. Hornhues: Nein. Bestimmt nicht.

Gerster: Natürlich!

Dr. Hornhues: Im Ernst! Sind sie tatsächlich damit geflogen?

Gerster: Ja, aber natürlich!

Dr. Hornhues: Nicht nur erster Klasse mit der Lufthansa?!

Gerster: Aber natürlich!

Dr. Hornhues: Entschulding, das habe ich nicht gewußt.

Gerster: Die sind mit der Luftwaffe wacker geflogen!

Dr. Hornhues: Nun haben wir es im Protokoll stehen. (15. 9. 89)

Männer

Frau Nickels, Grüne, zur SPD: Bei uns sind die Männer auch nicht viel besser als bei Ihnen in der Fraktion.

Häfner, Grüne: Hoffnungslos in der Minderheit! (16. 6. 87)

mauscheln

Dr. Briefs, Grüne, zur CDU/CSU: Sie mauscheln sich da irgend etwas zusammen.

Dr. Probst, CDU/CSU: Im Mauscheln seid ihr am besten! (4. 10. 89)

Moos

Königshofen, CDU/CSU: Ich verstehe auch manche Einwände der Grünen, auch wenn sie immer an einem scheitern: Sie bringen das Geld, das man dafür benötigt, nicht mit, obwohl von ihnen der Satz stammt: Ohne Moos nix los. (28. 11. 07)

Normalo

Kreuzeder, Grüne: Ich gehöre natürlich nicht zu den Realos oder zu den Fundis, sondern zu den Normalos. (29. 9. 88)

Parasit

Bundesarbeitsminister Dr. Blüm, CDU/CSU: Ich sage noch einmal: Das größte Arbeitsplatzvernichtungsprogramm ist eine rot-grüne Konfusion.
Schreiner, SPD: Das ist der größte Schwachsinn!
Dr. Blüm: Die Grünen und die Arbeiterbewegung passen zusammen wie ein Parasit und sein Wirtstier. (19. 3. 87)

Pfeil und Bogen

Dr. Blüm, CDU/CSU, zur SPD: Wenn die angesehene sozialdemokratische Arbeitnehmerpartei mit den Grünen koalieren will: gute Nacht, Arbeitnehmerschaft. Sie will mit den Grünen koalieren, die aus der Technik und aus der NATO herauswollen – da müssen Sie achtgeben, daß Sie nicht den Polen begegnen, die wollen nämlich gerade rein –, die aus der Bundeswehr, dem Bundesgrenzschutz und der Bereitschaftspolizei herauswollen, die wahrscheinlich den Feldschützen mit Pfeil und Bogen die Sicherheit anvertrauen wollen, die die weichen Drogen auf der Straße und die harten Drogen von der Krankenkasse ausgeben wollen, die die Bagatelldelikte straffrei lassen wollen. (21. 9. 94)

Plebs

Broll, CDU/CSU: Es ist eine Bewegung, die sich nicht wie sie täuschend und irreführend sagt, zum Ziel gesetzt hat, Demokratie und Recht zu verwirklichen – das sind Tarnbegriffe –, sondern statt Demokratie Herrschaft des Pöbels und statt Recht Herrschaft der Brutalität und des Terrors will …
Volmer, Grüne: Wir bekennen uns zur Plebs!
Klein (München), CDU/CSU: Für euch ist ›Pöbel‹ eine Schmeichelei! (4. 6. 86)

Politschau

Daweke, CDU/CSU, zu den Grünen: Sie wollen eine Politschau abziehen und mich nervt dabei am meisten, daß Sie hier wieder wie schon so oft völlig unglaubwürdig sind. Sie machen grünen Protest nur, wenn das Fernsehen da ist. Wir können sehen, daß Plakate eingerollt werden, sobald die Medien abziehen. Sie stimmen hier gegen die Diätenerhöhung, müssen sich aber von Ihrem eigenen Geschäftsführer sagen lassen, daß Sie aus der Fraktionskasse mehr Geld als die Kollegen hier in diesem Hause haben. Sie kaufen sich ein Dienstfahrrad, lassen sich aber nachher in Bonner Kneipen fah-

ren. Sie wollen den innerdeutschen Flugverkehr abschaffen, aber in Wahrheit fliegen Sie 1. Klasse ...
Dr. Schwenninger, Grüne: Lieber mit der 1. Klasse fahren, als Rüstungsgüter nach Südafrika liefern! ...
Daweke zu Stratmann, Grüne, der eine Zwischenfrage stellen will: Sie sind im übrigen auch derjenige, der nachts immer so gerne mit dem Dienstauto fährt. (1. 12. 83)

power
Dr. Waigel, CDU/CSU: Sie selbst verwenden in Ihrem Bundesprogramm den Begriff ›Gewaltlosigkeit‹. Allerdings stehen diese Ihre Bekundungen nicht im Einklang mit dem Verhalten vieler Ihrer Mitglieder draußen im Lande, die sich offen zu Gewalt bekennen. Wie anders soll man die Äußerungen der Berliner AL (der Alternativen Liste, anerkannter Landesverband der Partei ›Die Grünen‹, d. Hg.) vom Frühjahr 1981 verstehen, das Parlament sei bloß ihr Spielball, ihr Standbein sei die außerparlamentarische Opposition? Hier offenbart sich die ganze Widersprüchlichkeit einer Bewegung, die nach dem Motto verfährt: im Parlament ›flower‹ und auf der Straße ›power‹. (4. 5. 83)

prinzipiell
Frau Burgmann, Grüne: Wir lehnen Terrorismus prinzipiell ab. (16. 4. 86)

Rattenpartei
Dr. Rumpf, FDP, fragt Werner (Dierstorf), Grüne: Herr Kollege Werner, ich habe Ihren Gesetzentwurf hier vorliegen. Ist es richtig, daß Sie die Hausmaus, die Feldmaus und andere Tiere, etwa das Kaninchen, auf die Liste der besonders geschützten einheimischen europäischen Tier- und Pflanzenarten gesetzt haben?
Werner: Ich will Ihnen sagen ...
Dr. Rumpf: Die Ratte auch, die Hausratte!
Zuruf von der CDU/CSU: Die Grünen werden zur Rattenpartei! (27. 2. 86)

Rauchzeichen
Suhr, Grüne: Die Stärkung der Rechte des Parlaments wäre so eher möglich gewesen als jetzt z. B. durch die Einführung von Computern in Abgeordnetenbüros im Wert von 150 Millionen DM in den nächsten Jahren. Sie wissen nur nicht damit umzugehen! ...

Ich glaube, viele Kollegen machen sich Illusionen, daß sie damit Kontrollmöglichkeiten gegenüber der Administration ausweiten könnten.
Rossmanith, CDU/CSU: Ihr wollt noch mit Rauchzeichen arbeiten! (19. 6. 86)

Rechenschaft
Kauder, CDU/CSU: … ist es richtig, dass in den 90er-Jahren in der Fraktion Bündnis 90/Grüne eine Gewaltdebatte im Zusammenhang mit Castortransporten geführt worden ist und dass Sie sich zu diesem Zeitpunkt grundsätzlich auch für den Einsatz von Gewalt in der Demokratie ausgesprochen haben?
Fischer, Bundesaußenminister, B'90/Grüne: Zur Sache kann ich Ihnen nur sagen, dass ich es von der politischen Haltung her erbärmlich finde. Die Grünen haben der CDU/CSU keine Rechenschaft abzulegen. (17. 1. 01)

Rechtsbrecher
Seiters, CDU/CSU: Ich will daran erinnern, daß hier im Deutschen Bundestag vom Rednerpult aus Abgeordnete der Grünen zu Blockadeaktionen, d. h. zu strafbaren Nötigungen, aufgerufen haben. – Beifall bei Abgeordneten der Grünen. – Da klatschen Sie; Sie gehören nicht in dieses Parlament.
Kleinert (Marburg), Grüne: Herr Seiters hat das … deutlich gesagt, indem er ausgeführt hat: Sie gehören nicht in dieses Haus. Ich behaupte an dieser Stelle noch einmal: Das ist Ihre eigentliche Einstellung gegenüber einer demokratisch gewählten Fraktion.
Seiters: Rechtsbrecher gehören nicht in dieses Haus! Das ist wahr! (18. 2. 87)

respektlos
Ertl, FDP, zu den Grünen: Sie verlangen soviel Respekt und Anerkennung, sind aber respektlos gegen jeden anderen Kollegen in diesem Haus.
Dr. Kunz (Weiden), CDU/CSU: Ein disziplinloser Haufen! (22. 11. 83)

Richtung ändern
Nolting, FDP: Es geht den Grünen letztendlich nach wie vor um die Abschaffung der Bundeswehr, mit dem ersten Schritt der Abschaffung der Wehrpflicht. Es geht um die Auflösung der NATO, wie es in den Magdeburger Beschlüssen (der Grünen, d. Hg.) steht.

Frau Beer, B'90/Grüne: Der Kopf ist rund, damit das Denken die Richtung ändern kann! Das sollten Sie einmal lernen. (24. 2. 99)

Rohstoffe

Glos, Bundeswirtschaftsminister, CDU/CSU: Ich habe vorhin den Protest zumindest der Grünen vermisst, als Sie von einem Strohfeuer sprachen; denn das ist immerhin Energie aus nachwachsenden Rohstoffen. (16. 2. 06)

rotieren

Dr. Geißler, CDU/CSU: Das Grundgesetz will unabhängige Abgeordnete – unabhängig vom Geld anderer, aber auch unabhängig vom Diktat von Organisationen, unabhängig vom Imperativ der Basisgruppen.
Fischer (Frankfurt), Grüne: So einfach ist das: Die einen sind korrupt, die anderen sind abhängig!
Dr. Geißler: ... Der rotierende Abgeordnete ist vom Grundgesetz genausowenig gewollt wie der gekaufte. Nur, der gekaufte ... ist in allen Parteien die absolute Ausnahme; der rotierende ist bei Ihnen die Regel.
Fischer (Frankfurt): Herr Geißler, ich rotiere gern, wenn ich Sie da sehe! Ich bin froh, wenn ich hier nicht mehr sitzen muß! (16. 11. 84)

Sandalen

Müntefering, SPD, Bundesarbeitsminister: Wir müssen die Chance nutzen, mit Umweltthemen, mit einer vernünftigen Klimapolitik Arbeitsplätze zu schaffen. Das ist eine alte Idee, die so aktuell ist, wie sie nur sein kann. Heute wissen wir alle: Wer vernünftige Umweltpolitik, wer vernünftige Klimapolitik macht, muss deshalb nicht in die Zeit der Sandalen und langen Locken zurückfallen, sondern kann das im Wohlstandsleben aller tun.
Frau Künast, B'90/Grüne: Nichts gegen Sandalen!
Müntefering: Zwischenfragen sind zwar nicht erlaubt, Zwischenrufe von mir aus aber schon. Ihr seht ja heute auch alle gepflegt aus. Das ist mit euch alles anders geworden. (11. 10. 07)

Sau

Bundesfamilienminister Dr. Geißler, CDU/CSU: Die Grünen treiben alle vierzehn Tage eine andere Sau durchs Dorf, und die Sozialdemokratische Partei setzt sich drauf und rennt mit. (25. 10. 84)

Schnittlauch

Koppelin, FDP: … möchte ich Ihnen sagen, dass mich die Haushaltspolitik der Grünen an Schnittlauch erinnert: außen grün, innen hohl, nichts anderes. (21. 10. 04)

Schreibtischtäter

Dr. Blens, CDU/CSU, über die Grünen: Von den Grünen hat es heute zwar einen Aufruf zu Demonstrationen, aber keine Distanzierung von Gewalt gegeben, die morgen dort (in Hanau, d. Hg.) zu erwarten ist. Ich sage Ihnen hier: Schreibtischtäter gab es nicht nur zwischen 1933 und 1945, die gibt es auch heute. (7. 11. 86)

Schwachsinn

Bundesfamilienminister Dr. Geißler, CDU/CSU, zu den Grünen: Sie finden für jeden Schwachsinn auch einen Professor! (6. 12. 84)

Sonderzug

Frau Hensel, Grüne: Abschließend appellieren die Grünen an beide deutschen Staaten, sich für eine zukunftsweisende Fortentwicklung der auf eine neue Ebene gestellten Beziehungen einzusetzen, ohne das schmucklose Beiwerk der Wiedervereinigungshymnen, und eine Politik der konkreten Schritte zu beginnen.
Dr. Bötsch, CDU/CSU: Die spielen dann den ›Sonderzug nach Pankow‹ an Stelle der Hymnen! (10. 9. 87)

Sonnenschutzmittel

Glos, CDU/CSU: … die Grünen werden doch von diesem Bundeskanzler (Schröder, SPD, d. Hg.) bei jeder sich bietenden Gelegenheit gedemütigt und Sie lassen sich das alles gefallen, solange Sie glauben, sich in diesem Glanz sonnen zu können. Manche von euch brauchen schon Sonnenschutzmittel mit dem Lichtschutzfaktor 13 und 14, um diese Sonne überhaupt auszuhalten. (29. 11. 2000)

sprengen

Koppelin, FDP, zu Frau Beer, B'90/Grüne: Ich sage es einmal ganz einfach: In der Vergangenheit haben Sie das System sprengen wollen, heute sprengen Sie vielleicht noch den Rasen … (16. 9. 99)

Staatsbeschäftigung

Haustein, FDP: Von den Grünen kommt immer wieder der Ruf nach Staatsbeschäftigung.
Niebel, FDP: So sind sie, die Grünen! (26. 10. 06)

Steinzeitmarxismus

Bundesfinanzminister Stoltenberg, CDU/CSU, zu den Grünen: Sie können mich mit ... primitiven Formeln Ihres Steinzeitmarxismus überhaupt nicht beleidigen. (5. 5. 83)

stricken

Glos, CDU/CSU: An die Adresse der Grünen, die Nachhaltigkeit zum Ziel erkoren haben, kann ich nur sagen: Nachhaltigkeit erzeugt man nicht dadurch, dass man ein paar Schafe im Vorgarten hält und vielleicht noch Wolle spinnt, um daraus Socken selbst zu stricken – so ging es bei den Grünen doch los; auf ihren Parteitagen war doch ständig das Geklapper von Stricknadeln zu hören –, sondern Nachhaltigkeit besteht darin, dass man künftige Generationen nicht so stark belastet. (24. 11. 04)

Tranfunzel

Dr. Meyer zu Bentrup, CDU/CSU, zu Sauermilch, Grüne: Zurück zur Tranfunzel! (15. 11. 84)

Trecker

Werner (Dierstorf), Grüne: Gleichzeitig kann durch Intensitätssenkung, durch verminderten Stickstoff- und Agrargifteeinsatz sowie durch Begrenzung von Futtermittelimporten ein sofortiger Abbau der Überschüsse erreicht werden.
Eigen, CDU/CSU: Runter vom Trecker, rauf auf den Baum! (13. 3. 86)

Turnschuhe

Dr. Schäuble, CDU/CSU: Wie war das mit den Grünen, Herr Kollege Schlauch? Mit was für großen hehren Vorsätzen sind sie einmal angetreten? In dem Maße, in dem aus Turnschuhen Nadelstreifen wurden, ist aus Grundsätzen hemmungsloser Opportunismus geworden. Posten statt Ideen! (10. 11. 98)

Unberührbare

Scharping, SPD: Das sage ich mit kritischem Blick sowohl auf die Union wie

auch auf die Grünen: Redet bitte schön nicht immer soviel von der Senkung des Spitzensteuersatzes! Fangt mal bei den Leuten an, die bei einem normalen Einkommen einen Eingangssteuersatz von knapp 26 Prozent haben!
Fischer (Frankfurt), B'90/Grüne: Wir wollen beides! Rudolf, der Westerwelle wird schon ganz unruhig, wenn ihr uns da mit der Union zusammensetzt!
Westerwelle, FDP: Gefällt mir alles, Herr Fischer!
Scharping: Ist doch in Ordnung. Daß die Grünen in einer gewissen Gefahr sind, sich allzu egoliberal den FDPlern anzunähern, ist unbestritten. Auch der Abgeordnete Joschka Fischer muß bei aller Freundschaft aushalten, daß sich Sozialdemokraten auch mit grüner Politik kritisch auseinandersetzen. Ihr seid keine Unberührbaren.
Westerwelle: Ihr habt eine Ehekrise! (26. 4. 96)

USA-gläubig
Frau Beer, Grüne: Das haben auch die USA versucht, als sie die Skandale in der Bundesrepublik veröffentlich haben!
Schäfer, FDP, Staatsminister im Auswärtigen Amt: Sie sind aber sehr USA-gläubig geworden!
Frau Beer: So wechselt das manchmal! (9. 2. 90)

Verelendungsgequassel
Frau Garbe, Grüne: Die Pflastersteine des Gemeinsamen Marktes auf dem Weg zur angeblichen Steigerung des Lebensstandards sind die 5 000 Zusatzstoffe in Nahrungsmitteln, ist die Zulassung von verstrahlten und bestrahlten Nahrungsmitteln ...
Kittelmann, CDU/CSU: Die Menschen werden immer älter, gesünder und vernünftiger!
Frau Garbe: ist eine chemisierte und industrialisierte Landwirtschaft mit tierquälerischer Massentierhaltung. Die europäische Verschmutzergemeinschaft hat viel zuviel Dreck am Stecken, als daß wir uns beruhigt zurücklehnen könnten.
Kittelmann: Dieses Verelendungsgequassel ist doch nicht mehr anzuhören! (19. 1. 89)

vergiften
Eigen, CDU/CSU, zu den Grünen: Essen und trinken Sie, was in Deutschland vom fleißigen Bauern an Nahrungsmittel geschaffen wird! Wir vergif-

ten unsere Kunden nicht. So blöd sind wir noch lange nicht, wie Sie immer glauben. (3. 5. 84)

Verstand

Frau Hönes, Grüne: Deshalb treten die Grünen für eine Landwirtschaft ein ohne Massentierhaltung, ohne Überdüngung der Böden, ohne Agrargifte, die ins Grundwasser gelangen können, ohne großflächige Monokulturen – wie z. B. Mais – und ohne Überproduktion.
Carstensen (Nordstrand), CDU/CSU: Und ohne Verstand! (27. 6. 86)

verurteilt

Frau Köhler (Wiesbaden), CDU/CSU über die Volkszählung vom 25. Mai 1987: Die Grünen haben uns damals zum Beispiel ein Flugblatt präsentiert mit dem Titel *99 Wege, einen Fragebogen zu zerstören.*
Frau Stokar von Neuforn, B'90/Grüne: Genau, dafür wurde ich verurteilt!
Frau Köhler: Von – ich zitiere – ›Reißen, Schneiden, Kaffeeausschütten‹ bis hin zum Versenden ›an die deutsche Botschaft in Botswana‹ boten Sie ›differenzierte Methoden für den Volksaushorchungsboykotteur‹.
Frau Stokar von Neuforn, B'90/Grüne: Das war doch nett! Das hat Spaß gemacht!
Frau Köhler: Übertroffen wurden die Grünen freilich noch von den anscheinend friedliebenden Demonstranten, die aber gegen die Volkszählung mit dem etwas weniger friedliebenden Spruch mobil machten: Zählt nicht uns, zählt eure Tage.
Frau Schewe-Gerigk, B'90/Grüne: Das hätte Schäuble sagen können! (20.9.07)

Villengegend

Dr. -Ing. Kansy, CDU/CSU, zu Frau Oesterle-Schwerin, Grüne: Ihre Klientel wohnt doch in den Villengegenden! (8. 12. 88)

Wähler

Glos, CDU/CSU: Die Kameradinnen und Kameraden von den Grünen bleiben schon bei der Stange. Die Grünen verlassen die Regierung auf keinen Fall. Herr Bundeskanzler, es gibt keine Situation, die dazu führen würde, dass zum Beispiel Rezzo Schlauch seinen Sessel frei macht. Davor brauchen Sie keine Angst zu haben. Das können nur die Wähler lösen. (8. 6. 2000)

Waschtag

Frau Hönes, Nordrhein-Westfalens Landwirtschaftsministerin, Grüne: … bis zu dem Zwischenruf des Kollegen Carstensen – und den finde ich besonders pikant … Waschtag bei den Grünen sei nur einmal, nämlich Weihnachten.

Carstensen (Nordstrand), CDU/CSU: Und auch nur, wenn es nötig ist!

Frau Hönes: Würde die Nordsee darauf reagieren, lieber Herr Carstensen, so würde ich Ihnen und Ihren waschfreundlichen Kollegen bestimmt jedes Jahr den Titel ›Dreckspatz des Jahres‹ verleihen. (14. 6. 85)

wecken

Vizepräsident Dr. Solms, FDP: Was ist mit den Grünen?

Lohmann (Lüdenscheid), CDU/CSU: Nein, zu spät!

Dr. Solms: Ich frage erneut, wer für diese Beschlussempfehlung stimmt. – Wer stimmt dagegen? –

Lohmann (Lüdenscheid): Herr Präsident, die können nicht immer vor jeder Abstimmung geweckt werden! (21. 6. 01)

Weltverbesserer

Dr. Feige, B'90/Grüne: Die Mitglieder von Bündnis 90/Die Grünen sind gewiß keine asketischen Weltverbesserer.

Wiefelspütz, SPD: Aber Weltverbesserer sind sie! (14. 4. 94)

Wirtstier

Bundesarbeitsminister Dr. Blüm, CDU/CSU, zu den Grünen: Ich betrachte die alternative Bewegung als eine spätbürgerliche Bewegung. Das sind die Grüße aus dem 19. Jahrhundert. Das ist die Verbindung aus deutscher Romantik – Reformhaus – und denjenigen Marxisten, die diese Idylle als Wirtstier für ihren Agitprop mißbrauchen wollen. (13. 9. 84)

Wissen

Bangemann, Bundeswirtschaftsminister, FDP: über die Grünen: … den Leuten jahrelang vorgegaukelt haben, man müsse nichts leisten, am menschlichsten lebe man, wenn man nichts wisse. Wer hat denn den Spruch unter die Leute gebracht ›Wissen ist Macht; wir wissen nichts – macht nichts!‹? Das waren Sie doch! (20. 6. 85)

wissen

Reddemann, CDU/CSU, über die Grünen: Der liebe Gott weiß alles, die Grünen wissen alles besser! (6. 12. 84)

wohlfühlen

Dr. Hoffacker, CDU/CSU, zu den Grünen: Es ist richtig schade, daß Sie so gar nichts vom Lebensglück verstehen ... Also ... ich bin mehr davon angetan, daß sich unsere Bürger waschen, rasieren können, sich mitteleuropäsich kleiden, und daß sie sich einigermaßen in der Menschlichkeit wohlfühlen ... (8. 12. 83)

Wollüstlinge

Dr. Dregger, CDU/CSU: Die Grünen, diese Kinder – ich meine jetzt niemanden persönlich –, aber vielleicht Wollüstlinge des Wohlstands, die diesen Wohlstand nicht erarbeitet haben, haben diese wirtschaftlichen Zusammenhänge gewiß noch nicht begriffen. (20. 3. 87)

Zapfenstreich

Fischer (Frankfurt), B'90/Grüne: Ich habe schon einen Helm auf!
Breuer, CDU/CSU: Wenn ich die Vorwürfe von Militarismus höre und die Soldaten der Bundeswehr in der Eingebundenheit in unser friedliebendes Volk und die deutsche Wehrverfassung sehe, dann ist es beschämend, daß Ihre Leute gestern abend als Demonstranten vor den Gattern standen und ›Mörder! Mörder!‹ riefen.
Fischer: Meine Güte, Herr Breuer, wer in die Öffentlichkeit geht, muß mit Protest rechnen! Ich bitte Sie! Wir sind in einer Demokratie, da darf der Zapfenstreich wie die Gegendemonstration stattfinden!
Breuer: Es ist beschämend, Herr Fischer.
Bundesfinanzminister Dr. Waigel, CDU/CSU: Sie sind eine Fraktion von Schreihälsen!
Fischer: Helm ab zum Gebet! (27. 10. 95)

Zeiten

Frau Pothmer, B'90/Grüne: Herr Kolb, die FDP-Fraktion hat in Deutschland sehr lange mitregiert.
Dr. Kolb, FDP: Das waren gute Zeiten! (18. 2. 06)

Zuhälter

Gerster (Mainz), CDU/CSU: Ihr langjähriger Bundesschatzmeister, der jetzt frustriert aus der Partei austritt, hat die Grünen ganz richtig beurteilt: Früher waren wir Hoffnungsträger, heute nur noch Überweisungsträger. Man kann es auch drastischer sagen: Wenn die Grünen gegen die staatliche Parteienfinanzierung zu Felde ziehen, dann ist das genauso glaubwürdig, als wenn ein Zuhälter auf die Straße geht, um für das Zölibat zu demonstrieren. (9. 12. 88)

Zwille

Lange, Grüne: Deswegen treten wir für eine nichtmilitärische Verteidigung ein. Wir werden deswegen im Moment belacht, belächelt; aber das ist immer so, wenn man neue Ideen ins Spiel bringt. Ich hoffe nur, daß sich das im Laufe der Diskussion noch fortsetzt.

Austermann, CDU/CSU: Verteidigung mit Zwille! (10. 9. 86)

Über die KPD bis zur Fraktion Die Linke – ein Chamäleon?

KPD und SPD wurden in der Sowjetischen Besatzungszone (SBZ) 1946 zur Sozialistischen Einheitspartei Deutschlands (SED) zwangsvereinigt. Diese SED war in der 1949 gegründeten DDR die vorherrschende Partei und ruinierte das Land wirtschaftlich und politisch. Kein Wunder, dass die Menschen in der DDR letztendlich mit ihren Protesten den Grundstein zur Wiedervereinigung Deutschlands im Jahre 1990 legten.

In der alten Bundesrepublik war die KPD lediglich in der ersten Wahlperiode im Bundestag vertreten. Hier betätigte sie sich als treuer Vasall der Sowjets. 1953 scheiterte sie an der Fünfprozentklausel und wurde 1956 vom Bundesverfassungsgericht verboten. Ende der 1960er-Jahre gründete sich die Deutsche Kommunistische Partei (DKP). Sie blieb eine Splitterpartei, der es nie gelang, in einen Landtag oder gar in den Bundestag gewählt zu werden. Die DKP wurde jährlich nach Erkenntnissen des Verfassungsschutzes mit mehreren Millionen Mark aus der DDR finanziert. Trotz eines riesigen Parteiapparates – sogar mit eigener Tageszeitung – konnte sie nur in wenigen Kommunalparlamenten den einen oder anderen politischen Erfolg verbuchen. Mittlerweile versuchen die alten Kader der DKP ihren

Einfluss in der Partei »Die Linke« zu verstärken, wie Anfang 2009 die Streitigkeiten im hessischen Landesverband zeigten.

Mit der Wiedervereinigung 1990 kamen die SED-Erben in den Bundestag. Zunächst nur als Gruppe, dann auch 1998 als Fraktion. Es wurde erstmals eine PDS-Politikerin zur Bundestagsvizepräsidentin gewählt. Doch 2002 scheiterte die Partei an der Fünfprozentklausel. Nur noch zwei Politikerinnen aus Berlin zogen direkt in den Bundestag ein. Nach der Bundestagswahl 2005 kam die PDS in den neuen Bundesländern gemeinsam mit der Listenverbindung der WASAG in den alten Ländern wieder über die Fünfprozenthürde und erhielt auch wieder einen Sitz im Bundestagspräsidium.

Keine Partei im Bundestag hat so oft ihren Namen geändert. So hieß sie zunächst »Gruppe der PDS«, dann »PDS/Linke Liste«, es folgte die Umbenennung zur »PDS« und endete schließlich mit der Fraktion »Die Linke«.

Allerdings an ihre Vergangenheit aus DDR-Zeiten als Erbe der SED mag die PDS/Linke nicht erinnert werden. Der Verdacht, dass Gelder in schier unvorstellbarer Höhe aus dem SED-Vermögen ins Ausland verschoben wurden, konnte nicht bewiesen werden.
Wenn es in den Debatten um die Vergangenheit der SED-Erben geht, weist der Fraktionschef der Linken, Gregor Gysi, gern süffisant darauf hin, dass er SED-Chef Honecker im Gegensatz zu vielen Spitzenpolitikern aus der alten Bundesrepublik nie persönlich begegnet sei. Allerdings ist kaum bekannt, dass Gysis Vater Klaus in der DDR-Nomenklatura hohe und höchste Staatsämter bekleidete; Klaus Gysi war Botschafter, Kultusminister und Staatssekretär, u. a. zuständig für Kirchenfragen.
In den Bundestagsdebatten hingegen müssen sich die SED-Erben oft an ihre Vergangenheit erinnern lassen.

Agitation
Schulz (Berlin), B'90/Grüne: Die PDS hat Gespür für berechtigten Protest – das haben die Wahlergebnisse gezeigt –, aber kein Gefühl für Verantwortung und schon gar keine Kompetenz, allenfalls für Agitation und Propaganda. (23. 6. 94)

Alchimisten

Frau Connemann, CDU/CSU: Jahrhundertelang suchten die Alchimisten nach dem Stein der Weisen, nach einer Substanz, die Metall in Gold verwandelt, nach einer Medizin, die den Menschen nicht nur heilt, sondern auch verjüngt. Die Suche war vergeblich – bis zum Einzug der Linken in den Deutschen Bundestag. Sie, meine Damen und Herren von der Linken, haben den Stein der Weisen gefunden, jedenfalls gaukeln Sie es den Bürgern in diesem Land immer wieder vor. Ihr Allheilmittel heißt Umverteilung.

Heilmann, Linke: Das ist wahr! (26. 6. 08)

aufhängen

Rische, KPD, nach der Rede von Bundeskanzler Dr. Adenauer, CDU/CSU: Man sollte an Nürnberg denken!

Strauß, CDU/CSU: Da haben's vergessen, euch aufzuhängen! (3. 12. 52)

Bankrotteurpartei

Dr. Weng (Gerlingen), FDP, zu Dr. Seifert, PDS/Linke Liste: Sie sind Angehöriger einer Bankrotteurpartei! (22. 4. 94)

Bett

Irmer, FDP: Wenn ich hier von deutscher Opposition spreche, nehme ich die PDS aus. Es ist schon außerordentlich verwunderlich, Herr Struck (SPD-Fraktionsvorsitzender, d. Hg.), dass Sie sich zwar vorher mit der PDS auseinandergesetzt haben – so weit bin ich damit einverstanden –, ohne aber zu erwähnen, dass sich Ihre Partei zur gleichen Zeit ausgerechnet in Berlin mit ihr ins Bett legt, obwohl die Vorgängerpartei, die SED, durch Berlin die Mauer gezogen hat. Darauf müssen Sie uns noch eine Antwort geben …

Gehrcke, PDS: Ich habe nicht gerade das Gefühl, dass ich mit irgendjemandem im Bett liege. Ich muss aber zugeben, dass es eine verführerische Alternative zu dem wäre, was hier abläuft.

Erler, SPD: Es kommt darauf an, mit wem!

Irmer: Man kann ja einmal darüber nachdenken. (22. 12. 01)

Bonzen

Dr. Blüm, Bundesarbeitsminister, CDU/CSU, zur PDS/Linke Liste: … Frau

Bläss, wie können Sie denn der alten DDR-Rente nachweinen? Die war noch nicht einmal halb so hoch wie die jetzigen Beträge.
Dr.-Ing. Kansy, CDU/CSU: Die Bonzen, die hatten die hohe Rente! (30. 4. 93)

Chamäleon
Straubinger, CDU/CSU: … offensichtlich gibt es in diesem Bereich eine starke Doppelmoral. Ich möchte jetzt die Kolleginnen und Kollegen der Fraktion der Linken oder der PDS-Fraktion oder der WASG oder der SED – die wechseln ja die Namen so häufig, dass im Vergleich dazu ein Chamäleon fast ein uniformes Tier ist – fragen, wieso dann die SED-Millionen nach Österreich verschoben worden sind. (22. 6. 06)

Dämlichkeiten
Dr. Westerwelle, FDP: Ich möchte das jetzt in einen Zusammenhang mit dem stellen, was wir von Gewerkschaftsfunktionären der GEW lesen durften, nämlich dass, wenn man die deutsche Nationalhymne singe, man ein furchtbares Loblied singe. Heute habe ich gelesen, dass die Jugendorganisation der PDS der Überzeugung ist, dass die schwarz-rot-goldene Fahne für Ausgrenzung stehe. Ich empfinde es als eine wunderbare Freude, dass sich unsere Bürger von solchen linken Dämlichkeiten nicht beeindrucken lassen. (21. 6. 06)

DDR
Dressel, SPD: Mit Blick in Richtung PDS sage ich: Wenn ich höre, dass man in der DDR etwas liberalisiert hätte, dann stellen sich auch mir die Nackenhaare auf. Denn in Bezug auf diesen Staat kann ich nicht von Liberalisierung sprechen.
Frau Dr. Enkelmann, Linke: Sie haben keine Ahnung!
Frau Dr. Höll, Linke: Da weiß er jetzt aber wirklich nicht, wovon er redet! (21. 1. 09)

demokratisch
Weiß (Berlin), B'90/Grüne: Das Erstarken der PDS zeugt auch von der Schwäche der demokratischen Parteien.
Dr. Heuer, PDS/Linke Liste: Die PDS ist eine demokratische Partei!
Weiß: Nein, die PDS ist keine demokratische Partei! (6. 9. 94)

DKP

Steppuhn, SPD: Dann fordern Sie, den Schwellenwert, also die Beschäftigtenzahl eines Unternehmens, ab der der Kündigungsschutz einsetzt, gänzlich abzuschaffen, sodass dieser faktisch beim ersten Beschäftigten einsetzt. Meine Damen und Herren von der Linkspartei, ich habe einmal nachgeschaut: So etwas hat noch nicht einmal die alte DKP im alten wilden Westen gefordert. (28. 9. 06)

Doppelmoral

Wellmann, CDU/CSU: Herr Kollege Paech (Linke, d. Hg.), ich muss Ihnen sagen: Ihre Einlassungen sind völlig unglaubwürdig. Sie waren es – ich habe das nachgelesen –, der die Intervention der Sowjetunion in Afghanistan mit warmen Worten gelobt hat. Ich habe mir das Zitat herausgesucht. Sie sagen, wegen der offenen Interventionsdrohung der USA gegenüber dem Iran und wegen der konterrevolutionären Einmischung Pakistans sei die friedliebende Sowjetunion dem armen Afghanistan zu Hilfe geeilt. Diese Doppelmoral, Herr Paech, ist in der Tat unerträglich.
von Klaeden, CDU/CSU: Treffer! Versenkt! (26. 1. 06)

Droge

Steinbrück, Bundesfinanzminister, SPD: Nun habe ich insbesondere auch von der linken Seite gehört – Herr Bartsch hat dazu auch Stellung genommen –, dass das alles Steuergeschenke sind. Wörtlich sagte er, dass diese Regierung den Unternehmen, den Vermögenden, den Banken und den Konzernen wahnsinnige Steuergeschenke machen würde. Es tut mir leid: Sie brauchen diesen Antagonismus offenbar immer wie eine Droge, weil sonst gewissermaßen ihr Ideologiegerüst zusammenfällt. Ich kann damit nichts anfangen. Sie bringen Formeln wie: Der Kapitalismus steht am Rande des Abgrunds; auf, lasst ihn uns überholen! (8. 9. 06)

einmarschieren

Dr. Modrow, 1989/90 letzter SED-Ministerpräsident der DDR, PDS/Linke Liste: Wir bestehen jedoch auf der von uns erhobenen Forderung, das Münchener Abkommen von 1938 für von Anfang an null und nichtig zu erklären.
Dr. Bötsch, CDU/CSU: Deswegen seid ihr auch einmarschiert, nicht wahr! (20. 5. 92)

Elendsnummer

Vizepräsident Becker, SPD: Das Wort hat jetzt Frau Kollegin Petra Bläss (PDS/Linke Liste, d. Hg.). Bitte.
Feilcke, CDU/CSU: Jetzt kommt die Elendsnummer! (20. 2. 92)

Exoffiziere

Nachtwei, B'90/Grüne: Offenbar ist Ihnen von der PDS die Aufrechterhaltung eines pseudoantimilitaristischen Images wichtiger als die Frage, wie die Hilfe vor Ort am besten und schnellsten organisiert werden kann.
Schlauch, B'90/Grüne: Die Partei mit den meisten Exoffizieren! (7. 5. 99)

Freibrief

Schneider (Saarbrücken), Linke: Meinen Sie nicht, es ist einem Arbeitnehmer relativ egal, ob er nun 19,5 oder 19,7 oder 19,9 Prozent an die Rentenversicherung zahlt, wenn er dafür das Gefühl hat, seinen Lebensabend unter halbwegs gesicherten Bedingungen gestalten zu können?
Dr. Kolb, FDP: Das ist ja ein Freibrief für weitere Beitragserhöhungen, den Sie da ausstellen!
Schneider: Erwarten Sie von der Linken etwas anderes? (30. 11. 06)

Gedächtnislosigkeit

Dr. Lammert, CDU/CSU: Herr Kollege Thierse, mich würde interessieren, ob Sie den neuentdeckten Antikommunismus der PDS zur intelligenten oder zur dummen Variante des Antikommunismus zählen?
Thierse, SPD: Sie bringen mich in die fatale Situation, mich selbst zitieren zu müssen. Ich halte daran fest, daß die PDS die Partei der fröhlichen Unschuld und der entschlossenen Gedächtnislosigkeit ist. (4. 10. 90)

Geld

Dr. Struck, SPD: Rechnet man hoch, was die Linkspartei über die gesamte Legislaturperiode an Forderungen gestellt hat, so müssten jährlich 255 Milliarden Euro zusätzlich her. Dann muss man aber auch sagen, woher das Geld kommen soll, Herr Kollege Lafontaine, Sie größter Finanzpolitiker der Welt. (17. 9. 08)

Hartz IV

Müller (Erlangen), CDU/CSU: Diese Aktuelle Stunde ist völlig überflüssig.

Ihnen geht es überhaupt nicht um eine sachliche Diskussion – denn es hätte genügend Diskussionsmöglichkeiten gegeben –, sondern Sie betreiben pure Polemik, weil Sie sich davon Vorteile bei den anstehenden Landtagswahlen erhoffen. Ich verstehe gar nicht, dass Sie sich über Hartz IV so sehr aufregen. Denn wäre Hartz IV in der letzten Legislaturperiode nicht auf den Weg gebracht worden, würden Sie heute nicht hier sitzen, meine lieben Kolleginnen und Kollegen von den Linken.
Dr. Kolb, FDP: Na, sehen Sie! Dann hatte Hartz IV ja auch für die Linken wenigstens ein paar Vorteile! (15. 2. 06)

Hitler
Bausch, CDU/CSU, zu Fisch, KPD: Sie haben mit Hitler gegen die Demokratie gekämpft! … Ihre Partei war mit Hitler verbündet! (18. 3. 53)

Honecker
Dr. Gysi, Linke: Herr Brauksiepe hat hier von Erich Honecker gesprochen. Ich finde das interessant. Ich bin ihm in meinem Leben nie begegnet, aber die erste Reihe Ihrer beiden Parteien hatte ihn ja ständig auf dem Sofa. Ich hoffe, Sie erzählen mir mal, wie der so war.
Dr. Brauksiepe, CDU/CSU: Sie waren wahrscheinlich auch nie mit ihm in einer Partei! (18. 1. 08)

hören
Frau Lüth, PDS: Seit vielen Jahren versuchen die Bundestagsabgeordneten aller Fraktionen einen Hilferuf auszusenden: Schaut her, so wie hier im Bundestag wird die altersmäßige Zusammensetzung ab 2020 in der gesamten Bundesrepublik sein. Aber auf uns hört ja keiner. (26. 4. 02)

Indoktrination
Kittelmann, CDU/CSU, zu Dr. Heuer, PDS/Linke Liste: Sie betreiben kommunistische Indoktrination; davon verstehen Sie etwas! (21. 4. 93)

Internationale
Vizepräsident Cronenberg, FDP, zu Frau Dr. Höll, PDS/Linke Liste: Sie müssen warten, bis die rote Lampe (am Mikrofon, d. Hg.) dauerhaft leuchtet.
Dr. -Ing. Kansy, CDU/CSU: Wenn die rote Lampe leuchtet, bitte nicht die Internationale singen! (6. 11. 92)

Kommunismus

Frau Schewe-Gerigk, B'90/Grüne: Die Linke hat die ›drei Ks‹ neu definiert: Kinder, Küche, Kommunismus. Sieben Jahre zu Hause aufs Kind aufpassen, Clara Zetkin würde sich im Grabe umdrehen. Ich frage Sie: Haben Sie diese Idee der Mutterkreuzritterin aus dem Saarland zu verdanken? Wo wir gerade bei Christa Müller (Ehefrau von Linke-Chef Lafontaine, d. Hg.) sind – da besteht kein Grund mehr zum Lachen; da muss man wirklich in sich gehen … (7. 3. 08)

Kommunist

Dr. Modrow, PDS/Linke Liste: Diese Art von Außenpolitik ist eine Politik der Schwäche, auch wenn sie Stärke zeigen soll.
Nolting, FDP: Das muß uns ein Kommunist erzählen! Wo kommen Sie eigentlich her?
Dr. Modrow: Das wissen Sie; darüber müssen wir uns nicht streiten.
Nolting: Das ist eine schöne Fortführung ihrer früheren Reden!
Dr. Modrow: Wenn Sie das für eine schöne Rede halten, dann sind wir uns ja einig.
Nolting: Da sind wir uns nicht einig! (24. 9. 93)

Konten

Bundesaußenminister Dr. Kinkel, FDP: In den Beitragsstatistiken der UNO werden allerdings auch wir … mit 13,7 Millionen Dollar als Schuldner geführt. Dabei handelt es sich um einen rückständigen Beitrag der ehemaligen DDR zu den Blauhelmmissionen im Libanon.
Schmidt (Fürth), CDU/CSU: Soll der Gysi (PDS, d. Hg.) bezahlen!
Dr. Lippelt, B'90/Grüne: Aber wir übernehmen doch die Geschichte des ganzen Deutschland!
Fischer (Frankfurt), B'90/Grüne: Alt-Schulden!
Schmidt (Fürth): Der Gysi ist nicht da, weil er sammelt! Der ist in der Schweiz und löst ein paar Konten auf! (25. 10. 95)

Kuba

Müller (Berlin), PDS: Außerdem hören wir, die Tiefflüge seien in großem Stil ins Ausland verlagert worden – frei nach dem Motto: Giftmüll nach Afrika, Tiefflüge nach Kanada.
Breuer, CDU/CSU: Und die PDS nach Kuba! (7. 3. 96)

Ladendiebstähle
Fischer (Frankfurt), B'90/Grüne, zu Dr. Heuer, PDS: Wie habt ihr das früher mit den Ladendiebstählen gehandhabt, wenn es was zu klauen gab? (14. 3. 96)

Mafia
Gerster (Mainz), CDU/CSU: Der Herr Gysi stellt sich heute morgen hier hin und sagt: Es gab eine verbrecherische Führung, aber die haben wir abgewählt, und jetzt ist alles gut. Herr Gysi, wenn die Mafia einen alten gegen einen neuen Boß austauscht, wird sie noch nicht zu einem Verein zur Wahrung des Rechts. (4. 10. 90)

Mauer
Frau Pau, PDS, spricht über die Bannmeile: Wir haben seinerzeit nicht für den Umzug (von Parlament und Regierung nach Berlin, d. Hg.) gestimmt, um dann in dieser Stadt Sondergebiete für Bundespolitiker zu schaffen. Wir wollen vielmehr dorthin, wo Herausforderungen und Defizite am meisten zu spüren sind.
Marschewski, CDU/CSU: Deswegen habt ihr die Mauer gebaut! Das ist wahr! (12. 11. 98)

Mauerschütze
Dr. Gysi, PDS/Linke Liste: Wer heute der faktischen Abschaffung des Asylrechts zustimmt, muß wissen, daß er Mitverantwortung trägt, wenn eines Tages an der Grenze auf Flüchtlinge geschossen wird.
Marschewski, CDU/CSU: Schlimm, der Mauerschütze! (26. 5. 93)

Meineidveranstaltung
Graf von Einsiedel, PDS: Die PDS ist – auch wenn Sie es noch so oft wiederholen – keine kommunistische Partei.
Feilcke, CDU/CSU: Nein, im Gegenteil. Ganz im Gegenteil!
von Einsiedel: Sie hat allen Prinzipien des Kommunismus, wie sie von Lenin postuliert worden sind, abgeschworen. Sie hat erst recht dem Stalinismus abgeschworen ...
Feilcke: Das sind alles Meineide!
Kleinert (Hannover), FDP: Das ist eine Meineidveranstaltung!
(23. 11. 94)

Menschenrechte
Frau Stachowa, PDS/Linke Liste: … daß es auch im geeinten Deutschland Probleme mit der umfassenden Verwirklichung der Menschenrechte gibt?
Reddemann, CDU/CSU: Ausgerechnet die PDS erzählt so etwas, die Menschenrechte überhaupt nie akzeptierte! Setzen Sie sich! Das ist unverschämt! (21. 2. 92)

Mörderbande
Strauß, CDU/CSU, zu Fisch, KPD: Wortführer einer Mörderbande! Schmeißt ihn doch raus! Seit wann dürfen Mördervertreter hier sprechen? Verbrecher laufen hier herum! (27. 7. 50)

Mordwirtschaft
Frau Naumann, PDS: Franz Josef Strauß ließ einmal verlauten, Marxwirtschaft sei Murkswirtschaft.
Dr. Müller, CDU/CSU: Recht hat er gehabt!
Frau Naumann: Heute bewahrheitet sich aber: Kapitalistische Marktwirtschaft ist Mordwirtschaft für Landwirte und Verbraucher … wie ein Verbraucher gestern Abend auf *Phoenix* richtig einschätzte.
Deß, CDU/CSU: Ich finde es schon makaber, dass die Vertreterin einer SED-Nachfolgepartei den Satz ausspricht: Marktwirtschaft ist Mordwirtschaft. Denn unter welchem politischen System sind an der Grenze und im Land Menschen ermordet worden? (24. 1. 01)

Müll- und Geldsäcke
Abgeordnete der Linksfraktion demonstrieren mit übergestreiften Müllsäcken im Bundestagsplenum.
Niebel, FDP: Nachdem sich die Linke bundesweit wie die Kesselflicker streitet, war das, was wir gerade eben im Bundestag erlebt haben, wahrscheinlich ein gruppendynamisches Experiment. Ein uncharmanter Kollege meinte, Sie hätten mit den Müllsäcken besser ausgesehen. Nichtsdestotrotz bin ich nach sechs Wochen Streik in Baden-Württemberg quasi ein Experte für Müllsäcke. Wenn Ihr Gesamtkunstwerk realistisch hätte sein sollen, dann hätten Sie auch einige von diesen kleinen possierlichen Tierchen mit den langen nackten Schwänzen mitbringen sollen, damit diese über Ihre Müllsäcke hätten laufen können; denn das ist die Situation in Deutschland, nicht das Kasperletheater, das Sie hier im Parlament veranstalten.

Lafontaine, Linke: Die einen lieben Geldsäcke, die anderen Müllsäcke! (16. 3. 06)

Namensschild
Dr. Graf Lambsdorff, FDP: Die PDS ist nicht die Nachfolgepartei der SED. Die PDS ist die SED, sie hat lediglich ein neues Namensschild an ihre Tür genagelt. Sie ist niemals aufgelöst worden. (21. 9. 94)

nichtssagend
Schulz (Berlin), B'90/Grüne, über die PDS: Von uns aus könnte sie noch mehr erhalten, damit außer diesem gewendeten Linksimage endlich deutlich wird, daß sie wenig zu sagen hat, daß häufig leeres Stroh gedroschen wird – neue Worthülsenfrüchte von alten SED-Feldern. Geben wir doch unserem Entspannungsbedarf freien Raum und lassen den Unterhaltungskünstler Gysi in voller Länge auftreten. Da hungert er nun zwischen zwei Mahlzeiten mit brennender Zigarette vor laufender Kamera für die Parteikasse ... und dann hat er noch nicht einmal die Möglichkeit, hier umfassend seine abenteuerlichen Vorstellungen auszubreiten ... geben wir der PDS genügend Redezeit, damit deutlich wird, wie nichtssagend ihre Politik ist. (14. 12. 94)

populistisch
Wanderwitz, CDU/CSU: Die PDS scheint es sich zum Ziel gesetzt zu haben, in jeder Sitzungswoche eine Aktuelle Stunde mit möglichst populistischem Inhalt zu platzieren.
Frau Dr. Lötzsch, Linke: Das ist ja logisch, wir sind ja auch Opposition! (9. 3. 06)

postkommunistisch
Hilsberg, SPD, zur PDS: Die Sache ist doch offenbar. Sie wollen sich mit einem ökologischen, modernen, linkssozialistischen Etikett versehen, um das eigentlich postkummnistische Wesen dieser Partei zu verbergen ... Das alte kommunistische Denken schaut doch überall wieder durch. (3. 12. 98)

Potenzial
Frau Pothmer, B'90/Grüne: Wenn es noch irgendwo in dieser Republik revolutionäres Potenzial gibt, dann bestimmt nicht in der Linkspartei. So kleinkariert und bürokratisch, wie Sie die Forderungen nach einem Gene-

ralstreik begründen, sind Sie wohl kaum in der Lage, revolutionäres Potenzial zu erzeugen. Da schlafen die Leute ja schon beim Streik ein. (27. 10. 06)

Privilegierte

Klinkert, CDU/CSU: ... im Gegensatz zu Ihnen habe ich mich damals auch noch etwas außerhalb der DDR-Medien interessiert.
Frau Dr. Fuchs, PDS/Linke Liste: Ha! Ha! Ha!
Klinkert: Ja, gut, Sie gehörten ja zu den Privilegierten, die auch in den Westen fahren durften, aber offensichtlich haben Sie vieles nicht gesehen, oder Sie haben nicht weitergegeben, was Sie hier gesehen haben.
Frau Dr. Fuchs: Ha! Ha! Ha! (24. 9. 92)

Räuber

Haschke (Jena), CDU/CSU, über die Wiedervereinigung und das SED-Regime: Nein, wir sind nicht unter die Räuber gefallen, wir sind den Räubern entkommen, Herr Gysi (PDS, d. Hg.). Nur sind damit die Räuber leider nicht aus der Welt. (21. 9. 94)

Rechtsnachfolger

Wieland, B'90/Grüne: Nein, keine Zwischenfrage von der Linkspartei, früher PDS, davor SED. Das muss man doch auch einmal sagen dürfen. Es heißt immer Rechtsnachfolger. Wenn ich meinen Namen ändere, bin ich doch nicht mein eigener Rechtsnachfolger, sondern habe nur einen neuen Namen. (1. 3. 07)

Reichtum

Dr. Gysi, Linke: Die Fraktion Die Linke ist die einzige im Bundestag – das macht unseren Reiz aus –, die sagt: Wir wollen Reichtum begrenzen, um Armut wirksam zu bekämpfen. Das wollen Sie nicht, und das trauen Sie sich nicht. (14. 1. 09)

Ruinen

Dr. Pfeiffer, CDU/CSU: Mit Verlaub, Herr Kollege Hill (Linke, d. Hg.): ... wenn ich Ihren Antrag richtig sehe, dann fordern Sie mit einem Griff in die sozialistische Mottenkiste – dazu fällt mir nichts mehr ein –, als wären 40 Jahre DDR-Sozialismus mit ›Ruinen schaffen ohne Waffen‹ spurlos an Ihnen und uns vorübergegangen ... (19. 10. 06)

Schimpf

Dr. Arndt, SPD, zur KPD: Ihr bringt Schimpf und Schande über den Bundestag! (9. 5. 51)

schönfärben

Hollerith, CDU/CSU: Worum es der PDS eigentlich geht, ist, die Mißständebilanz des SED-Unrechtsregimes trotz aller neuen und richtigen Erkenntnisse schönzufärben.
Frau Dr. Höll, PDS/Linke Liste: Das stimmt überhaupt nicht! (11. 11. 93)

Schrott

Frau Albowitz, FDP, zur PDS: Sie haben 40 Jahre nur Schrott gemacht! (8. 12. 95)

SED-Diktatur

Dr. Keller, PDS/Linke Liste: Wir sind jetzt vier Jahre in der neuen Bundesrepublik. Wie lange wollen wir denn noch über die Fehler der SED reden?
Frau Dr. Funke-Schmitt-Rink, FDP: 40 Jahre mindestens!
Dr. Keller: 40 Jahre noch? Dann sind Sie alle nicht mehr hier.
Hansen, FDP: Sind Sie wirklich der Auffassung – wenn man Ihre Aussage analog auf die zwölf Jahre des Dritten Reiches bezieht –, daß man nach 1945, von mir aus auch nach 1949, nicht mehr darüber hätte reden sollen, so wie Sie es für die Zeit der SED-Diktatur hier beanspruchen? (16. 6. 94)

SED-Erbe

Dr. Solms, FDP: Ich glaube, wir haben hier eine der übelsten Brandstifterreden seit langem gehört. Es ist eine unglaubliche Unverfrorenheit, mit der Sie, Herr Gysi, als der erklärte Erbe der SED jetzt die Schuld auf andere schieben. Ich bin von dieser Sauerei, die hier geschehen ist, wirklich tief betroffen. (23. 6. 94)

Dr. Solms, FDP, zur PDS: Solange Sie selbst erklären, daß Sie die Erben der SED sind, daß Sie die Erbschaft der SED übernommen haben, sind Sie für all das verantwortlich. (23. 6. 94)

SED-Nachfolger

Hollerith, CDU/CSU, über die PDS: Es ist eine besondere Dreistigkeit, wenn der Versuch unternommen wird, hier die Feuerwehr, die Sanierer, die Männer und Frauen, die die Beseitigung der Altlasten der Kommunisten leisten, an den Pranger zu stellen, um von den Brandstiftern, also den Verursachern dieser Misere abzulenken. Sie von der PDS sind die Nachfolger dieser Brandstifter. Sie sind die Nachfolger der Kommunisten, die Nachfolger der SED. (8. 12. 95)

SED-Politikgeschwafel

Frau Matthäus-Maier, SPD, über Frau Dr. Höll, PDS/Linke Liste: SED-Politikgeschwafel! (6. 11. 92)

Selbsterkenntnis

Gysi, Linke: Nun sagen Sie: Die Linken kritisieren immer alles und versprechen das Blaue vom Himmel. Das alles sind Populisten, die nichts einhalten können.

Poß, SPD: Bei Ihnen beginnt ja die Selbsterkenntnis! (17. 9. 08)

Socken

Borchert, CDU/CSU: Für Geld vom Staat seid ihr immer zu haben!

Frau Dr. Höll, PDS/Linke Liste: Das ist notwendig ...

Zuruf von der CDU/CSU: Die roten Socken wollen wieder Geld! (2. 12. 92)

Sowjetvolk

Frau Kramme, SPD, zur Linksfraktion: Aber ... Träume kann man erst dann verwirklichen, wenn man sich entschließt, aus ihnen aufzuwachen. Sie landen wieder in den Zeiten der Kollektivierung und der Verstaatlichung. Ich bin mir sicher, Sie alle kennen den Dichter Majakowski. Der hätte Ihnen an den Kopf geworfen: Die Heimat des Sowjetvolkes soll auch die Heimat der Vernunft sein. (24. 4. 08)

Spitzbuben

Austermann, CDU/CSU, über die erste rot-rote Koalition: Wenn ich nach Mecklenburg-Vorpommern schaue und sehe, wer da inzwischen alles regiert, kann ich die Abkürzung PDS nun anders übersetzen: Partei der Spitzbuben. (28. 1. 99)

Staatsbankrotteure

Pützhofen, CDU/CSU, über die PDS: Daß sich ausgerechnet die Staatsbankrotteure von gestern hier an das Mikrofon begeben und sich als die Wirtschaftsberater von morgen aufspielen wollen, ist wieder einmal eine beachtenswerte, eine erheiternde Nummer im Politzirkus der PDS. (12. 11. 93)

Stalin

Reddemann, CDU/CSU: Ihre alte Verfassung hat uns schon gereicht!

Dr. Heuer, PDS/Linke Liste: Ich bitte Sie jetzt nicht, die führende Rolle der CDU zu übernehmen.

Zuruf von der CDU/CSU: Aber wir sind demokratisch gewählt, und das waren Sie damals nicht!

Frau Lederer, PDS/Linke Liste: Das ist billiger Wahlkampf, den Sie veranstalten!

Reddemann: Der alte Stalin lugt aus allen Knopflöchern! (17. 6. 94)

Stasispion

Frau Lengsfeld, CDU/CSU: Ich nenne weiterhin die Tatsache, dass zwei ebenfalls rechtskräftig verurteilte Spione, das Ehepaar George und Doris Pumphrey, die die Grünen-Fraktion ausspioniert hatten, nach der Wende von der PDS-Fraktion eingestellt wurden. Frau Pumphrey betätigte sich dort bezeichnenderweise als Koordinatorin einer Arbeitsgemeinschaft ›Kundschafter des Friedens‹. Im Bundesvorstand der PDS sind mit Diether Dehm, der Wolf Biermann im Westen bespitzelte, die West-IM angemessen vertreten. Vielleicht dürfen wir bald auf einen Antrag der PDS hoffen und über ein ›Mahnmal für den unbekannten Stasispion‹ diskutieren. (6. 7. 2000)

Stasi-Täter-Schutzwart

Büttner (Schönebeck), CDU/CSU, zu Frau Lederer, PDS/Linke Liste: Sie wollen die Stasi-Täter weiter schützen! Stasi-Täter-Schutzwart! (5. 2. 93)

Strickmuster

Schemken, CDU/CSU: Wir müssen auch feststellen, daß das Verwirrspiel, das hier betrieben wird, das Ziel hat – das macht die PDS ja ganz geschickt –, bei diesem Erklärungsprozeß möglichst Sperrfeuer zu legen. Ich muß sagen, sie hängen an alten Strickmustern. Die Wolle hat sich zwar geändert, aber gestrickt wird mit gleichem Muster. Es sind auch dieselben Schablonen, mit denen sie arbeiten.

Zuruf von der CDU/CSU: Die Schafe sind auch dieselben! (16. 1. 92)

Talkshow

Binding (Heidelberg), SPD: Sie, Frau Golze (Linke, d. Hg.), haben vorhin etwas sehr Gutes gesagt: Kinderarmut kann man nicht in einer Talkshow bekämpfen. Das ist richtig, und das unterstütze ich sehr. Jetzt frage ich mich natürlich, wie das jemand aus einer Fraktion sagen kann – hier hatten mein Kollege Sönke Rix und ich dieselbe Idee –, in deren Reihen Oskar Lafontaine und Gysi sitzen. Sie sind ja die Spezialisten für diese Art der Politik. (29. 11. 07)

Täter

Warnick, PDS: Bei den Mauergrundstücken, die man sofort hätte zurückgeben können, ist bis heute keine Rückgabe erfolgt. Für mich ist die Zahlung von 25 Prozent moralisches Unrecht.
Hornung, CDU/CSU: Reden Sie doch nur zur Moral, Sie sind Täter! (8. 2. 96)

Totengräber

Thiele, FDP: Die PDS fordert die Rückkehr zu einer verfassungskonformen Haushaltspolitik.
Frau Dr. Höll, PDS/Linke Liste: Ganz genau!
Frau Titze-Stecher, SPD: Wir auch!
Thiele: Das ist so, als würde man einen Totengräber beauftragen, neues Leben zu schaffen.
Frau Dr. Höll: Wieso? Sie sollen es doch machen! Sind Sie der Totengräber?
Thiele: Es ist klar, Sie wollen es ja auch nicht machen.
Frau Dr. Höll: Das könnte Ihnen so passen! (29. 6. 94)

Trabant

Dr. Nüßlein, CDU/CSU: Nun noch eine Bemerkung zu dem, was wir heute vom Rest der Opposition gehört haben. Bei der Linken hieß es: Staat, Staat, Staat. Das ist nichts Neues. Sie hätten gerne ein Fünfjahresprogramm für Ökokühlschränke, die verbilligt abgegeben werden sollten. Eigentlich hätten Sie auch fordern können, den Trabant für alle, damit auch keine großen Limousinen mehr gefahren werden. (6. 7. 07)

Trojanisches Pferd

Dr. Wuermeling, CDU/CSU, zu Renner, KPD: … bei dem Truppenteil der trojanischen Kavallerie werden Sie es allenfalls bis zum Küchenbullen bringen …

Wissen Sie eigentlich, was ein Trojanisches Pferd ist? Das Trojanische Pferd war ein harmloses Pony gegen das Riesenroß, das da meint, Sie seien kein Trojanisches Pferd. (27. 11. 52)

Trümmer

Dr. -Ing. Kansy, CDU/CSU, über die PDS: Wer von sieben Millionen Wohnungen eine Million Wohnungen nach dem Motto: Trümmer schaffen ohne Waffen, zurückgelassen hat, sollte erst einmal dazulernen und keine Ratschläge geben. (15. 12. 94)

Trümmerhaufen

Frau Dr. Höll, PDS/Linke Liste: Die PDS/Linke Liste erinnert daran, daß die Vereinigung der westdeutschen Wirtschaft einen Boom bescherte, der ihr über die weltweit einsetzende Wirtschaftskrise hinweghalf.
Dr. Diederich (Berlin), SPD: Sie tun ja so, als ob Sie mit der DDR einen Luxusbetrieb eingebracht hätten!
Poß, SPD: Sie haben einen Trümmerhaufen hinterlassen! (6. 11. 92)

Überraschungsei

Frau Sager, B'90/Grüne: Das DKP-Mitglied – und linke Abgeordnete – Christel Wegner (die über Die Linke in den Landtag Niedersachsen gewählt wurde, d. Hg.) erklärt uns, dass man in einer sozialistischen Gesellschaft eine Stasi braucht, um die reaktionären Elemente in Schach zu halten. Die führenden Vertreter der Linken reagieren darauf, als erlebten sie gerade eine große politische Kinderüberraschung. Das Überraschungsei geht auf und man wundert sich, was herauspurzelt: Ach, da stand DKP drauf; oh, da ist sogar DKP drin. (21. 2. 08)

Umverteiler

Scherhag, CDU/CSU: Am Schluß, wenn sie es geschafft haben, wenn sie tatsächlich Kapital gebildet haben, dann kommen die Umverteiler der PDS und nehmen das Geld wieder weg.
Köhne, PDS: Demagoge!
Scherhag: Das ist die Wahrheit. Sie brauchen nicht herumzugrölen. Immer Ihre Heuchelei, meine Damen und Herren von der PDS! Daß Sie hier im Saal sitzen und überhaupt den Mut haben, über Mittelstand zu sprechen! Sie müssen sich doch schämen.

Frau Dr. Enkelmann, PDS: Wir sind gewählt, Sie Demokrat!
Scherhag: Soll ich Ihnen einmal etwas sagen: 40 Jahre lang haben Sie den Mittelstand unterdrückt. Sie hätten doch am liebsten das Wort ›Mittelstand‹ aus dem Duden gestrichen. (21. 9. 95)

Unfreundliches
Müller (Erlangen), CDU/CSU: Es liegt auch ein Antrag der Fraktion Die Linke vor; auch dazu möchte ich gerne etwas Unfreundliches sagen. (24. 10. 07)

verdummen
Lintner, CDU/CSU, Parl. Staatssekretär beim Bundesinnenminister: ... wer Augen hat und bereit ist, objektiv zu sehen, kann das bei seinen Besuchen in den neuen Bundesländern jederzeit nachprüfen ...
Frau Dr. Höll, PDS/Linke Liste: Wir leben dort!
Dr. Röhl, FDP: Wir auch! Sie verdummen die Leute absichtlich und erzählen den Leuten etwas Falsches! (21. 9. 94)

verfassungswidrig
Dr. Gysi, Linke, zur CDU/CSU: Dann nenne ich Ihnen als Letztes ein Beispiel, das mich wirklich ärgert. Sie haben ja ein leicht gestörtes Verhältnis zum Grundgesetz.
Kampeter, CDU/CSU: Sie kommen aus einer verfassungswidrigen Ordnung in dieses Parlament! (29. 1. 09)

Vermögen
Frau Michalk, CDU/CSU: Oder stellen Sie von der PDS sich wirklich vor, daß das, was Sie alles schützen und fördern wollen, bezahlbar ist?
Frau Dr. Höll, PDS/Linke Liste: Ja!
Frau Michalk: Schön wäre es, wenn Sie dann ihr SED-Vermögen dafür zur Verfügung stellen würden! (30. 6. 94)

Verzweiflung
Frau Jelpke, PDS/Linke Liste: ... ich unterstütze keineswegs die Entführung ausländischer Touristen der letzten Zeit in der Türkei/Kurdistan, auch wenn ich in diesen Aktionen mehr die Verzweiflung als das Terrorismusproblem sehe.
Richter, FDP: Jetzt relativiert sie es schon wieder! (24. 9. 93)

volkseigen

Königshofen, CDU/CSU: Herr Kollege Claus (Linke, d. Hg.), Sie sagten, dass die Bahn Volkseigentum sei. Das ist richtig. Sie ist aber kein Volkseigener Betrieb. (18. 9. 08)

Vorschußbeifall

Ministerpräsident Teufel (Baden-Württemberg), CDU, wird von der CDU/CSU mit Beifall begrüßt.
Dr. Gysi, PDS/Linke Liste: Vorschußbeifall wie bei der SED! (21. 10. 93)

Waschschüssel

Frau Rönsch, Bundesfamilienministerin, CDU/CSU, zu Frau Dr. Höll, PDS/Linke Liste: ... z. B. über die von mir privat gegründete Stiftung ›Daheim im Heim‹. Wir haben 1 400 Alten-, Pflege- und Behinderteneinrichtungen in den neuen Bundesländern.
Hörster, CDU/CSU: Das will sie doch gar nicht wissen!
Frau Rönsch: Nur 10 Prozent entsprachen dem Mindeststandard der Heimmindestbauverordnung. Das war DDR-Realität für alte Menschen, die ein Leben lang für diesen Staat gearbeitet haben.
Frau Dr. Höll: Das ist Blödsinn, und das wissen Sie!
Frau Dr. Pohl, FDP: Das ist unverschämt. Da mußten die Leute mit der Waschschüssel ins Bett, weil es reingeregnet hat! (24. 6. 94)

Wirtschaft

Dr. Schui, Linke: Zunächst sollte ich darauf aufmerksam machen, dass eine kapitalistische Wirtschaft in Zyklen wächst. Es geht also grundsätzlich immer wieder einmal rauf und runter.
Dr. Fuchs, CDU/CSU: Eine kommunistische Wirtschaft wächst nie!
Dr. Schui: Na ja, gut. (17. 1. 07)

Wirtschaftsstalinismus

Glos, CDU/CSU, zu Dr. Keller, PDS/Linke Liste: Das ist ja schlimmer als Honecker, was Sie da vortragen! Das ist ja Wirtschaftsstalinismus! (25. 3. 93)

Wohnung

Dr. Seifert, Linke: Herr Kollege Weiß, Sie haben gerade von einer zu großzügigen Ausstattung der jugendlichen ALG-II-Empfänger gesprochen.

Würden Sie mir bitte erklären, wieso ein 20-Jähriger oder ein 23-Jähriger als Soldat nach Afghanistan geschickt werden kann, aber nicht einmal eine eigene Wohnung haben darf?
Niebel, FDP: Das darf er sehr wohl, wenn er sie selbst bezahlt!
Weiß (Groß-Gerau), CDU/CSU: So etwas kann ja nur einem Linken einfallen! (18. 2. 06)

Worthülse

Frau Dr. Fischer, PDS: Was also soll der vorliegende Antrag bewirken außer einer risikolosen, weil wirkungslosen formalen Geste zur Verteidigung der Worthülse Demokratie …
Irmer, FDP: Ich bin schon äußerst verwundert – leider kann ich nicht darauf verzichten, das hier zu sagen –, solche Worte über angeblich nur formale Demokratie als eine ›Worthülse‹ von jemandem zu hören, der – wie ich gerade noch einmal nachgeschaut habe – seit 1972 in der SED war.
Rixe, SPD: Irmer, nun fall doch nicht wieder in das alte Schema!
Irmer: Entschuldigung, wie man in den Wald hineinruft, so tönt es heraus. Ich hätte sonst kein Wort dazu gesagt. Aber man darf sich doch die Personen anschauen, die hier solche Äußerungen machen. (8. 5. 92)

Zentralismus

Dr. Friedrich (Delitzsch), Gruppe der PDS: Wir – ich spreche hier für die Abgeordneten der Partei des Demokratischen Zentralismus, des Demokratischen Sozialismus, das erste stimmt nicht …
Frau Schulte (Hameln), SPD: Daß Sie ehrlich sind, macht Sie sympathisch!
Dr. Friedrich: Ich bin bestimmt ehrlich. (24. 20. 90)

Zug

Storjohann, CDU/CSU: Der Zug, der angeschoben wurde, fährt bereits, und die Linke schmeißt sich jetzt mit voller Wucht hinter diesen Zug. (26. 9. 08)

zusammenschweißen

Dr. Gysi, Linke: Herr Brauksiepe, ich habe Ihnen genau zugehört. – Zuruf von der CDU/CSU: Das ist schon viel wert! – Wissen Sie, manchmal gibt es auch in meiner Fraktion Meinungsverschiedenheiten. Doch Sie schaffen es immer wieder, uns zusammenzuschweißen.
Dr. Brauksiepe, CDU/CSU: Das gönne ich Ihnen! (19. 10. 06)

zustimmen

Königshofen, CDU/CSU: Ich hoffe, dass wir in dieser Frage über die Koalitionsgrenzen hinweg zusammenarbeiten werden, wie wir es auch getan haben, als es zum ersten Mal um die Deutsche Flugsicherung ging. Das damalige Gesetz fand die Zustimmung aller Fraktionen, mit Ausnahme der Linken.
Fischer (Hamburg), CDU/CSU: Die waren doch damals noch gar nicht dabei!
Königshofen: Ja. Deswegen konnten sie auch nicht zustimmen. (18. 9. 08)

Über die SPD – Marterwerkzeuge und Moskau-Fraktion?

Neben Herbert Wehner gehört sicherlich auch Hans Jochen Vogel zu den großen Vorsitzenden der SPD-Bundestagsfraktion. Legendär ist seine bürokratische Ordnungsliebe, so wurden von ihm all seine Arbeitspapiere akribisch in Klarsichthüllen gesteckt. Journalisten, die einen anderen Arbeitsrhythmus haben als »Otto Normalverbraucher« oder Politiker, waren oft genervt, wenn der damalige SPD-Partei- und Fraktionsvorsitzende Vogel zum frühmorgendlichen Pressefrühstück schon um 8.00 Uhr einlud. Dabei war das Verhältnis zu den Berichterstattern gar nicht so schlecht.

Doch plötzlich hing im Februar 1988 der Haussegen zwischen der SPD und dem Kölner *Express*, der den Sozialdemokraten recht nahesteht, ziemlich schief. Groß hatte das Boulevardblatt über die Feier aus Anlass der Vollendung des 62. Lebensjahres des SPD-Politikers berichtet. Hier war zu lesen: »So hatten die Ganoven ihren gestrengen Vorsitzenden Hans Jochen Vogel noch nicht gesehen.« Ob der Setzer aus Unachtsamkeit oder böser Lust aus den »Genossen« nun »Ganoven« machte, konnte nie geklärt werden. Doch der SPD-eigene *Vorwärts* sah Verrat im Spiel: »Express diffamiert SPD« titelte die Parteizeitung. Die *Express*-Chefredaktion entschuldigte sich pflichtgemäß natürlich sofort. Doch der gestrenge Vorsitzende Vogel reagierte so, wie man ihn immer kannte: humorlos und arg ärgerlich.

Abwrackprämie

Dr. Graf Lambsdorff, FDP: Wir brauchen … keine Abwrackprämie für Autos. Sie könnten allenfalls eine Abwrackprämie für falsche wirtschaftspolitische Vorstellungen der SPD brauchen. (21. 9. 94)

Amtsinhaber

Bundeskanzler Dr. Kohl, CDU/CSU, zur SPD-Troika im Bundestagswahlkampf 1994: Aber eines habe ich nicht ganz verstanden, nämlich, daß Sie gesagt haben: Die drei, die jetzt antreten, sind alle besser als der gegenwärtige Amtsinhaber. Ich frage Sie ... Warum kommen Sie denn dann mit dreien? (7. 9. 94)

angegrünt

Dr. Faltlhauser, CDU/CSU: Wenn die SPD-Ministerpräsidenten geredet haben, haben sie immer seitlich zu Herrn Fischer (Hessens Umweltminister, B'90/Grüne, d. Hg.) herübergeschaut, ob sie das, was sie gesagt haben, auch wirklich sagen durften. So angegrünt sind sie nämlich bereits. (21. 10. 93)

anständig

Dr. Miltner, CDU/CSU, zur SPD: Es kann nicht hingenommen werden, daß Ladendiebstähle bagatellisiert werden oder Hausbesetzungen gerechtfertigt werden. Genauso unerträglich ist es, wenn im Zuge von Demonstrationen Gewalttäter Körperverletzungen begehen, in aller Öffentlichkeit Sachschaden anrichten und am Ende gar nicht zur Verantwortung gezogen werden können. Der anständige Bürger muß sich dabei fragen, ob es sich noch lohnt, anständig zu bleiben.
Gansel, SPD: Die Frage stellt sich bei Ihnen nicht mehr! (14. 10. 82)

Äskulapstäbe

Dr. Graf Lambsdorff, FDP: Aus einigen Wendehälsen der SPD könnte man ganze Äskulapstäbe drehen. (18. 1. 90)

ausbürgern

Bundeskanzler Dr. Kohl, CDU/CSU, zur SPD: Es ist müßig, noch einmal darauf hinzuweisen, meine Damen und Herren, daß Sie die Geraer Forderungen Erich Honeckers akzeptieren wollten ...
Dr. Vogel, SPD: Das ist eine Lüge, Herr Bundeskanzler!
Dr. Kohl: daß Sie die Menschen in der DDR, die Sie jetzt bei der Wahl gewinnen wollen, ausbürgern wollten mitten in Deutschland. Das wollten Sie.
Dr. Vogel: Das ist eine Lüge! (8. 3. 90)

Bach

Lennartz, SPD: Wir halten fest am Vorrang der heimischen Kohle. Unsere Kohle hat Zukunft. Aber nur, wenn Sozialdemokraten die Mehrheit haben, sonst nicht.
Frau Fischer, CDU/CSU: Dann geht alles den Bach runter! (14. 11. 86)

betroffen

Glos, CDU/CSU: Ich wünsche mir einsichtsfähige SPD-Politiker. – Zuruf des Abg. von Larcher, SPD. – Ich zähle Sie nicht dazu, Herr Kollege; Sie brauchen sich nicht betroffen zu fühlen. (4. 2. 93)

Bett

Frau Matthäus-Maier, SPD: Es ist sicherzustellen, daß das Vermögen des Stasi, der SED und ihrer Hilfsorganisationen sowie der Blockparteien für Zwecke der Allgemeinheit herangezogen wird.
Bohl, CDU/CSU: Sie haben doch ein Papier mit denen ausgearbeitet! 1987 hätten Sie das machen sollen; 1987 waren Sie mit denen noch im Bett! (23. 5. 90)

Bettflaschen

Dr. Blüm, CDU/CSU, über die Anti-Kernenergie-Beschlüsse des SPD-Landesparteitages in Hamburg: Hamburger Parteitage können vielleicht in zehn Jahren bei Kerzenschein und mit Bettflaschen durchgeführt werden, eine Industriegesellschaft kann sich den Rückzug in die Idylle nicht leisten. (20. 2. 81)

Bettgenosse

Seiters, CDU/CSU, zur SPD: Norbert Blüm hat einmal gesagt, die Inflation sei der Taschendieb der kleinen Leute. Sie haben mit diesem Taschendieb Brüderschaft getrunken; er war Ihr Bettgenosse, Ihr Weggefährte; und auf der gemeinsamen Wegstrecke, die Sie gegangen sind, hat dieser Taschendieb immer kräftig umverteilt, immer von unten nach oben, und immer zu Lasten der kleinen Leute. (24. 11. 87)

Blindflug

Hoppe, FDP: Aber wenn der Kollege Vogel (SPD, d. Hg.) die Summe der Regierungspolitik schlankweg als negativ bezeichnet, dann, so scheint mir, hat der Oppositionsführer vom Boden abgehoben und befindet sich mit der SPD gerade auf Blindflug. (27. 11. 84)

Brennglas

Bundesarbeitsminister Dr. Blüm, CDU/CSU: ... ich glaube allerdings, weder die SPD noch die Gewerkschaften werden es mit einem Bündnispartner schaffen, der sich grün angezogen hat und nur blauen Dunst verbreitet. Ich verstehe die Opposition nicht. Sie beschimpft die FDP und poussiert die Grünen; das ist doch für den Arbeitnehmer schizophren.

Wehner, SPD: Das ist ja unerhört. Hören Sie doch auf mit diesen Lügen! Das ist eine Lüge!

Dr. Blüm: Das ist die Flucht in die Idylle. Das ist die Flucht ins Wolkenkuckucksheim. Nur, im Wolkenkuckucksheim entstehen keine Arbeitsplätze für Stahlarbeiter, Bergleute, Automobilarbeiter. Das Ruhrgebiet läßt sich nicht mit dem Brennglas heizen, und die Hoesch-Hochöfen nicht mit der Windmühle. (16. 12. 82)

Diäten

Frau Dr. Babel, FDP: Nun kenne ich den Kollegen Dreßler (SPD, d. Hg.), der landauf, landab immer mit derselben Forderung kommt, man möge ihm doch endlich seine Diäten kürzen und damit Arbeitsmarktpolitik finanzieren.

Dr. Weng (Gerlingen), FDP: Aber heimlich auf Geschäftsführerebene höhere Diäten verlangen! (25. 3. 93)

Doppelstrategie

Dr. Mertes (Gerolstein), CDU/CSU, über Bundeskanzler Schmidt und die SPD/FDP-Koalition: Nach dem Prinzip: mit Schmidt und Bahr für und gegen die Neutronenwaffe, mit Schmidt und Voigt für und gegen die Nachrüstung, mit Schmidt und Coppik für und gegen das Fernbleiben von der Olympiade, mit Genscher und Wehner für und gegen die westliche Verhandlungsführung bei den Wiener Truppenabbauverhandlungen, mit Schmidt und Thüsing für und gegen die Türkei-Hilfe, mit Genscher und Brandt für und gegen eine sicherheitspolitisch vertretbare Rüstungsbegrenzung, mit Schmidt und Gansel für und gegen den Rüstungsexport, mit Schmidt und Eppler für und gegen die Kernenergie, mit Schmidt und Hansen für und gegen Reagan, mit Schmidt und Schöfberger für und gegen verläßliche Bündnispolitik ... das ist eine unaufrichtige Doppelstrategie, und jetzt wird es ernst. (28. 1. 81)

Einfalt

Dr. Graf Lambsdorff, FDP, über die SPD: Das ist keine Eintracht in Vielfalt, sondern Zwietracht in Einfalt. (5. 3. 93)

Einnahmeausfälle

Dr. Rüttgers, CDU/CSU, über die SPD: Die decken die neuen Ausgaben mit den Einnahmeausfällen! (29. 10. 92)

Entschiedenheit

Dr. Graf Lambsdorff, FDP, über die SPD: Es bewegt sich nichts in diesem Lande, und das ist eines unserer großen Probleme.
Dr. Jens, SPD: Waren nicht auch Sie einmal Wirtschaftsminister?
Dr. Graf Lambsdorff: Gucken Sie mich nicht so strahlend an, verehrter Herr Jens, Sie sind zum großen Teil mit daran schuld. Die Regierung warte dabei bitte nicht auf die Opposition! Die weiß ohnehin nicht, was sie will, das allerdings mit großer Entschiedenheit. (9. 9. 93)

Ex-Kanzlerkandidaten

Scharping, SPD, über die FDP: ... in einer Fraktion, die zu mittlerweile fast 20 Prozent aus ehemaligen Ministern besteht ... Herr Bundeskanzler, ärgert Sie das?
Bundeskanzler Dr. Kohl, CDU/CSU: Nein!
Scharping: Ich muß Ihnen sagen, es bestehen ja gewisse Aussichten, daß der Prozentsatz noch steigt ...
Irmer, FDP: Sie haben mehr Ex-Kanzlerkandidaten als wir Exminister! (7. 12. 95)

falsch

Dr. Wuermeling, CDU/CSU, zur SPD-Opposition: Machen wir nichts, ist es falsch; machen wir etwas, ist es auch falsch! Immer Nein! (3. 4. 52)

Familie

Dr. Stark (Nürtingen), CDU/CSU: Wir haben einen anderen Familien- und Ehebegriff. Wir haben ein Grundgesetz. Sie werden den härtesten Widerstand von unserer Fraktion bekommen, wenn Sie aus der Familie eine GmbH & Co. KG machen wollen. (14. 12. 89)

ferngesteuert

Dr. Westerwelle, FDP: 13 Prozent der Deutschen sind Mitglied einer Gewerkschaft. 85 Prozent der SPD-Bundestagsfraktion sind Mitglied einer Gewerkschaft. Daraus folgt meines Erachtens eine zu sehr ferngesteuerte Funktionärspolitik und keine Politik zum Wohle unseres ganzen Landes. (28. 11. 01)

freudlos

Feilcke, CDU/CSU, über die SPD: Die können sich nicht freuen, das sind ganz freudlose Typen! (14. 9. 89)

Freunde

Im Bund regiert Schwarz-Rot; Dr. Ramsauer, CDU/CSU: Die Zwischenfrage (des SPD-Abg. Poß, d. Hg.) war nicht bestellt; aber ich hätte gerne öfter solche Fragen zum Gestaltungswillen und zu investiven Aspekten von meinen neuen Freunden von der SPD, meinen vorübergehenden Freunden.
Koppelin, FDP: Ich hätte jetzt noch gerne gewusst, wie lange! (14. 9. 07)

gekauft

Müntefering, SPD: Ich habe nach der durch einen Verräter missglückten Ministerpräsidentenwahl in Schleswig-Holstein – Zurufe von der CDU/CSU und der FDP – das scheint Sie nicht aufzuregen; mich regt das schon auf, wenn einer so handelt, wie das in Schleswig-Holstein passiert ist, nämlich feige bei geheimer Wahl …
Dr. Schäuble, CDU/CSU: Ihr habt doch mal welche gekauft!
Müntefering: und vor der Landtagswahl in Nordrhein-Westfalen Sorge gehabt um die Handlungsfähigkeit meiner Partei und Fraktion und damit letztlich der Bundesregierung. (1. 7. 05)

Geld

Gerster (Mainz), CDU/CSU zitiert Konrad Adenauer: Sozialdemokraten können nicht mit dem Geld umgehen, schon gar nicht mit dem Geld anderer Leute.

Wehner, SPD: Lassen Sie solche blöden Scherze!
Gerster: Das sind keine Scherze, das ist ein Zitat! (8. 11. 79)

Frau Dr. Hendricks, Parl. Staatssekretärin beim Bundesfinanzminister, SPD: Sie sagen ferner – diese Aussage war bei den Konservativen schon immer beliebt –, Sozialdemokraten könnten nicht mit Geld umgehen.
Willsch, CDU/CSU: Das war schon immer richtig!
Frau Dr. Hendricks: Das war schon immer falsch, Herr Kollege Willsch.
Michelbach, CDU/CSU: Aber Sie treten den Beweis immer neu an! (24. 2. 05)

Tauss, SPD: Liebe Haushälterinnen und Haushälter – der von der Union ist gerade nicht da …
Frau Aigner, CDU/CSU: Er sitzt bei der SPD!
Tauss: Entschuldigung, Frau Aigner, ich hatte nur einen Blick für Sie. Der Kollege Kampeter hat sich schon der SPD angeschlossen. Ganz prima.
Dr. Rossmann, SPD: Den nehmen wir nicht!
Tauss: Nun sei doch nicht so. Wenn er Geld mitbringt, dann nehmen wir auch den. (28. 3. 06)

Geldwäsche
Frau Fuchs (Köln), SPD: … endlich auch die Geldwäsche so zu regeln, daß man mit Geld keine Geschäfte mehr machen kann …
Kleinert (Hannover), FDP: Sie haben nämlich gesagt, man soll mit Geld keine Geschäfte machen. Ich glaube aber, das wird selbst die Sozialdemokratie nicht abschaffen können, und das soll auch nicht abgeschafft werden. Wir wollen nur unrechte Geschäfte soweit einschränken, wie es irgend geht. (21. 9. 94)

gerecht
Doss, CDU/CSU, über die SPD: Gerecht ist, wenn alle gleich arm sind! (10. 3. 93)

Gewalt
Eylmann, CDU/CSU: Die Haltung der Sozialdemokraten ist leider Gottes gekennzeichnet durch eine Mischung aus Unentschlossenheit, Unbelehrbarkeit und Nachgiebigkeit der Gewalt. (21. 4. 89)

Glücksfall

Dr. Waigel, CDU/CSU, zu Dr. Vogel, SPD-Partei- und Fraktionsvorsitzender: Worin besteht eigentlich der Unterschied zwischen Ihnen und uns? Sie sind mit sich zufrieden und mit der Regierung unzufrieden; wir sind mit der Regierung zufrieden und mit Ihnen auch. Denn ... Sie sind ein Glücksfall für die CDU/CSU und für diese Koalition. (25. 4. 85)

Honecker

Dr. Blüm, CDU/CSU, zur SPD: Oskar Lafontaine spricht ständig von den Blockparteien. Herr Lafontaine hat doch auf dem Schoß von Herrn Honekker biwakiert, und zwar ohne Not. Was ist demgegenüber ein kleines Blockpartei-Mitglied? Regen Sie sich also nicht auf! (21. 9. 94)

Jungfrau

Dr. Blüm, Bundesarbeitsminister, CDU/CSU, zur SPD: Sie benehmen sich wie eine verschmähte Jungfrau, wie ein sitzengebliebener Liebhaber. Deshalb beschimpfen Sie die FDP. Wenn die Koalitionsaussage der FDP anders verlaufen wäre, hätten Sie heute morgen einen Schmusekurs gefahren. Jetzt fühlen Sie sich wie eine verschmähte Jungfrau und sind böse. (28. 4. 94)

Kabel

Weirich, CDU/CSU, zur SPD: Das Problem bei Ihrer Medienpolitik, Herr Wehner, ist, daß das Wort ›Kabel‹ in der SPD mit zwei b geschrieben wird ... (9. 4. 81)

Kaiser Wilhelm

Dr. Geißler, CDU/CSU: Wenn der alte Kaiser Wilhelm I. noch leben würde, dann wäre er der technologiepolitische Sprecher der Sozialdemokratischen Partei. Denn zu seiner Zeit wurde das Automobil erfunden, und dann hat er gesagt: In fünf Jahren ist der Spuk vorbei. Ich setze aufs Pferd ... (22. 11. 88)

kneifen

Dr. Gehb, CDU/CSU: Das erinnert mich an das, was der Bundeskanzler (Schröder, SPD, d. Hg.) gerne macht, nämlich vollmundige Ankündigungen in Boulevardzeitungen wie ›Wer sich an kleinen Mädchen vergreift, muss weggesperrt werden, und zwar für immer!‹ oder ›Wer sich als Ausländer hier

nicht benehmen kann, muss raus, und zwar für immer!‹ Damit holt man sich in bestimmten Kreisen zunächst Applaus …
Tauss, SPD: Das wissen Sie! – Ströbele, B'90/Grüne: In Ihren Kreisen!
Dr. Gehb: wenn es aber darum geht, das in den Gremien in eine legislatorische Form zu bringen, dann kneifen Sie jämmerlich. (18. 3. 05)

Kommunisten
Majonica, CDU/CSU, zu Schmidt (Hamburg), SPD: Ihnen traue ich zu, dass Sie mit den Kommunisten gehen! (5. 11. 58)

Konzern
Dr. Blüm, CDU/CSU, über die SPD-Führung: … Ihr Unternehmen erinnerte mich schon mehrfach an einen großen Konzern: Herr Schmidt ist der Konzernchef, Willy Brandt ist für die Sozialabteilung zuständig, und Herbert Wehner leitet den Werkschutz.
Dr. Marx, CDU/CSU: Und der Ehmke die Kantine! (11. 12. 79)

Kugelschreiber
Wissmann, CDU/CSU, über die Jungsozialisten, die Nachwuchsorganisation der SPD: … denn das einzige, was die Jusos heutzutage noch bewegen, sind Kugelschreiber zur Entwicklung weltfremder Konzepte. (18. 1. 79)

lautstark
Dr. Graf Lambsdorff, FDP, über die SPD-Troika des Jahres 1994: Das können mir Herr Scharping, Herr Schröder und Sie, Herr Lafontaine erzählen – ich glaube es nicht. Jetzt haben wir also die drei von der roten Tankstelle, die einander nicht grün sind. Ihr Werbeplakat sagt dazu: ›Stark‹. Ich würde eher sagen: lautstark. (21. 9. 94)

Leute
Hinsken, CDU/CSU: Es gibt in der SPD auch kluge Leute! (6. 9. 94)

Licht
Dr. Biedenkopf, CDU/CSU, über das Wahlprogramm der SPD in Nordrhein-Westfalen für die Landtagswahl 1980: Es wird außerdem festgestellt – das möchte ich hier als interessanten Beitrag zur kernenergiepolitischen Diskussion erwähnen –, die sicherste Energie sei die gesparte Energie. Mit

anderen Worten: Macht das Licht aus Genossen, denn kann es nicht mehr ausgehen. (12. 12. 79)

Lug und Trug

Dr. Rose, CDU/CSU: Lug und Trug bei der SPD! (10. 3. 93)

Macht

Grünbeck, FDP: Die SPD hat die Neue Heimat, sie hat coop, sie hat die Bank für Gemeinwirtschaft und die Volksfürsorge konzentriert. Das war die konzentrierte Macht mit allen negativen Folgen des Versagens.
Roth, SPD: Also, Leute, die von Flick ausgehalten wurden, sollten ganz still sein, sie sollten schweigen! (23. 6. 89)

Marterwerkzeuge

Bundeswirtschaftsminister Dr. Graf Lambsdorff, FDP: Die Schublade sozialistischer Wirtschaftspolitik war über die Jahre verschlossen; nicht nur weil der Koalitionspartner den Schlüssel in die Tasche gesteckt hatte ... Aber wenn ich im Bild von der Schublade und dem Schlüssel bleiben darf. Auf dem Münchner Parteitag (der SPD 1982, d. Hg.) haben Sie entweder uns den Schlüssel aus der Tasche geholt, oder Sie haben die Schublade aufgebrochen ... Ich habe Ihnen 14 Tage nach dem Münchner Parteitag gesagt, was das ist: ein Gruselkatalog sozialistischer Marterwerkzeuge. (15. 12. 82)

Materialismus

Dr. Geißler, CDU/CSU: ... da gibt es nämlich einen Unterschied: Die SPD kriegt Geld von Flick und vom DGB. Dann sind die Kassen voll, und die sozialistische Moral ist intakt. Da geht es frei nach dem alten Bauernsprichwort: Ehrlich währt am längsten, und wer nicht stiehlt, der kommt zu nichts. Wir können es auch so sagen: Das ist die SPD-Variante des dialektischen Materialismus. So – mit Flick und DGB – versöhnt der real existierende Sozialismus in der Bundesrepublik Deutschland den angeblich unüberwindlichen Konflikt zwischen Kapital und Arbeit. Sie können es auch anders sehen: BB wie Breit (DGB-Chef, d. Hg.) und Brauchitsch (Flick-Manager, d. Hg.). (16. 11. 84)

MBFR

Dr. Jaeger, CDU/CSU: Ich habe den Eindruck: Bei der Politik des Herrn Wehner (SPD, d. Hg.) wird man künftig nicht mehr von gegenseitiger ausgeglichener Truppenverminderung sprechen, sondern wird MBFR in Wien ausdeuten als ›More benefits for the Russians‹: Mehr Vorteile für die Russen. (15. 2. 79)

Meister

Dr. Blüm, CDU/CSU, Bundesarbeitsminister: … wenn es um den Griff in die Rentenkasse geht: In Kürzungen des Bundeszuschusses ist die SPD deutscher Meister. Die größte Kürzung des Bundeszuschusses, 3,5 Milliarden Mark im Jahre 1981, war ein Griff in die Rentenkasse. (22. 11. 90)

meteorologisch

Dr. Feige, B'90/Grüne: Die Mehrheit der SPD-Fraktion sollte den Flügel ihrer Partei, dem sie angehören, in ›Meteorologische Partei Deutschlands‹ umbenennen; denn mehr, als Sie es gegenwärtig tun, kann man sich nicht nach dem Wind drehen. (26. 5. 93)

Mitglieder

Dr. Westerwelle, FDP: Sind Sie denn bereit, zur Kenntnis zu nehmen, dass viele vernünftige Leute in Deutschland FDP-Mitglied sind?
Poß, SPD: Herr Kollege Westerwelle, das ist eine Überzeugung, die Sie Gott sei Dank mit nicht so vielen Menschen in dieser Republik teilen.
Dr. Solms, FDP: Wir haben so viele Mitglieder, wie ihr letztes Jahr verloren habt!
Poß: Wir wissen ja auch um unsere Schwierigkeiten und wollen nichts schönreden, Herr Kollege Solms. (12. 2. 04)

Moskau-Fraktion

Dr. Jenninger, CDU/CSU, über die SPD: Moskau-Fraktion! (19. 6. 80)

Museum

Kohn, FDP: Ein Schlüsselbegriff zur Erklärung dieser Fehlentwicklung … ist für mich der Begriff der Museumsgesellschaft. Deshalb habe ich eben auch nach links geschaut.
Stahl (Kempen), SPD: Der meint, wir gehörten alle ins Museum! (26. 1. 84)

Mut

Dr. Graf Lambsdorff, FDP, zur SPD: Mut haben Sie immer dann, wenn Sie in Wahrheit nichts zu sagen haben. (27. 4. 89)

Nasenring
Dr. Gysi, PDS/Linke Liste: In den letzten Wochen und Monaten – das muß man mit Respekt Herrn Schäuble (CDU/CSU, d. Hg.) lassen – hat er die SPD ziemlich am Nasenring durchs Land geführt. (2. 7. 93)

Neidgenossenschaft
Bundeswirtschaftsminister Dr. Bangemann, FDP, über die SPD: Und in diesem Zusammenhang muß man eben auch einmal über den Spitzensteuersatz reden können, ohne daß die Bundesrepublik Deutschland, die zwar keine Eidgenossenschaft ist, plötzlich zur Neidgenossenschaft wird. (23. 11. 88)

Nein danke!
Grill, CDU/CSU, zur SPD: Sie fordern alternative Standorte ... und da wo es stattfinden soll, stehen Ihre Parteifreunde und sagen: Nein danke! Das ist Ihre Art von Entsorgungspolitik. Sie haben überhaupt kein Recht und keine Legitimation, dieser Bundesregierung den Vorwurf machen, sie hätte kein Konzept.
Schmidt (Salzgitter), SPD: Das ist eine unzulässige Scharfmacherei, und ein Konzept haben Sie trotzdem nicht! (29. 6. 95)

Neinsager
Dr. Bucerius, CDU/CSU, über die SPD: Die ewigen Neinsager! (1. 7. 53)

Nimm
Dr. -Ing. Kansy, CDU/CSU, über die SPD: Die sind vom Stamme ›Nimm‹! (15. 6. 89)

Notstand
Dr. Rüttgers, CDU/CSU: Es gibt keinen Notstand in Deutschland. Es gibt einen Notstand in der SPD, und aus diesem Notstand darf kein Staatsnotstand werden. (4. 11. 92)

Opposition
Dr. Todenhöfer, CDU/CSU, zur SPD: Ihr Antiamerikanismus, gepaart mit Ihrer gefährlichen Vertrauensseligkeit gegenüber der Sowjetunion, macht Sie außenpolitisch zur unzuverlässigsten Opposition, die unser Land jemals hatte. (22. 5. 85)

Optionen

Strauß, Bayerns Ministerpräsident, CSU: Jetzt ist Ihre Stunde als Zaubermeister gekommen, Herr Bundeskanzler (Schmidt, SPD, d. Hg.)! Der Zustand der Regierungsparteien, vor allem der SPD, und die Problematik der Koalition bieten dazu die denkbar günstigsten Voraussetzungen … Bei der SPD haben wir erlebt, wie ihre Parolen waren: 1973 – Optimaler Ausbau der Kernenergie; 1974 – Maßvoller, aber verstetigter Ausbau der Kernenergie; 1977 – Begrenzter Ausbau der Kernenergie; 1979 – Die Option für oder gegen Kernenergie muß eine gewisse Zeit offen bleiben; 1980 – Option, in die Kernenergie einzusteigen, oder Option, aus der Kernenergie auszusteigen. (28. 1. 80)

Panik

Meckelburg, CDU/CSU, zur SPD: Sie scheinen jedes Jahr … ein ähnliches Ritual zu zelebrieren, wie es bei manchen Urvölkern bei anderem Anlaß üblich ist, die bei Sonnenuntergang abends in Panik ausbrechen, weil sie fürchten, am nächsten Morgen könne die Sonne nicht mehr aufgehen. (13. 5. 93)

Paradies

Bundesarbeitsminister Dr. Blüm, CDU/CSU: … die Sozialdemokraten stellen sich den Himmel als ein Gebäude mit vielen Schaltern vor. Die Eintrittskarte ist ein Formular, die beliebteste Einrichtung ein Stempel. Das ist das Paradies der Sozialdemokraten. (27. 11. 86)

Parteitagsbeschluß

Bundeskanzler Dr. Kohl, CDU/CSU, zur SPD über einen möglichen ständigen Sitz Deutschlands im UNO-Sicherheitsrat: Wenn ich mich nicht täusche – ein bißchen kenne ich doch Ihre Parteigeschichte –, haben Sie dazu sogar einen Parteitagsbeschluß. Ist das so? Jetzt bin ich einmal bereit … einen SPD-Parteitagsbeschluß zu realisieren, und jetzt sind Sie auch dagegen. (25. 10. 95)

Pässe

Dr. Rose, CDU/CSU: Warum nennt man die kommunistische PKK in den deutschen Medien immer so freundlich ›Arbeiterpartei‹, als wäre sie etwas ähnlich Freundliches wie die Sozialdemokraten?

Dr. Weng (Gerlingen), FDP: Eine Funktionärs- und Lehrerpartei ist das heute!

Duve, SPD: Wir wußten gar nicht, daß Sie bei der großen Koalition mitmachen wollen!
Dr. Rose: Jeder weiß, daß ich z. B. als Kapitän der Fußballmannschaft des Deutschen Bundestages sehr gern auch mit Sozialdemokraten Pässe spiele. (25. 11. 92)

Pawlowscher Reflex
Dr. Schäuble, CDU/CSU: Sozialdemokraten haben wirklich eine Art Pawlowschen Reflex. Wenn irgendein Problem kommt, dann bilden sie eine Kommission, dann machen sie ein Programm, und dann fordern sie Steuererhöhungen. Hinterher geschieht nichts. (9. 9. 92)

PdeW
Frau Dr. Babel, FDP, zur SPD: Sie sind ... eine Partei der eingeschränkten Wahrnehmung. Man könnte Sie in ›PdeW‹ umtaufen.
Weiermann, SPD: Müssen wir uns hier beleidigen lassen, oder was ist das? (22. 6. 95)

ratzekahl
Fischer (Hamburg), CDU/CSU, zur SPD: Sie haben die Kassen geplündert, und zwar ratzekahl! Es war kein rostiger Pfennig mehr drin! Nur Schulden! (25. 6. 87)

regieren
Dr. Blüm, CDU/CSU, über die SPD: Das ist ungefähr so, als wenn man eine Schlangenlinie als kürzesten Weg zum Ziel ausgibt. Sie haben für jeden etwas. Bei den Gewerkschaften sagen Sie: In der Sozialpolitik wird nicht gekürzt. Dann drehen Sie sich um zu den Unternehmen und sagen – dafür haben Sie den Lafontaine –: Konsolidierung mit Heulen und Zähneknirschen! Was wollen Sie denn jetzt?
Frau Fuchs (Köln), SPD: Regieren! (21. 9. 94)

Reservekanzler
Glos, CDU/CSU: Herr Müntefering, Sie sind quasi eine Art Reservekanzler. Machen Sie dem Kanzler (Schröder, d. Hg.) das Leben nicht allzu schwer! Wenn Sie unterstützen, dann unterstützen Sie eine vernünftige, zukunftsgerichtete Politik.

Müntefering, SPD: Wenn das ein vernünftiger Mann sagt!
Glos: Tun Sie vor allen Dingen das, was der Bundeskanzler zwar versprochen, aber leider nicht getan hat! Er hat gesagt: Erst das Land und dann die Partei. Demnach hätte er auf die Kanzlerschaft verzichten und den Parteivorsitz behalten müssen. (25. 3. 04)

Revolution
Schmidt (Hamburg), SPD: Es fällt mir schwer ..., bei der Polemik des Herrn Baron von Guttenberg (CDU/CSU, d. Hg.) nicht zu beklagen, daß die Deutschen niemals eine Revolution zustande gebracht haben, die dieser Art von Großgrundbesitzern die materielle Grundlage entzogen hätte. (5. 11. 59)

Rheumadecke
Dr. Westerwelle, FDP: Die einzige Innovation, die stattgefunden hat, ist die, dass mittlerweile Herr Müntefering der alten Tante SPD die Rheumadecke auflegen kann. Das ist Ihre Innovation. (8. 9. 04)

rot
Hauser (Esslingen), CDU/CSU, zur SPD: Sie sind sich in vielen Dingen selber nicht einig und nicht grün.
Frau Fuchs (Verl), SPD: Wir sind rot! (7. 12. 88)

Rote
Dr. Graf Lambsdorff, FDP: ... fallen ja den Sozialdemokraten immer nur neue steuerliche Belastungsvorschläge ein. Wir kennen ja die ganze Latte aus den letzten Wochen: Erbschaftssteuer, Vermögenssteuer, Vermögensabgabe, Mineralölsteuer, Ergänzungsabgabe, Einbeziehung der freien Berufe in die Gewerbesteuer – Nordrhein-Westfalen –, höhere Besteuerung kinderloser Ehepaare. Das ... ist keine Steuerpolitik für rauchende Schlote, allenfalls für schlauchende Rote. (29. 6. 94)

Rotlichtbaron
Glos, CDU/CSU, über den saarländischen SPD-Ministerpräsidenten: Herrn Lafontaine, dem Schulden-Oskar von der Saar, die Verantwortung für die deutschen Finanzen zu übertragen, hieße doch, den Bock zum Gärtner zu machen. Wer dies tut, handelt genauso töricht wie der Trägerverein eines Lyzeums, der einen Rotlichtbaron zum Präfekt beruft. Ich gehe eine Wette

ein, daß in diesem Fall die Keuschheit der jungen Damen trotzdem weniger gefährdet wäre als im umgekehrten Fall die Stabilität der D-Mark bei einem Finanzminister Lafontaine. (7. 9. 94)

Rotten

Dr. Kohl, CDU/CSU, zur SPD: Wir sind zu keinem Zeitpunkt schwankend geworden, als Ihre Basisbataillone durch das Land zogen und auf dem Höhepunkt der Vietnamkrise ›Ami go home‹ schrien.
Haase (Kassel), CDU/CSU: Wehners rote Rotten! (8. 3. 79)

rückwärts

Dr. Weng (Gerlingen), FDP: Lieber rückwärts mit der SPD!
Dr. Faltlhauser, CDU/CSU: Immer rückwärts mit der SPD! (29. 11. 89)

Rumpfkörper

Dr. Waigel, CDU/CSU: Es klingt schon etwas makaber, Herr Kollege Vogel, wenn Sie von Flügeln sprechen, wenn man sich vorstellt, daß bei der SPD nur noch Flügel vorhanden sind, aber gar kein Rumpfkörper mehr vorhanden ist, wenn man die politische Landschaft betrachtet. (14. 3. 86)

Sabbatjahr

Dr. Töpfer, CDU/CSU, zur SPD-Führung: Hier sitzen diejenigen ..., die mal die NATO abschaffen wollten. Hier sitzen diejenigen, die die doppelte Staatsbürgerschaft einführen wollten. Hier sitzen diejenigen, die mit Krenz und Genossen paktiert haben. Diese wollen uns jetzt Wegweiser für die Zukunft geben. Sie sollten sich ein Sabbatjahr von der Politik nehmen und einmal wieder schweigen. Dies wäre für die politische Kultur in Deutschland wirklich hilfreich. (6. 9. 94)

Samenmaschine

Dr. Blüm, Bundesarbeitsminister, CDU/CSU, zur SPD: Sie haben den Rasenmäher, die Einheitslösungen, immer gern. Sie verwechseln den Rasenmäher mit der Samenmaschine. (28. 4. 94)

Schaden anrichten

Poß, SPD: Wir können bereits in diesem Jahr unmittelbare Hilfe leisten, wenn die Union im Bundesrat mitspielt.

Austermann, CDU/CSU: Erst Schaden anrichten und dann andere um Hilfe bitten! (20. 3. 03)

Schärfste begrüßen

Bohl, CDU/CSU: Ich finde sicherlich nicht nur die Zustimmung meiner Fraktion, sondern auch die Zustimmung der Kollegen aus der SPD-Fraktion, wenn ich Lafontaines Verzicht auf das Amt des SPD-Fraktionsvorsitzenden auf das Schärfste begrüße. (25. 10. 90)

Scheinheiligkeit

Hollerith, CDU/CSU: Hier verwundert mich als erstes – eigentlich verwundert es mich nicht – die Scheinheiligkeit der SPD.
Fischer (Frankfurt), B'90/Grüne: Jetzt werden Sie mal nicht scheinheilig! (18. 1. 96)

Schildkrötenpartei

Seehofer, Bundesgesundheitsminister, CDU/CSU: Sie bewegen sich im Reformtempo, Kollege Pfaff, wie eine Schildkröte. Die ganze Sozialdemokratie tut das.
Zöller, CDU/CSU: Wie ein Krebs!
Seehofer: Deshalb würde ich sagen: SPD heißt eigentlich ›Schildkrötenpartei Deutschlands‹. (19. 5. 94)

schimpfen

Dr. Barzel, CDU/CSU, zur SPD: Schimpfen ist kein Programm ... Wer schimpft hat Unrecht! (1. 10. 82)

schofel

Dr. Mertes (Gerolstein), CDU/CSU, zu Wehner, SPD: ... Sie sind nicht der Mann des Konsenses. Sie wollen dieses Land spalten: in Friedensfreunde und in kalte Krieger, in Aufrüster und Abrüster, in anständige Leute und in unanständige Leute, in Nazischützer und in Nazigegner ... Sie wollen unser Land spalten ... Ich kann nur hoffen, daß das deutsche Volk und Ihre Fraktion den schofelen Charakter dieser Ihrer Politik erkennen. (15. 2. 79)

schreien

Zwischenrufe von der SPD. – Frau Wegener, SPD: Bitte, schreit nicht mir dazwischen; schreit der Opposition dazwischen. (15. 9. 99)

Schrotflinte

Bundesarbeitsminister Dr. Blüm, CDU/CSU: Die Treffsicherheit sozialdemokratischer Prognosen entspricht der Zielgenauigkeit einer Schrotflinte, die unter die Dampfwalze geraten ist. (13. 9. 84)

Schulden

Kroll-Schlüter, CDU/CSU, zur SPD: Wenn seit Christi Geburt in jeder Sekunde Schulden von 1 DM gemacht worden wären, wäre nicht soviel zusammengekommen, wie Sie in einem einzigen Jahr zusammengebastelt haben. (15. 10. 82)

SED-Prominenz

Lintner, CDU/CSU, zur SPD: Angesichts der Überladung Ihres Programms mit Kontakten zur SED-Prominenz und der Volkskammer – will ich es Ihnen aufzählen: der Volkskammerpräsident Sindermann, das Politbüromitglied Axen, der Außenminister Fischer, Ausschüsse der Volkskammer, all das steht auf Ihrem Programm – wirkt doch der Hinweis auf Gespräche mit Oppositionellen nur wie ein peinliches Alibi, Herr Professor Ehmke.
Dr. Ehmke (Bonn), SPD: Verstand einschalten, bevor man redet! (14. 9. 89)

Seifenoper

Dr. Hoyer, FDP, zur SPD: Sie haben ... gestern schon einen ganz bemerkenswerten Beitrag zur Förderung der Politikverdrossenheit geleistet. Wenn Sie diese Seifenoper von gestern nunmehr in akuter Katerstimmung fortsetzen wollen, dann nicht mit uns. (14. 1. 93)

siechen

Kossendey, CDU/CSU: Das ist nicht nur eine Frage an den Verteidigungsminister (Scharping, SPD, d. Hg.), sondern auch eine Frage an den Kanzler (Schröder, d. Hg.). Er hat gesagt: ›Von Rudi lernen heißt siegen lernen.‹ Ich glaube, manche haben ihn falsch zitiert. Von Rudi lernen heißt siechen lernen – das scheint mir viel richtiger zu sein. (8. 3. 01)

Socken

Bohl, CDU/CSU: ... ich werde den Verdacht nicht los, daß die SPD ... eine neue Verfassung schaffen will, die dann möglichst viel sozialistisches Gedankengut in diese Verfassung übernehmen will. Das ist der wahre Hintergrund.
Feilcke, CDU/CSU: Alles rote Socken! (8. 3. 90)

Sonne

Bundesarbeitsminister Dr. Blüm, CDU/CSU, über die SPD: Ich empfehle den Sozialdemokraten, Entwicklungshilfe bei ihren sozialistischen Genossen in Frankreich und Spanien zu nehmen.
Kolb, CDU/CSU: Die sind auch unter der Sonne gereift! (19. 4. 85)

sowjetischer

Dr. Dregger, CDU/CSU: Die SPD ist sowjetischer als die Sowjetunion! (16. 10. 86)

Sozialbürokratismuspartei

Hinsken, CDU/CSU, zur SPD: ... Sie machen damit natürlich Ihrem Ruf als Regulierungs- und Bürokratisierungspartei wieder alle Ehre.
Kubatschka, SPD: Immer eine Standardfloskel Ihrer Rede!
Hinsken: Sie heißen nicht nur Sozialdemokratische Partei, sondern ich möchte sagen: Sozialbürokratismuspartei.
Dr. Weng (Gerlingen), FDP: Es fehlt nur noch die neue Bürokratie zur Kontrolle! (12. 5. 95)

Sozialdemokraten

Lamers, CDU/CSU: Herr Kollege Erler (SPD, d. Hg.), solche Spielchen kennt man. Schon Konrad Adenauer hat gesagt, es gebe auch anständige Sozialdemokraten. So verfahren Sie jetzt mit mir. (15. 3. 01)

Sozialetat

Dr. Biedenkopf, CDU/CSU, zur SPD: ... diese Frage wird man nie stellen können, wenn Ihre Fraktion ... hier erklärt, sie sei besonders stolz darauf, daß der Sozialetat immer größer geworden sei. Sie müssen sich mal überlegen, was das heißt! Das heißt, Sie sind besonders stolz darauf, daß die Zahl der hilfsbedürftigen Menschen in diesem Land immer größer geworden ist. (14. 9. 79)

Sozialismus

Rühe, CDU/CSU, zu Dr. Vogel, SPD: Ich muß Ihnen sagen: Es gibt wirklich nur einen Sozialismus, den jeweils realen – und der funktioniert nicht.
Dr. Graf Lambsdorff, FDP: Er funktioniert sehr wohl, aber nur für sehr wenige!
Rühe: ... Ich muß hinzufügen: Die wenigen, für die er funktioniert hat, sehen sich jetzt Gerichtsverfahren gegenüber. Das sind die Hauptgesprächspartner von Ihnen, Herr Ehmke (SPD, d. Hg.), und von anderen gewesen. Ich hoffe, daß Sie dort nicht als Zeuge gehört werden müssen. (16. 11. 89)

Dr. Graf Lambsdorff, FDP: Herr Ministerpräsident Lafontaine (Saarland, SPD-Vorsitzender, d. Hg.) hatte ... ein klares Bekenntnis zur Sozialen Marktwirtschaft formuliert. Gleichzeitig hat er sich zum demokratischen Sozialismus bekannt, und er hat mir eben gesagt, er meine auch beides zusammen – gut. Herr Müntefering, der Bundesgeschäftsführer der SPD, hat dann dazu gesagt: ›Nehmen wir das, was Oskar gerade gesagt hat, als Gesetz.‹ Das ist demokratischer Sozialismus! (8. 2. 96)

Sozialisten

Wagner, SPD: Für mich gibt es nur gute Sozialisten und gute Sozialdemokraten, keine schlechten – damit Sie es genau wissen ...
Kampeter, CDU/CSU: Und ich habe gedacht, alle Sozialisten sind im Prinzip schlecht! (26. 11. 92)

Dr. Daniels, CDU/CSU: Der oberste Grundsatz ... der Sozialisten lautet ...: Alle müssen es gleich schlecht haben. (15. 11. 84)

Sozis

Müntefering, SPD, zur CDU/CSU: Wir Sozialdemokraten rechnen es Ihnen auch nicht an, daß sich die Herren Pinochet, Franco und Salazar Christen genannt haben.
Pfeffermann, CDU/CSU: Mit denen haben wir auch kein Einigungspapier gehabt!
Müntefering: Herr Pfeffermann, es ist gut, daß Sie das Papier ansprechen. Die SED hat mit den Sozialdemokraten ein Papier gemacht. Nach zwei Jahren war die SED kaputt. Wenn Sie wollen, können Sie mit uns auch einmal solch ein Papier machen. Dann wissen Sie, woran Sie sind.
Pfeffermann: Das glaube ich! Wer sich mit Sozis einläßt, geht kaputt! (15. 3. 90)

Speisekarte

Raidel, CDU/CSU, zur SPD: Die Ankündigungen der Opposition lesen sich wie eine Speisekarte ohne Preise. (16. 6. 94)

Spitzenreiter

Dr. Müller (Bremen), Grüne: ... der Spitzenreiter im Abkassieren von Steuergeldern ist also immer noch die Sozialdemokratische Partei. (13. 6. 85)

Taschen

Deres, CDU/CSU, zu Thierse, SPD: Das ist natürlich die Solidarität mit der Hand in anderer Leute Taschen! (10. 9. 93)

teuer

Dr. Graf Lambsdorff, FDP: Für mich heißt der Saldo: SPD wählen heißt teuer wählen. (3. 3. 94)

Toskanafraktion

Fuchtel, SPD: Die SPD wäre nicht die Toskanafraktion, würde sie beim Thema ›Freizeitpark‹ nicht unruhig werden. (28. 10. 93)

tot

Rossmanith, CDU/CSU: Da drängt sich natürlich schon die Frage auf: Weiß denn in der SPD tatsächlich nicht mehr die Linke, was die Rechte tut? Seit Monaten hat man diesen Eindruck, daß es in der Tat so ist.
Dr. Weng (Gerlingen), FDP: Die Linke macht die Rechte tot! (9. 11. 95)

Triathlon

Dr. Blüm, Bundesarbeitsminister, CDU/CSU, zur SPD: Sie wollen die Schulden abbauen, die Steuern senken und die Ausgaben steigern ... Das ist der sozialdemokratische Triathlon: Schwimmen, Laufen und Fliegen gleichzeitig.
Kubatschka, SPD: Sie haben keine Ahnung vom Sport! (7. 9. 94)

Trickbetrüger

Schmidt (Fürth), CDU/CSU, über die SPD: Wenn es politische Trickbetrüger gibt, dann ist es die Opposition! (26. 3. 93)

Troika

Glos, CDU/CSU, über die SPD-Führung Scharping, Lafontaine und Schröder: Im krassen Gegensatz zum russischen Pferdeschlitten – das ist ja die klassische Troika – zieht bei der SPD-Troika jeder in eine andere Richtung.
Dr. Weng (Gerlingen), FDP: Dreier ohne Steuermann!
Glos: Vor allen Dingen ist das Niedersachsen-Roß (Ministerpräsident Schröder, d. Hg.) schon nach Hause getrabt ... (7. 9. 94)

Trümmerhaufen

Dr. Riedl (München), CDU/CSU: Die SPD ist ein Trümmerhaufen! (27. 11. 86)

unmoralisch

Dr. Waigel, Bundesfinanzminister, CDU/CSU: Als ich noch ein jugendlicher Politiker war ...
Frau Fuchs (Köln), SPD: Das ist ja noch nicht lange her!
Dr. Waigel: und Landesvorsitzender der Jungen Union von Bayern, gab es eine Vorsitzende der Jungsozialisten namens Wieczorek-Zeul.
Hörster, CDU/CSU: In welchem Jahrhundert war das?
Dr. Waigel: Die sagte damals, Verdienste über 5 000 DM seien eigentlich unmoralisch. Wenn ich mir vorstelle, wieviel unmoralische SPD-Menschen in diesem Land zwischenzeitlich leben ... (10. 9. 93)
Dr. Waigel: Ich möchte wissen, ob die Dame zwischenzeitlich, seitdem sie es erreicht hat, konsequent abliefert, an wen auch immer. Mir jedenfalls ist nichts bekannt ... Man schämt sich nicht mehr, wenn man über 5 000 DM verdient. (23. 11. 93)

Unverantwortlichkeit

Dr. Rüttgers, CDU/CSU, zur SPD: Nicht einmal die 10prozentige Kürzung der Fraktionsgelder wollte und will die SPD mittragen. Wer nach außen von Sparen redet, nach innen aber Sparen blockiert, ist unglaubwürdig. Das zeigt, die SPD ist und bleibt die Partei der organisierten Unverantwortlichkeit. (24. 11. 92)

Unzuverlässige

Dr. Sperling, SPD, über die rot-grüne Koalition in Hessen: Wir haben die

Wahl, mit Unzuverlässigen die richtige oder mit Zuverlässigen die falsche Politik zu machen. Unsere Wahl ist klar.
Pfeffermann, CDU/CSU: Das ist ja interessant! Das heißt Politik für die Grünen ist die Politik, die Sie wollen! (25. 10. 85)

uraltmodisch
Frau Dr. Babel, FDP: Die SPD zeigt sich als eine uraltmodische, nostalgische und rückwärtsgewandte Partei. (21. 9. 94)

Vampirzähne
Frau von Renesse, SPD: Glauben Sie denn immer noch an das furchtbare Bild des Sozialdemokraten, der mit Vampirzähnen auf die Familien und die Kinder losgeht, um sie zu fressen und aufzulösen?
Zuruf von der CDU/CSU: Manchmal hat man den Eindruck, als wäre es so!
Frau Albowitz, FDP: So schrecklich seid ihr auch nicht! (25. 3. 93)

vermasseln
Frau Dr. Merkel, CDU/CSU: Deshalb sage ich: Rot-Grün kann unser Land nicht mehr regieren. Die PDS darf unser Land nicht regieren. CDU und CSU gemeinsam mit der SPD – Entschuldigung, CDU und CSU gemeinsam mit der FDP – ich sage es noch einmal für alle verständlich –, wir können, wir müssen und wir wollen Verantwortung für unser Land übernehmen.
Müntefering, SPD: Frau Merkel, wenn Sie das Protokoll redigieren, dann passen Sie mindestens an der Stelle auf, wo Sie etwas über potenzielle Koalitionspartner gesagt haben. Stellen Sie das klar! Das vermasselt mir den ganzen Wahlkampf, wenn nicht klargestellt wird, was Sie dazu gesagt haben.
Glos, CDU/CSU: Sie sind leicht zufriedenzustellen! (1. 7. 05)

verrostet
Dreßen, SPD: Herr Minister, Sie haben uns gerade als verrostet erklärt.
Bundesarbeitsminister Dr. Blüm, CDU/CSU: Als verkalkt! Obwohl Rost rot ist. Das gebe ich zu. (23. 11. 95)

Versorgung
Vizepräsident Westphal, SPD: Wer dem Einzelplan 33 (Versorgung, d. Hg.) in der Ausschußfassung zuzustimmen wünscht, den bitte ich um das Handzeichen …

Gerster (Mainz), CDU/CSU: Wenn es um die Versorgung geht, sind die Genossen dabei! (25. 11. 87)

Volksbeglückung

Eylmann, CDU/CSU: Sozialdemokraten lassen sich besonders leicht vom Impetus allgemeiner Volksbeglückung in Vorschläge hineintreiben, bei denen man noch von Glück reden kann, wenn sie wirkungslos bleiben.
Dr. de With, SPD: Das ist aber sehr bösartig!
Eylmann: In vielen Fällen sind sie aber sogar kontraproduktiv und richten mehr Schaden als Nutzen an.
Jungmann, SPD: So ist er nun einmal, der Eylmann, ganz bösartig! (21. 4. 94)

Volksfrontideologie

Dr. Kohl, CDU/CSU: Wenn es Dutzende von deutschen Universitäten gibt, in denen die Volksfront von Kommunisten, Chaoten und Sozialdemokraten besteht, dann ist das ein Skandal, den Sie zu verantworten haben.
Wehner, SPD: Sie armer Schächer! Das ist Ihr Katzenjammer nach der Wahl von Nordrhein-Westfalen!
Dr. Kohl: Herr Abgeordneter Wehner, wenn Sie dazwischenrufen, kann ich Ihnen nur sagen: Sie sind ja einer jener Urväter dieser Volksfrontideologie! (13. 5. 80)

Vorwärts

Bundesarbeitsminister Dr. Blüm, CDU/CSU, zur SPD: Wahlkampf wird als Klassenkampf vorbereitet. Das Motto heißt also: Vorwärts Genossen, es geht zurück! Zurück ins 19. Jahrhundert! (15. 10. 82)

weiberfeindlich

Frau Fischer, CDU/CSU, zum Bundesminister für wirtschaftliche Zusammenarbeit, Offergeld, SPD: Wie schlecht die Situation der Frauen in Ihrem Ministerium ist, brauche ich Ihnen auch nicht zu sagen.
Liedtke, SPD: Weiberfeindlich ist die SPD! (25. 4. 80)

Weisheit

Präsidentin Dr. Süssmuth, CDU/CSU: … hat der Abgeordnete Matthias Weisheit (SPD, d. Hg.) … die Mitgliedschaft im Deutschen Bundestag erworben.
Dr. Bötsch, CDU/CSU, zur SPD: Den braucht ihr wirklich! (22. 7. 92)

Wischiwaschi

Dr. Geißler, CDU/CSU, zur SPD: Sie wollen auf der einen Seite Steuern senken und auf der anderen Seite für eine bestimmte Gruppe die Steuern erhöhen – eine absolute Wischiwaschi-Politik, anders kann ich das nicht bezeichnen. Und der (Kanzler-, d. Hg.) Kandidat, den Sie haben, Herr Scharping ist der Kandidat zwischen Wischi und Waschi. (20. 1. 94)

Wunschpartner

Dr. Lippold (Offenbach), CDU/CSU, zur SPD: Wer spricht eigentlich über die … unendlich vielen Mittel, die wir dort einsetzen, um das zu reparieren, was Ihr Wunschpartner von der PDS – man muß das so deutlich sagen – damals, als die Partei noch SED hieß, hat einreißen lassen?
Müller (Düsseldorf), SPD: Hören Sie bitte auf, vom Wunschpartner PDS zu reden. Dies ist eine Form von Verleumdung und Verdrehung, von der Sie genau wissen, daß das so nicht geht. (6. 9. 94)

Wüste

Dr.-Ing. Kansy, CDU/CSU, über die SPD: Wenn die in der Wüste regieren, wird der Sand knapp! (24. 11. 82)

Zahlkarte

Bundesarbeitsminister Dr. Blüm, CDU/CSU: Sozialistische Umverteilungspolitik holt den Bürgern erst klammheimlich Geld aus der Tasche, um es anschließend lautstark zurückzugeben … Sie erwartet für diese Umverteilung – mit der rechten Hand heimlich nehmen, mit der linken lautstark zurückgeben – auch noch Dank von denjenigen, die ihre Begünstigung selber zahlen. Das ist so ähnlich, als würde der Bürger an sich selbst eine Zahlkarte schicken und müßte sich beim Briefträger bedanken. (27. 11. 86)

Zauberlehrlinge

Reddemann, CDU/CSU: Der Fraktionsvorsitzende der SPD (Dr. Vogel, d. Hg.) hat in seiner üblichen sterilen Aufgeregtheit heute morgen behauptet, wir hätten wieder auf den alten Begriff ›vaterlandslose Gesellen‹ zurückgegriffen. Herr Kollege Vogel, ich kann Sie beruhigen: Nachdem ich das Papier Ihres Landesverbandes (Berlin, d. Hg.) gelesen habe, würde ich nie mehr von Gesellen sprechen, sondern nur noch von Lehrlingen, und zwar von

Zauberlehrlingen, die die linksradikalen Geister, die sie im Gefüge der Studentenrevolte in ihre einstige Arbeiterpartei aufgenommen haben, nicht mehr loswerden. (26. 6. 86)

Zeiten

Höcherl, Bundesinnenminister, CDU/CSU, zur SPD: … Wenn Sie in ganz ferner Zeit – es wird sehr lange dauern, wenn Sie nämlich so fortfahren – einmal in die Regierung kommen sollten, dann werden Sie an die schönen Zeiten der Opposition zurückdenken, Wie Sie von der guten Tante CDU/CSU gut behandelt worden sind.
Dr. Schmitt (Vockenhausen), SPD: Wir werden dafür sorgen, daß Sie schöne Zeiten kriegen! (24. 10. 62)

Zöpfe

Dr. Ramsauer, CDU/CSU: Wie gefestigt übrigens die Reformbereitschaft der Großen Koalition selbst in kleinen Dingen ist, hat jüngst der Kollege (Bundesarbeitsminister, d. Hg.) Müntefering unter Beweis gestellt. Er beginnt neuerdings seine Briefe an die Fraktionsmitglieder der Großen Koalition mit ›Liebe Kolleginnen und Kollegen‹ und nicht mehr mit ›Liebe Genossinnen und Genossen‹. Das stimmt hoffnungsfroh; denn wer so mutig alte Zöpfe abschneidet, der springt auch über den eigenen Schatten, wenn es erforderlich ist.
Heil, SPD: Wir nennen einfach nicht jeden ›Genossen‹! (29. 3. 06)

Zukunft

Dr. Westerwelle, FDP: Niemand in diesem Hause bestreitet diese große Geschichte der Sozialdemokratie. Herr Kollege Müntefering, Sie haben eine große Geschichte, aber so, wie Sie hier reden, haben Sie keine Zukunft mit Ihren Programmen. (7. 9. 05)

Zyniker

Dr. Mertes (Gerolstein), CDU/CSU, zur SPD: Zyniker aller Länder vereinigt Euch! (16. 2. 73)

Zeugnis für die Abgeordneten des Deutschen Bundestages

Führung	könnte besser sein
Plenarbesuch	unregelmäßig, ist aber steigerungsfähig
Deutsch	
a) mündlicher Ausdruck	schießen häufig über das Ziel hinaus
b) Lesen	ihre Reden gut, fließend und schnell ab
Rechnen	nur in Milliardenhöhe
Raumleere	ist häufig vorhanden
Musik	viele Dissonanzen quer durch die Fraktionen
Leibesübungen	im Umfallen haben einige bereits Perfektion erreicht
Schwimmen	hin und wieder sogar gegen den Strom
Bemerkung	Die Versetzung in die nächste Legislaturperiode ist für viele gesichert. Ob verdient oder nicht, darüber entscheiden letztlich die Wähler.

Verzeichnis der Abkürzungen

Abg	Abgeordnete/-er
BHE-DG	Deutscher Gemeinschaftsblock der Heimatvertriebenen und Entrechteten
BP	Bayernpartei
CDU	Christlich Demokratische Union Deutschlands
CSU	Christlich-Soziale Union Bayern
DA	Demokratische Arbeitsgemeinschaft
DP	Deutsche Partei
DPB	Deutsche Partei Bayern
DRP	Deutsche Reichspartei; ab 1950 Deutsche Rechtspartei
FDP	Freie Demokratische Partei Deutschlands
FU	Föderalistische Union
FVP	Freie Volkspartei
GB/BHE	Gesamtdeutscher Block/Block der Heimatvertriebenen und Entrechteten
KPD	Kommunistische Partei Deutschlands
Linke	Die Linke
LL	Linke Liste
MdB	Mitglied des Bundestages
NR	Nationale Rechte
parl.	parlamentarisch
PDS	Partei des Demokratischen Sozialismus
SPD	Sozialdemokratische Partei Deutschlands
SRP	Sozialistische Reichspartei
SSW	Südschleswigsche Wählervereinigung
WAV	Wiederaufbau-Vereinigung
Z	Zentrum

Die Faszination Berlins in außergewöhnlichen Motiven und Perspektiven

»Werner Radasewsky Borges da Silva verfugt die Aufnahmen des Fotografen Herbert Schlemmer zum Gesamtbild. Er zeichnet, kenntnisreich und charmant parlierend, ein Porträt der Stadt, schlägt einen weiten Bogen von den Anfängen bis zum vielschichtigen Miteinander unserer Tage.« *Die Zeit*

»Launig und kenntnisreich kommen die Texte daher, und die Bilder warten mit echten Hinguckern auf.« *Hannoversche Allgemeine*

176 Seiten mit 184 Fotos, ISBN 978-3-7243-1008-2

terra magica www.terramagica.de